분열과 희망의 선거 ;
2024 미국 대선의 초상

분열과 희망의 선거 ; 2024 미국 대선의 초상

1판1쇄 발행 2025년 2월 12일

지은이	권형균
교 정	이선영, 박혜원
번 역	이선영
마케팅	김소진
디자인	오성준
펴낸이	권형균, 김도영
펴낸곳	도서출판 청원
등록번호	제 2010-000175 호
등록일자	2010년 12월 9일
주 소	서울 영등포구 국회대로 800 여의도파라곤 612호
전 화	02-6672-3030
팩 스	02-6008-6688
이메일	ggcs@ggcskorea.com
ISBN	979-11-979928-4-1 03340

이 책은 저작권법에 따라 보호를 받는 저작물이므로 무단전재 및 복제를 금합니다.
이 책의 일부 또는 전부를 이용하려면 반드시 도서출판 청원의 동의를 얻어야 합니다.
잘못된 책은 구입하신 서점에서 교환해 드립니다.

MAGA 2.0

분열과 희망의 선거
2024 미국 대선의 초상

분열의 시대에서 희망을 찾다

권형균 지음

FOR THE PEOPLE

차례

추천사		8
서문	이념의 전쟁터와 시대의 목소리	15
	끝나지 않은 왈츠	15
	이번 대선이 미국에 미칠 영향	19
	현대 미국의 정치적 특징과 선거 제도	22

PART.1
판이 벌어지다 ;
대선의 서막

01	시작의 함성	31
	후보자들의 출마 선언과 그 의미	31
	주요 인물 소개 및 배경 이야기	38
	이번 대선의 주요 쟁점과 위기	43
02	상황을 바꿀 힘	48
	선거는 전략이다	48
	사회적 이슈에 대한 각 후보의 입장	53
	여론은 계속하여 움직인다	66
03	역사의 갈림길	73
	시대의 전환점이 될 2024 미국 대선	73

PART.2
분열된 국가,
두 개의 길

01 **중산층의 흔들림과 경제 불안** 81
  경제 대국의 산업 전쟁 81
  미국 중산층의 변화와 그들의 정치적 선택 91

02 **문화 전쟁의 장** 94
  사회적 이슈 : 인종, 성별, LGBTQ+ 권리 등 각종 문화적 갈등 94
  정책과 공약이 낳은 사회적 균열 101

03 **연대냐, 고립이냐** 105
  미국 우선 vs 글로벌 연대 105
  국경 문제, 국제 무역과 동맹의 변화 가능성 110

PART.3
후보자들의 전략과
정치적 도박

01 **미디어의 전쟁터** 116
  소셜 미디어, 뉴스 미디어가 선거에 미치는 영향 116
  각 후보의 미디어 전략과 대중과의 소통 방식 120

02 **선거 자금과 후원 세력** 124
  선거 자금의 출처와 영향력 124
  대기업, 노동 단체 등 각 세력이 선거에 미치는 영향 130

03 **도박적 행보와 공약** 133
  후보자들이 내놓은 대담한 공약들 133
  논란이 되는 발언과 결정들 139

PART.4
결정적 순간들 ;
주요 사건과 논쟁

01 **첫 번째 토론의 밤** — 145
토론에서 터진 주요 사건과 정책 논쟁 — 145
후보자들의 강점과 약점이 드러난 순간들 — 150

02 **위기와 대처** — 155
선거 기간 동안 발생한 국내외 위기와 대응 방식 — 155
위기 관리 능력이 바꾸는 선거 판도 — 161

03 **가장 뜨거운 쟁점** — 164
대중의 관심을 모은 토론 주제: 이민, 교육, 헬스케어 — 164
햇빛과 쇳물 사이 : 선 벨트와 러스트 벨트의 선택 — 170

PART.5
결정의 시간 ;
선거일과 결과의 파장

01 **투표율과 민심의 판도** — 177
투표율, 각 후보의 지지층 분석 — 177
이번 선거에서 드러난 새로운 유권자 트렌드 — 182

02 **결과 발표의 순간** — 185
결과가 미친 즉각적인 반응과 사회적 분위기 — 185
트럼프의 승리선언 — 188

03 **미래를 향한 질문** — 190
새로운 대통령의 과제와 기대 — 190
미국의 정치적, 사회적 미래에 대한 전망 — 195

PART.6
결론 ;
분열의 시대에서 희망을 찾다

이번 선거가 남긴 교훈	198
미국 정치의 변화를 바라보는 세계의 시선	201
변화의 물결 속에서 희망을 모색하는 국민들	203

부록

도널드 트럼프, 대통령선거 출마 선언 연설문	207
카멀라 해리스, 대통령선거 출마 선언 연설문	239

추천사

트럼프 제2기의 대외 정책을
파헤친 입문서이자 연구서

배성례
(전 국회대변인, 전 대통령 홍보수석 비서관)

　제47대 미국 대통령으로 4년 만에 다시 돌아온 도널드 트럼프의 제2기 미국은 어떻게 변하고 그 정책은 어떻게 펼쳐질 것인가? 절치부심 끝에 재집권에 성공한 트럼프 대통령의 구호는 후보 때나 취임식 때나 변함없이 "MAGA : Make America Great Again!" 으로 넘쳐났다. 세계를 이끄는 1등 국가, 패권 국가로서의 지위를 되찾겠다는 그의 강력한 의지대로 미국의 국내외 정책은 앞으로 변화무쌍할 것이다. 그 정책의 핵심은 바로 미국 우선주의로 향후 미국 외교, 통상정책은 전 세계 모든 국가들이 두려워 할 만큼 강력하게 추진될 것이다. 그렇기에 미국에 안보, 무역에 크게 의존하고 있는 대한민국에게는 위기일까? 아니면 기회일까? 이 물음에 해답을 찾고 기민하게 대처해야 할 우리에겐 매우 절박한 상황임이 분명하다.

　이 책은 선거 전략을 비롯한 트럼프의 재집권 과정에서부터 그의 향후 정책을 정교하게 파헤친 국제 정치학 입문서이자 트럼프 연구서다. 이 책을 통해 우리는 트럼프가 왜 역대 그 어느 대통령보다도 강경한 기조로 미국을 다시 위대하게 만들겠다고 하는지 그리고 중국을 비롯한 경쟁 국가들을 어떻게 견제하며 세계를 이끌어 갈지 제대로 이해하고 통찰력을 얻을 수 있을 것이다. 저자 권형

균은 20여 년간 한국 정치현장에서 누벼온 정치 컨설턴트로서 세계의 변화와 대한민국의 미래에 대해 깊이 있게 고민해온 전문가이다. 그의 저술은 정통 정치학자나 역사학자의 관점과는 사뭇 다른 현실적 트럼피즘에 대한 다양한 분석이 시도돼 있다. 즉 아무런 정치적 기반이 없던 기업가와 언론의 사주였던 트럼프가 수많은 어려움 속에 어떻게 미국 정치의 기린아로 또한 2025년 미국의 재선 대통령으로 오를 수 있었는지에 대한 내용으로 이 책은 시작된다. 그의 거침없는 언사와 행동, 어쩌면 정통 학자의 관점에서 보면 괴기스럽다할 정도의 트럼프의 유세 현장 상황과 선거 전략에 대한 분석을 시도한다.

저자는 트럼프가 기존의 정치인과는 달리 IT 시대에 가장 잘 맞는 자신의 채널 소통방식으로 정치적 영향력을 넓혀 결국 미국 대통령이 된 치밀한 전략가로서 그를 이해하고 평가하고자 한다. 이어서 막강한 재선 대통령으로서 그가 펼칠 향후 미국의 대내외 정책을 꼼꼼히 살펴보고 이에 따른 파장을 진단한다. 그럼으로써 전 세계 국가들은 어떻게 대응하고 살 길을 찾을 지에 대한 혜안을 제시하고자 하는 것이다. 이 글을 쓴 저자의 문장기술은 매우 적확하고 간략하다. 어려운 이론서가 아닌 만큼 그가 즐겨 쓴 인용 사례와 용례는 현장에서 끄집어 낸 것이다. 앞서 유권자에 대한 약속과 실천이라는 한국 정치인과 행정가의 정책과 활동 성과를 꾸준히 점검해온 저자로선 이 책을 통해 그의 시야를 미국과 세계로 확장하고자 했다. 트럼프의 재집권으로 펼쳐질 미국의 새로운 대내외 정책의 추진방향과 그 파장에 집중함으로써 우리나라가 나아갈 방향을 찾아보고자 했을 것이다.

주지하고 있듯이 한미 양국관계는 떼래야 뗄 수 없는 전략적 동반관계라는 것은 명확하다. 한국전쟁에서 함께 피를 흘린 혈맹국가로서 우리나라가 반세기 만에 민주국가, 산업국가로서 세계적 위상을 갖게 된 것도 정치, 경제, 군사 외교 안보 전 부문에서 미국과의 긴밀한 협력관계 속에 가능한 일이었다. 그렇지만 2025년을 맞은 현 시점에서도 세계 곳곳에선 전쟁과 분쟁이 계속되고 있고, 북한 핵문제를 비롯한 한반도 정세도 매우 급박하게 돌아가고 있음을 우리는 잘 알고 있다. 이런 상황 속에서 미국 우선주의를 펼치는 트럼프의 대외, 통상 정책에 대해 치밀하게 대응하고자 함은 우리의 생존 문제와도 직결될 것이다. 그렇기에 우리나라의 미래를 책임지는 지식인의 역할이 그 어느 때보다도 중요하다고 믿는다. 제2기 트럼프 행정부가 출범하는 시점에 맞춰 나온 이 책이 대한민국의 대내외적인 어려움과 위기를 슬기롭게 헤쳐 나가는 데 도움이 되길 바라며 우리 정부 관료나 정치인, 학자, 기업인은 물론 교양인 모두에게 이 책의 일독을 권한다.

추천사

도널드 트럼프Donald John Trump대통령을 생각하면 떠오르는 두 사람이 있다.

임재훈
(제20대 국회의원, 전 대통령직속 국민통합위원회 위원)

조지 W. 부시George W. Bush, 1946~의 최측근이자 선거 책사였던 칼 크리스천 로브Karl Christian Rove, 1950~와 국제정치에서 '힘'Power의 중요성을 주창한 세계적인 유대인 국제정치학자 한스 모겐소Hans Joachim Morgenthau, 1904~1980 이다.

칼 로브는 선거판에서 피아(彼我)를 분명하게 구분했다. 즉, 집토끼와 산토끼를 확연하게 구분했다. 먼저 집토끼를 확실하게 다지고 산토끼로 확장하는 전략이었다. 이 과정에서 산토끼에 대한 '무자비한 공격'은 당연했다. 이러한 전략으로 열세였던 선거판을 일거에 역전시키고 판세를 주도했었다.

트럼프 후보는 당연히 이러한 전략을 구사했다. 불법 이민자에 강한 불만을 가진 백인 중산층과 쇠락한 러스트벨트Rust Belt의 블루칼라가 당연히 집토끼였다. 여기에 미국의 전통적인 가치Value고수를 기치로 남부 17~18개 州의 바이블벨트Bible Belt와 복음주의 기독교를 사로잡는 캠페인 전략을 구사했다. 물론 대성공이었다. 처음부터 트럼프 후보의 승리는 예견되었다.

한스 모겐소는 그의 불후의 명저이자 지금까지도 국제정치학의 교과서로 간주되는 '국가간의 정치'Politics among Nations,1948에서 국제정치는 '협상과 대화'를 바탕으로한 이상주의Idealism에 의해 작동되는 것이 아니라 고전적 현실주의

Classical Realism에 기인한 '권력투쟁의 정치'Struggle for Power의 산물로 규정했다.

트럼프 대통령에겐 이것이 바이블과 같다. 파나마 운하Panama Camal 운영권 확보, 그린란드Greenland 매입, 러시아-우크라이나 전쟁 종식, 이스라엘-팔레스타인 전쟁 개입, 중국 견제 등이 철저한 힘의 논리에 근거하고 있다. 목적이 달성될 때까지 계속될 것이다.

上記 두 사람의 분석적이고 선험적인 프레임Frame에 더하여 트럼프가 승리할 수 밖에 없었고 향후 미국 국내 정치의 역동성과 국제정치의 파란만장한 파노라마를 이해하고 진단하고 예견하는데 <분열과 희망의 선거; 2024 미국 대선의 초상>이 기본적인 패러다임Paradigm을 제공할 것으로 믿어 의심치 않는다. 미국 정치를 이해하는 데 오랜만에 접하게 되는 실증적인 표본이라 여겨지기에 더할 나위 없이 반갑다.

추천사

분열 속에서 희망을 찾는
2024년 미국 대선의 초상

강대성
(대한사회복지회 회장, 전 SK행복나래 대표이사)

　현대 정치에서 선거는 단순히 지도자를 뽑는 행위를 넘어 사회적, 경제적, 문화적 변화의 거대한 흐름을 반영하는 장이 된다. 2024년 미국 대선은 그 어느 때보다도 극단적 분열과 갈등이 격화된 가운데 치러지고 있으며, 이 책<분열과 희망의 선거: 2024 미국 대선의 초상>은 이러한 혼란 속에서 미국이 어떤 방향으로 나아갈지를 심도 있게 분석하고 있다.

　미국 정치의 양극화는 더 이상 새로운 현상이 아니다. 그러나 이번 대선에서는 단순한 정책적 차이를 넘어 민주주의의 근본적인 가치, 국가의 정체성, 그리고 국제사회에서 미국의 위상까지도 다시금 시험대에 올랐다. 저자는 이 책을 통해 대선이 시작된 배경과 주요 후보들의 전략, 유권자들의 심리, 그리고 선거가 미국 사회에 미칠 영향을 입체적으로 조명한다. 특히, 경제적 불평등과 중산층의 위기, 소셜 미디어의 영향력, 그리고 문화 전쟁이라는 요소들이 이번 선거에 어떻게 작용하는지를 날카롭게 분석하여 독자들에게 미국 정치의 변화를 보다 명확히 이해할 수 있도록 돕는다.

　이 책의 가장 큰 장점은 단순한 선거 분석을 넘어, 정치와 경제, 사회적 흐름이 어떻게 얽혀 있는지를 거시적으로 바라보는 시각을 제공한다는 점이다.

특히 대선 과정에서 발생하는 주요 사건과 토론을 세밀하게 분석하며, 선거 이후 미국과 세계가 직면할 변화의 흐름을 전망하는 부분은 단순한 정치적 해석을 넘어선 깊이 있는 통찰을 담고 있다.

미국 대선은 미국만의 정치적 사건이 아니다. 세계 경제와 국제 외교 질서, 그리고 글로벌 이슈들에 막대한 영향을 미치는 결정적인 순간이다. 저자는 이 책을 통해 2024년 미국 대선이 미국 사회뿐만 아니라 전 세계에 미칠 파장과 의미를 다양한 시각에서 분석하며, 분열의 시대 속에서도 희망의 가능성을 찾고자 한다. 특히 정치실종의 시대를 겪고 있는 대한민국에도 나침판이 될 것이라 생각한다

이 책은 정치학자, 언론인, 정책 입안자뿐만 아니라 현대 정치에 관심을 가진 모든 독자들에게 필독서가 될 것이다. 대선의 혼란 속에서 미국이 나아갈 방향을 고민하는 이들에게, 그리고 세계 정치의 흐름을 읽고자 하는 이들에게 깊이 있는 통찰을 제공하는 책이 될 것을 확신한다.

서문

이념의 전쟁터와 시대의 목소리

끝나지 않은 왈츠

정치란 전쟁, 평화, 혁명의 3박자가 계속되는 왈츠와 같다. 미국의 정치 또한 비극과 희극과 활극을 넘나들며 200여 년간 그 명맥을 이어왔으며 그 무대는 미국을 넘어 세계가 된 지 오래다. 이렇듯 무대 위 사람들만 달라졌을 뿐 왈츠는 계속되었고 모두가 그 리듬에 순응해 왔다. 하지만 20세기 중반에 들어서면서 3박자의 왈츠가 변주되기 시작했고 그 결과 미국 정치의 중심축은 지난 몇십 년간 급격히 변모해 왔다. 20세기 중반까지 두드러졌던 안정적 양당 구조와 합리적 협상 중심의 정치 풍토는 간 데 없고 강렬한 대립과 이념적 분열의 양상으로 치닫고 있다. 이는 현재의 한국 정치판의 모습과도 비슷한 형색을 띠고 있는데 이러한 현대 미국 정치의 변화는 미디어, 사회구조, 경제적 요인 그리고 국제적 환경의 영향을 크게 받아 이루어졌으며, 이러한 변화를 이해하는 것은 미국 사회의 현재와 미래를 읽어내는 중요한 열쇠가 될 것이다.

왈츠의 변주가 가져온 가장 두드러진 변화는 역시나 이념적 분열의 심화와 정치적 양극화이다. 앞에서도 잠깐 언급했듯이 이는 한국의 정치판에서도 깊이

들여다봐야 하는 현안이며, 한국과 미국 뿐 아니라 전 세계적으로 두드러지는 하나의 글로벌 현상이기도 하다. 이념이라는 것은 사실 냉전 체제의 붕괴 이후 다각화되는 세계에서 훨씬 그 색이 옅어질 것으로 예상한 학자들도 많았지만, 아이러니하게도 자신과 다른 이념을 가진 사람들을 혐오하는 세태는 오히려 냉전 체제 때보다도 더 심각한 분열을 가져오고 있다. 전통적으로 미국의 민주당은 진보적인 성향을, 공화당은 보수적인 성향을 대변해왔으나, 최근 몇 년간 이 두 정당 간의 간극이 극단으로 벌어지면서 정치학자들은 이 양극화가 소셜 미디어의 확산, 정치인들의 극단적 발언 그리고 주요 사회 이슈에 대한 대중의 분열된 반응에서 기인한다고 분석하고 있다.

정당 간의 협력보다는 대립이 두드러지면서 중도적 입장을 취하는 정치인은 찾아보기 힘들어졌고, '모 아니면 도' 식의 정책 선택 또한 빈번해졌다. 이러한 양극화는 대중의 정치 참여에도 영향을 미쳐, 단순히 후보를 선택하는 것을 넘어 상대 당에 대한 적대감을 고조시키는 양상을 보이고 있다.

이 부분에서 제일 먼저 언급해야 할 것이 바로 미디어와 소셜 미디어의 영향력 강화다. 미디어의 발전은 무엇보다 현대 미국 정치의 변화를 이해하는 가장 중요한 요소인데 과거에는 신문, 라디오, TV 뉴스가 정치 정보의 주된 공급원이었다면, 이제는 소셜 미디어와 인터넷이 새로운 정치적 소통의 장으로 자리를 잡았다. 이처럼 소셜 미디어 플랫폼은 정치인들이 대중과 직접 소통할 수 있는 길을 여는 것과 동시에 잘못된 정보의 확산과 정치적 왜곡이 빠르게 이루어질 수 있는 환경을 조성하고, 더 나아가 정치적 관심과 논쟁을 일상으로 끌어들이는 역할을 하고 있다. 과거에는 한정된 토론과 연설만으로 후보자의 정책과 성향을 판단했다면 이제는 정치인의 개인적 발언과 실수까지도 실시간으로 노출되고 있어, 대중은 이에 즉각적으로 반응하며 정치가 단순한 정책 결정 과정이 아니라 대중의 일상 속에서 감정적이고 개인적인 차원으로 치환되는 새로운 형태로 변모하고 있다.

이러한 미디어의 발달은 사회적 이슈의 첨예한 대립으로 이어져 현대 미국 사회에서 인종 문제, 성소수자 권리, 성평등, 이민 문제와 같은 사회적 이슈들이 주요 정치 의제로 부각되면서, 대중의 정치적 참여가 이전보다 훨씬 활발해졌다. 블랙 라이브스 매터(BLM) 운동, 여성 인권 시위 그리고 성소수자 커뮤니티의 권리 요구 등은 정치적 논의의 핵심에 자리하며, 대중의 의견이 직접 정책에 영향을 미치는 계기를 마련했다. 이러한 사회 운동의 발흥은 단순한 항의나 요구가 아니라 정치적 권리의 확대를 위한 실질적 행동으로 연결되었으며, 정치인들 역시 이러한 목소리에 반응하지 않을 수 없게 되었다. 이로 인해 유권자들의 요구에 더 민감하게 반응하는 정치 환경이 형성되었고, 특정 문제에 대한 입장이 선거에서 큰 영향을 미치는 경우가 늘어나게 되었다고 할 수 있다.

미디어와 소셜 미디어의 영향력에 못지않는 또 다른 중요한 변화는 경제적 불평등 문제의 심화와 이에 대한 대중의 정치적 반발이다. 이것의 발단인 중산층의 쇠퇴와 소득 격차의 확대는 미국 정치의 중요한 화두로 자리 잡았고, 이는 정치적 대립의 주요 원인으로 작용하고 있다. 대중은 자신의 경제적 상태가 나아지지 않는 상황에서 끊임없이 정치인들을 향해 변화를 요구하고 있으며, 급기야 극단적 주장을 하는 정치인들에게 기대를 걸기도 한다. 이러한 경제적 요인은 포퓰리즘 정치의 부상과 민중주의적 정서의 확산을 부추기고, 일부 정치인들은 이것을 대중의 불만을 표출하는 도구로 사용하기도 한다. 이렇듯 경제 불평등은 중산층의 정치적 무관심을 깨웠고, 그 중 일부는 '정치적 혁신'을 주장하는 급진적인 변화의 요구를 만들어내기도 했다. 이는 결과적으로 정치적 대립을 더욱 심화시키고, 대중의 정치적 요구가 정책의 방향을 좌우 하게끔 하고 있다.

한편, 미국은 그동안 세계의 경찰국가로서의 역할을 도맡아 왔으나, 글로벌화의 심화를 통해 그러한 위상은 냉전 체제 이후보다 현격히 떨어진 모습을 보이는 것도 사실이다. 이는 현대 미국 정치에서 외교 정책과 미국의 국제적 입지가 점점 중요한 의제로 떠오를 수밖에 없다는 의미로 해석된다. 더불어 중국의 부상, 러시아와의 관계 악화, 기후 변화 문제, 기축 통화국으로서의 위치 등 산재한 국정 현안들이 미국 내에서 외교적 논쟁을 불러일으키고 있어, 이 또한 대선에서 중요한 쟁점으로 떠올랐다. 특히 기후 변화나 환경에 대한 대응 문제는 젊은 유권자들에게 큰 관심을 받고 있으며, 이로 인해 외교 정책의 방향이 전통적인 방식보다는 세계 경제와 환경 문제에 더 초점을 두는 방향으로 전환되고 있다. 이로써 미국이 기존의 국제적 역할을 유지할 것인지, 아니면 더 자국 중심적인 입장을 고수할 것인지를 두고도 미국사회 내에서 큰 갈등이 존재하게 된 것이다.

이처럼 현대 미국 정치의 변화는 미디어의 영향력 강화, 이념적 양극화 심화, 사회적 이슈에 대한 대중의 적극적 참여, 경제적 불평등 심화 그리고 글로벌화라는 복합적인 요인들이 맞물려 이루어진 결과이다. 이러한 변화는 미국 사회가 직면한 복잡한 문제들을 정치가 해결할 수 있는지에 대한 대중의 의문을 자아내며, 미국 정치가 나아가야 할 방향에 대한 질문을 던진다. 미국 안팎으로 정치적 갈등과 불안정이 지속되고 있는 가운데, 이를 해결할 수 있는 새로운 정치적 접근과 대화의 가능성을 모색하는 것이 앞으로 미국 정치의 중요한 과제가 될 것이다.

이번 대선이
미국에 미칠 영향

    2024년 미국 대선은 미국 사회 전반에 걸쳐 큰 영향을 미칠 중요한 순간으로 판단된다. 정치적, 경제적, 사회적 그리고 국제적 차원에서 다각적인 파장이 올 것이 확실한데, 트럼프의 재선은 그러한 파장을 더욱 증폭시킬 것으로 보인다. 이 선거는 단순히 새로운 대통령을 선출하는 것을 넘어 미국의 미래 방향을 결정하고, 지금까지의 미국의 정책 기조를 유지하거나 반전시킬 중대한 선택을 의미한다. 이 책에서는 2024년 미국대선이 미칠 주요 영향을 정치, 경제, 사회, 외교적 측면에서 탐구해 보고자 한다.

    독특한 정책 기조와 스타일을 지닌 도널드 트럼프 전 대통령의 재선은, 다시 한 번 미국의 정치, 경제, 사회, 외교에 걸쳐 큰 변화를 가져올 것을 의미한다. 트럼프의 리더십은 전통적 정치와는 차별화된 모습으로, 정책의 중심이 자국우선주의에 맞추어져 있으며, 기존 질서를 바꾸고자 하는 강한 의지를 내포하고 있다. 물론 트럼프가 당선되어도 획기적인 변화가 일어나거나 정치적, 사회적 양극화가 단숨에 해결되는 것은 분명 아닐 것이다. 하지만 지금까지의 그의 행보로 보아 타협보다는 강력한 추진력으로 기존의 정치적 관행을 타파할 것이 자명해 보이며, 이는 민주당과 공화당 간의 협력보다는 대립을 심화시킬 가능성이 높고, 지난 트럼프 정부 1기 내내 의회와의 마찰을 불사하고 시종일관 강력한 행정 권력을 발휘했던 그의 기조는 트럼프 정부 2기에서 더욱 강화될 가능성이 크다. 이로 인해 정치적 대립과 정파적 갈등이 심화될 수 있고, 의회와 행정부 간의 협력은 더욱 어려워질 것으로 보인다. 물론 도널드 트럼프를 지지하는 수많은 유권자들이 일괄적으로 동일한 성향을 지니고 있는 것은 아니지만 대체적으로 대외정책 노선에 있어서는 고립주의를 지향하고 있음이 분명하다. 따라서 이 부분만 보더라도 그의 재선은 보수 진영의 결집력을 높이는 반면, 동시에 진보 진영의 반발을 초래할 수 있으며, 그것은 대중의 정치적 불신을 키우고 민주주의에 대한 신뢰를 저하시킬 위험을 내포하고 있다는 의미이다.

경제적으로 보면, 트럼프의 '미국 우선주의' 정책은 트럼프 1기 때보다 더욱 강화될 가능성이 높다. 트럼프의 경제 정책은 주로 세금 감면, 규제 완화, 제조업 부흥 등을 중심으로 이루어졌으며, 이를 통해 국내 산업을 보호하고 고용을 증대시키는 것을 목표로 했다. 트럼프는 기업에 대한 세금 감면을 지속하고, 환경 규제를 포함한 다양한 규제를 추가적으로 완화할 가능성이 크다. 이는 단기적으로는 경제 성장과 고용 증대에 긍정적인 영향을 줄 수 있지만, 장기적으로는 환경 파괴, 소득 불평등 그리고 일부 경제 부문의 구조적 불안정을 야기할 위험이 있다. 또한, 트럼프의 대규모 감세 정책은 연방 정부의 재정적자를 증대시키는 결과를 낳을 수 있으며, 이는 궁극적으로 국가 경제에 부담으로 작용할 수 있다.

아울러 미국 사회의 갈등을 한층 더 심화시킬 가능성이 크다. 인종 문제, 이민 정책, 성평등과 성소수자 권리 등 다양한 사회적 이슈에서 트럼프 정부 1기는 고보수주의에 입각해 정책을 펼쳐왔다. 이러한 그의 보수적 사회정책은 전통적 가치관을 지지하는 집단에게는 환영 받을 수 있을지 몰라도, 이는 네오콘이라고 불리는 신보수주의와도 구별되며, 다수의 진보적 가치관을 가진 유권자와 소수자 집단, 심지어 젊은 보수 층에게도 반발을 불러일으킬 수 있다. 그렇기에 그는 미국이 가장 강력하던 때의 먼로 독트린과 같은 느낌이라는 평가를 받고 있는 것이다.

특히, 트럼프는 이민 정책에 강경한 입장을 보이며 멕시코 국경 장벽 건설

등 반이민적 정책을 추진한 바 있다. 이러한 정책들은 미국 내 이민자 집단과 소수 민족 사회에 큰 영향을 미칠 뿐만 아니라, 미국 내 인종 갈등을 심화시킬 위험이 크다. 또한, 트럼프는 BLM 운동 등 인종적 불평등에 대한 시위에 대해 강경 대응을 취한 바 있어, 그의 재선은 유사한 사회적 갈등에 대해 강력한 반응을 보일 가능성이 높으며 이는 사회적 통합보다는 갈등을 심화시키는 결과로 이어질 수 있다.

트럼프의 외교정책은 전통적인 동맹 관계보다는 미국의 독자적 이익을 우선시하는 방향으로 추진되었다. 트럼프는 지난 임기 동안 북미자유무역협정 NAFTA을 개정하고, 유럽연합EU, 중국과의 무역 갈등을 표면화했으며, 나토NATO 회원국들에게 방위비 분담을 요구하는 등 과감한 외교 행보를 보여왔다. 이처럼 미국의 방위비 부담을 줄이고 동맹국의 의무를 강화하는 방향으로 외교정책을 지속하는 것은 미국이 기존에 맺어온 동맹 관계를 재조정하게 만들 수 있으며, 나토나 한미 동맹과 같은 국제적 관계에 변화가 일어날 가능성을 내포하고 있다. 특히 대중국 정책에 있어서 강경한 입장을 취해 왔기에 미중 관계는 더욱 긴장 국면으로 치달을 가능성이 크다. 이는 세계 경제와 외교 질서에도 중요한 영향을 미치며, 특히 아시아 태평양 지역에서의 지정학적 긴장이 높아질 수 있다.

결론적으로, 기존의 정치 및 사회 질서에 큰 충격을 안겨줄 트럼프의 재선은 미국 내외에 걸친 다양한 변화를 초래할 것이며, 아울러 트럼프의 재선이 미국의 발전을 이끌거나, 반대로 더 큰 혼란과 갈등을 초래할지에 대한 논쟁은 트럼프 정부 2기 내내 계속될 것이다.

현대 미국의
정치적 특징과 선거 제도

미국의 대통령 선거 제도는 헌법에 의해 설계된 독특한 간접 선거 방식이다. 대통령은 국민 투표로 직접 선출되지 않으며, 대신 선거인단 Electoral College이 대통령과 부통령을 선출하게 되어 있다. 이 제도는 연방주의 원칙과 역사적 배경을 반영한 복합적인 체계이다.

선거 제도 정착 배경

미국은 여러 개의 주가 연합하여 만들어진 공동체이다. 따라서 주마다 주법이 존재하고, 그 위에 연방 헌법이 존재한다. 미국의 연방 헌법 제1조에는 입법부에 대한 내용이 기재되어 있고, 2조에는 행정부에 대한 내용이 기재되어 있는데, 여기에 대통령 선거 절차를 규정하는 내용이 포함되어 있다. 내용을 요약하면, 주가 의회에 보낼 수 있는 상원의원과 하원의원의 총 수는 정해져 있고, 동일한 수의 선거인단을 임명하여 주의 대표격인 선거인단들이 대통령 간접선거를 하는 것이다. 간접선거의 주체가 되는 선거인단 제도는 연방이라는 특징을 가진 미국의 대의 민주주의를 조화시키기 위해 고안되었으며, 제12조 수정 헌법(1804년)을 통해 대통령과 부통령의 선거 방식을 분리해 절차를 명확히 했다.

선거인단 제도를 시행하는 이유는, 소수 주 보호에 대한 부분이 크게 작용한다. 당시에는 주 별로 인구 수의 차이가 10배 이상 나기도 했기에 상대적으로 인구 수가 적은 주의 경우 그 영향력이 적을 수밖에 없다. 따라서 대통령 선거에서 일정한 영향을 미칠 수 있도록 주마다 그 숫자를 조절하여 보장하게 되면

적은 수의 주라고 해도 그 영향력이 일정 부분 발휘될 수 있기 때문이다. 또 다른 이유로는 특정 사건 하나를 두고 군중들이 변덕을 부리는 행위를 방지하고자 한 것인데, 이는 무리로 형성된 군중의 특성상, 특정한 상황에 대해 쉽게 끓어오르거나 이성적인 판단을 하지 못하는 경우가 많으므로, 주의 대표가 보다 이성적인 판단으로 투표를 행사하게 하여 작은 부분 보다 전체적인 맥락이 반영되도록 하기 위함이다. 물론, 당시 국민의 정치적 식견이 부족하다는 엘리트주의적 우려에서 간접 선거 방식이 적용됐다는 주장도 있기는 하나, 무엇보다도 대중 투표를 선호한 주와 의회에 권한을 맡기길 원했던 주 간의 타협을 이끌어내고, 주 간의 영향력 차이를 완만히 존립시키면서도 타협할 수 있는 여지를 준 산물이 바로 선거인단 제도였던 것이다.

선거 절차

미국의 대통령 선거는 정당 경선, 전당대회, 일반 선거, 선거인단 투표, 결과 인증의 순서로 진행된다. 먼저 각 정당은 대통령 후보를 선출하기 위해 경선을 실시하게 되는데, 주별로 투표를 통해 대의원을 선출한다. 그리고 각 주에서 선출된 대의원이 당 전당대회에 참석해 경선 후보 중에서 최종 후보를 다시 투표하여 당의 최종 대통령 및 부통령 후보가 결정된다. 민주당과 공화당의 주별 대의원 배부 기준은 상이하다.

전당대회는 보통 여름에 진행이 된다. 각 정당의 대통령 후보와 부통령 후보를 공식적으로 선출하는 자리이며 각 후보는 전당대회에서 자신의 비전을 발표하며 본격적인 대선 운동을 시작하게 된다. 전당대회로부터 정당별 최종 대통령 후보가 결정 되면, 민주당과 공화당은 각각의 후보를 중심으로 선거운동을 진행하고 이 선거운동 후 일반 선거가 진행된다.

일반 선거라는 것은 유권자들이 후보자에게 투표를 하는 직접 선거 방식과 같다. 일반 선거는 11월 첫 번째 월요일 다음 화요일로 고정되어 있으며, 주별로 마치 직접 선거처럼 대통령을 선출한다. 하지만 이 선거에서 승리한다는 것은 해당 주의 선거인단을 선정한다는 의미이다. 우리나라처럼 유권자의 표가 대통령을 선출하는데 직접적으로 개수되지 않으며, 단지 개수된 표의 숫자를 따져 선거인단이 선정된다. 선거인단electoral college은 주를 대표하여 간접 선거를 하는 사람들을 말한다. 대부분의 주는 승자 독식Winner-Takes-All 방식을 채택하고 있으며 한 후보가 해당 주에서 과반수 득표를 하면 그 주의 모든 선거인단 숫자는 해당 후보를 지지하는 선거인단으로 선정된다. 메인 주와 네브래스카 주는 비례 대표제를 부분적으로 적용하며, 개수된 표의 비율대로 선거인단의 숫자를 나눠 가진다.

이렇게 주별로 선거인단이 선정되면, 12월 첫째 월요일 이후 두 번째 수요일에 각 주의 주도에서 모여 공식 투표를 하게 된다. 대부분의 주에서는 승자 독식 방식으로 선거인단이 선정되기 때문에, 만약 10명의 선거인단을 가지고 있는 A 주에서 '가' 후보가 과반수를 득표했다면, A 주의 공식 투표에서는 '가' 후보의 10표가 나오게 된다. 각 주의 선거인단 숫자는 총 538명이고, 이는 각 주의 상원 의원(2명)과 하원 의원(주별 상이) 수를 합한 숫자로 결정된다. 과반수는 270표 이다. 만약 어떤 후보도 270명 과반수 확보를 하지 못하게 되면, 대통령은 하원에서 주별 투표로, 부통령은 상원에서 선출한다.

이를 정리하면 선거 과정은 다음과 같이 이루어진다. 각 주에서 유권자들이 투표 → 각 주의 승자가 해당 주의 선거인단을 모두 차지하는 방식(대부분 '승자독식') → 선거인단이 대통령을 선출 → 538명의 선거인단이 대통령과 부통령을 공식 선출(과반인 270표 이상 필요) → 연방의회에서 최종 인증 → 상·하원이 선거인단 투표 결과를 검토 후 공식 확정이다.

선거인단 수

각 주는 의회 의원 수에 따라 선거인단 수가 결정된다. 즉, 각 주의 하원 의원 수 + 상원 의원 수가 선거인단 수에 반영된다. 예를 들어, 캘리포니아는 인구가 많아 54명의 선거인단을 가지며, 상대적으로 인구가 적은 주는 더 적은 수의 선거인단을 가진다.

이를 조금 더 자세히 설명하면, 각 주의 선거인단 수 = 상원의원(2명) + 하원의원 수(인구 비례)로 이루어진다.

[예시]

인구가 많아 선거인단을 많이 가지는 주도 있지만 가장 적은 인구를 가진 와이오밍(3명)처럼 인구가 적은 주도 최소 3명을 보장받게 되어 있다.

각 주의 선거인단 수는 다음과 같다.

캘리포니아California 54명, 텍사스Texas 40명, 플로리다Florida 30명, 뉴욕New York 28명, 펜실베이니아Pennsylvania 19명, 일리노이Illinois 19명, 오하이오Ohio 17명, 조지아Georgia 16명, 미시간Michigan 15명, 노스캐롤라이나North Carolina 16명, 뉴저지New Jersey 14명, 버지니아Virginia 13명, 워싱턴Washington 12명, 애리조나Arizona 11명, 매사추세츠Massachusetts 11명, 테네시Tennessee 11명, 인디애나Indiana 11명, 미주리Missouri 10명, 메릴랜드Maryland 10명, 위스콘신Wisconsin 10명, 콜로라도Colorado 10명, 알라바마Alabama 9명, 사우스캐롤라이나South Carolina 9명, 루이지애나Louisiana 8명, 켄터키Kentucky 8명, 오클라호마Oklahoma 7명, 코네티컷Connecticut 7명, 아이오와Iowa 6명, 네브래스카Nebraska 5명, 웨스트버지니아West Virginia 4명, 아칸소Arkansas 6명, 미시시피Mississippi 6명, 유타Utah 6명, 네바다Nevada

6명, 뉴햄프셔New Hampshire 4명, 메인Maine 4명, 델라웨어Delaware 3명, 알래스카Alaska 3명, 버몬트Vermont 3명, 와이오밍Wyoming 3명, 노스다코타North Dakota 3명, 사우스다코타South Dakota 3명, 몬태나Montana 4명, 로드아일랜드Rhode Island 6명, 하와이Hawaii 4명, 아이다호Idaho 4명, 캔자스Kansas 6명, 미네소타Minnesota 10명, 오리건Oregon 8명, 뉴멕시코New Mexico 5명, 워싱턴DCWashington D.C. 3명

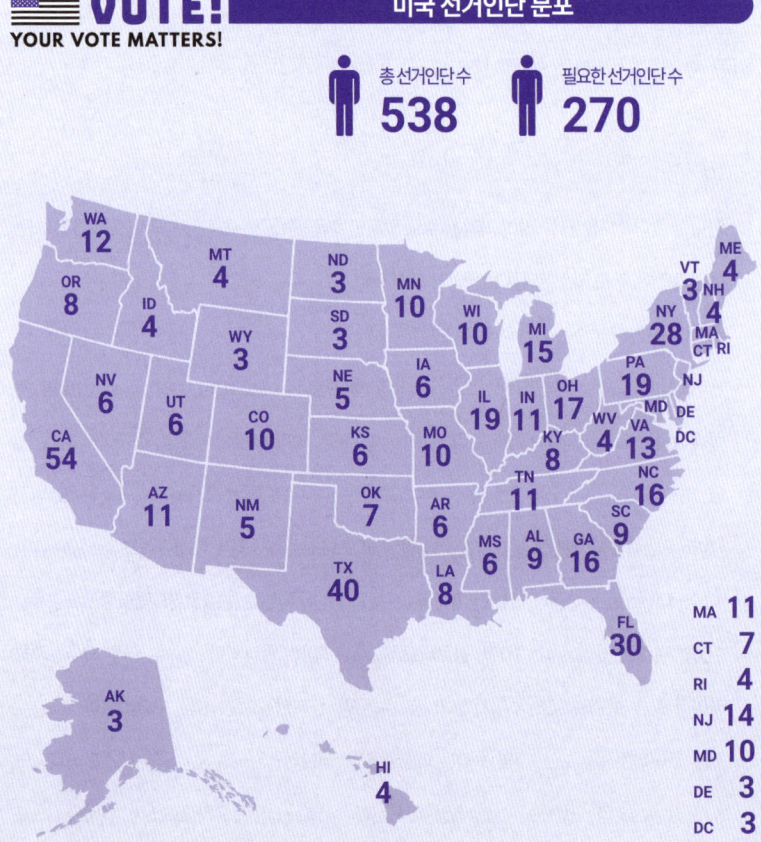

앨라배마	AL	Alabama	9		몬테나	MT	Montana	4
알래스카	AK	Alaska	3		네브래스카	NE	Nebraska	5
애리조나	AZ	Arizona	11		네바다	NV	Nevada	6
아칸소	AR	Arkansas	6		뉴햄프셔	NH	New Hampshire	4
캘리포니아	CA	California	54		뉴저지	NJ	New Jersey	14
콜로라도	CO	Colorado	10		뉴멕시코	NM	New Mexico	5
코네티컷	CT	Connecticut	7		뉴욕	NY	New York	28
워싱턴D.C.	DC	Washington,D.C.	3		노스캐롤라이나	NC	North Carolina	16
델라웨어	DE	Delaware	3		노스다코타	ND	North Dakota	3
플로리다	FL	Florida	30		오하이오	OH	Ohio	17
조지아	GA	Georgia	16		오클라호마	OK	Oklahoma	7
하와이	HI	Hawaii	4		오리건	OR	Oregon	8
아이다호	ID	Idaho	4		펜실베이니아	PA	Pennsylvania	19
일리노이	IL	Illinois	19		로드아일랜드	RI	Rhode Island	4
인디애나	IN	Indiana	11		사우스캐롤라이나	SC	South Carolina	9
아이오와	IA	Iowa	6		사우스다코타	SD	South Dakota	3
캔자스	KS	Kansas	6		테네시	TN	Tennessee	11
켄터키	KY	Kentucky	8		텍사스	TX	Texas	40
루이지애나	LA	Louisiana	8		유타	UT	Utah	6
메인	ME	Maine	4		버몬트	VT	Vermont	3
메릴랜드	MD	Maryland	10		버지니아	VA	Virginia	13
매사추세츠	MA	Massachusetts	11		워싱턴	WA	Washington	12
미시간	MI	Michigan	15		웨스트버지니아	WV	West Virginia	4
미네소타	MN	Minnesota	10		위스콘신	WI	Wisconsin	10
미시시피	MS	Mississippi	6		와이오밍	WY	Wyoming	3
미주리	MO	Missouri	10					

미국 대통령 선거의 특징과 장단점

　미국의 대선은 국민이 직접 대통령을 뽑는 것이 아니라, 선거인단을 통해 간접적으로 선출되는 방식이다. 선거인단의 투표가 실제로 대통령을 결정한다. 하지만 주별 선거인단을 선정하는 일반 선거가 승자 독식 형태로 이루어져 있기 때문에 선거인단이 선정되는 순간 실제 대통령 선거가 진행된 것과 동일한 판단이 가능하다. 아무래도 인구가 많은 주에서 승리한 후보가 선거인단을 대거 확보할 가능성이 높다. 물론 미국의 헌법에 근거하여 소수 주도 균형 잡힌 영향을 행사할 수 있도록 설계되긴 했으나, 그로 인해 특정 주(스윙 스테이트)에 지나치게 집중되는 결과가 만들어지게 되었다. 예를 들어, 공화당의 텃밭이었던 조지아는 16명의 선거인단을 가지고 있는데, 최근 이민자들의 유입으로 인해 민주당 진영의 비율이 상승했고 그러다 보니 양 당의 지지율 차이가 크게 나지 않는다. 2020년에 민주당이 1만 표 차이로 가까스로 승리를 했었고, 2024년에는 단 10만 표 차이로 공화당이 다시 탈환했다. 러스트벨트로 유명한 미시간 주의 경우 15명의 선거인단을 가지고 있으며, 2020년에 약 15만 표 차이로 민주당이 승리를 거둔 반면, 2024년에는 7만표 차이로 다시 공화당이 승리했다. 경합주의 특성상 여기서 승리한 정당은 상대 정당과 지지율이 비슷한 지역에서 해당 주가 가진 선거인단을 얻어냄과 동시에 상대 정당에서 같은 수의 선거인단을 강탈하게 만드는 효과를 누릴 수 있게 된다. 따라서 경합주의 선거 결과는 전체 선거 결과를 결정짓는 주 요인이 되는 것이다.

　상황이 이렇다 보니 선거인단과 국민 투표의 불일치가 일어나는 지점이 존재한다. 국민 투표에서 더 많은 표를 얻었음에도 선거인단 확보에서 패배해 대통령이 되지 못한 사례가 있는 것이다. 힐러리 클린턴과 도널드 트럼프가 최종 후보로 나섰던 2016년 대선에서, 전국 득표 수에서 클린턴은 약 48%의 득표를 했음에도 46%를 득표한 공화당 후보 트럼프에 패배했다. 확보한 선거인단 수는 클린턴이 232명, 트럼프가 306명이었다. 클린턴이 플로리다에서 450만 표를 얻으며 트럼프와는 10만 표 밖에 차이가 나지 않았지만, 결국 선거인단 수에 밀려 공화당이 승리하게 되면서 그녀의 450만 표는 사표(死票)가 된 것이나 마찬가지가 되었다.

최근 대선에서 사전 투표early voting와 우편 투표mail-in voting 비율이 급증하고 있다. 이 부분에 대해서 공화당은 부정 선거 가능성을 제기하며 반대하고 있는 입장이며, 민주당은 여건 상 투표를 하기 어려운 상황에 있는 사람들에 대한 투표권 확대를 주장하고 있다. 미국은 연방국가로서 선거 관리가 주정부 권한에 속하기 때문에 각 주마다 투표 방식, 유권자 등록 요건, 개표 방식이 다르다. 따라서 주 별 선거로 인해 지역 특성을 반영하는 시스템이 구성되어 있으며, 연방정부가 아닌 주 정부가 선거를 관리하기 때문에 권력이 집중되지 않는다는 장점을 가지고 있다. 한편 엄청난 자금을 필요로 하는 선거 캠페인은 정치활동위원회PACs, Super PACs를 통해 공식적으로 후원금을 모금할 수 있으며 이러한 대규모 모금 활동은 정치 자금에 직접적인 영향을 끼치게 된다. 실질적으로 기업, 노동조합, 개인 후원자 등이 정치 광고 및 선거운동에 큰 영향력을 행사하고 있다.

PART.1

판이 벌어지다
대선의 서막

판이 벌어지다; 대선의 서막

01. 시작의 함성

후보자들의 출마 선언과
그 의미

카멀라 해리스와 도널드 트럼프라는 두 후보는 이전의 대선, 그러니까 조 바이든과 도널드 트럼프의 매치보다 훨씬 더 큰 차이가 있다. 바이든과 해리스의 차이가 거대 담론을 중심으로 보면 민주당 진영에서의 큰 틀이 달라지는 것은 아니지만, 실제 2020년 대선에서의 바이든과 트럼프의 모습 그리고 해리스와 트럼프의 매치를 비교해 본다면 그 차이가 더 커진다는 사실을 부정할 수 없다. 그렇기 때문에 해리스의 출마 선언은 정치계에 신선한 충격을 주었다.

바이든은 2024년 6월에 있었던 도널드 트럼프와의 첫 번째 대선 토론에서, 비틀거리는 모습과 쉰 목소리 그리고 논리적이지 않은 말솜씨로 인해 건강에 대한 의문을 제기 받았다. 트럼프와 고작 4살 밖에 차이가 나지 않음에도 불구하고 바이든의 유약한 모습은 그간 공공연히 돌고 있었던 치매설과 맞물려 급속도로 퍼져 나갔다. 능력이나 여론은 차치하더라도, 대통령직 자체를 수행할 수 있으냐 없느냐의 문제가 만들어진 것이다. 민주당 내부와 주요 언론 매체들은 그에게 경선에서 물러날 것을 촉구했으며 결국 바이든은 당과 국가를 위한다는 이유로 사퇴를 결정하게 되었다. 이로써 그는 1968년 린든 B. 존슨 이후 재선에 도전하지 않은 최초의 현직 대통령이 되었으며, 이미 예비선거에서 승리한 뒤 재선에 도전하지 않기로 선택한 미국 역사상 최초의 대통령이 되었다.

따라서 카멀라 해리스 부통령의 출마 선언은 최근 들어 미국 정치와 사회에 가장 다양한 의미를 가진 사건으로 생각해 볼 수 있다. 무엇보다도 가장 눈 여겨 봐야할 부분은 다양성에 대한 공론화이다. 그녀의 정치적 비전은 미국의 다변화된 사회적 구조를 반영한다. 해리스는 미국 최초의 여성, 최초의 흑인 및 아시아계 부통령으로서 새로운 정치적 이정표를 세운 인물이다. 그녀의 출마 선언은 단순한 개인적 정치 도약을 넘어 미국 민주주의의 현재와 미래를 상징하며, 정치적, 사회적, 역사적 맥락에서 중요한 함의를 가지고 있다. 그것은 다양성의 주류화를 의미하며, 그동안 아무리 미국 사회가 다양성이 존중되었다 하더라도 백인 중심주의를 기반으로 한 사회라는 것은 분명했다. 왜냐하면 다양함의 중심에는 '기독교적'인, '백인 중심'의 국가라는 근간이 존재해 왔기 때문이다.

하지만 카멀라 해리스의 출마 선언은 여성 정치인의 리더십 강화와 젠더 평등의 진전을 상징한다. 그도 그럴 것이 역설적으로 민주주의 상징인 미국 정치에서 여성의 대통령 출마는 상대적으로 적었고, 단 한 번도 여성 지도자가 선출된 적도 없다. 따라서 해리스의 출마는 여성들이 최고 권력의 자리에 도전할 수 있는 가능성과 중요성을 대변함은 물론, 이미 부통령으로서 국가적 수준에서 리더십을 발휘한 경험을 통해 여성 정치인이 직면하는 장벽을 극복한 사례로 평가받는다. 그런 그녀의 출마 선언은 여성 유권자와 젊은 세대들에게 영감을 주었고, 정치적 포용성을 확대하는 계기가 되었으며, 나아가 이는 정치 참여의 다양성을 확대하는 데 기여함으로써, 젠더 평등에 대한 논의를 한층 더 강화시키는 계기가 되었다. 더불어 해리스는 흑인과 아시아계 혼혈이라는 독특한 배경을 가지고 있어, 이는 미국의 다문화적 사회 구조를 대변하며 친 다문화적인 정치적 리더십이 나타날 수 있는 가능성을 상징한다. 이처럼 해리스의 출마 선언은 미국 사회의 변화와 다양성을 반영하고, 그녀가 출마 선언에서 강조한 가치와 정책은 이러한 배경을 통해 더욱 설득력을 가진다. 특히, 흑인과 아시아계 유권자들에게 해리스는 정치적 대표성과 정체성의 중요성을 환기시키는 인물로 자리 잡았다. 이는 미국 내 소수자 집단의 정치적 목소리를 강화하고, 정책 결정 과정에서 더 큰 영향력을 발휘할 수 있는 기회를 제공할 수 있다. 이렇듯 해리스의 존재는 정치적 다원주의를 촉진하며, 단일 문화적 시각에서 벗어난 정책과 비전을 제시할 가능성을 열어주며, 민주당 내에서 세대교체와 새로운 리더십에 대한 논의를 촉발하게 만들었다.

근본적으로 세대간 혹은 민족간의 문제를 바이든이 주요 현안으로 끌어들이기는 역부족이었다. 반면 해리스는 젊은 세대와의 연결고리 역할을 할 수 있으면서도 민주당의 정책을 재정립하고 현대화하는 데 중요한 기회를 제공할 수 있었다. 전통적인 민주당의 가치인 사회 정의, 기후 변화 대응, 의료 개혁, 형사 사법 개혁 등의 의제를 강화하며, 세대간 갈등, 민족간 갈등을 모두 아우를 수 있는 위치에 있었던 것이다. 그녀는 부통령으로서 이미 이러한 의제에 적극적으로 참여했으며, 출마 선언을 통해 보다 구체적이고 진취적인 비전을 제시했다. 특히, 젊은 유권자와 소수자 집단을 포함한 민주당의 핵심 지지층을 결집하는 데 중요한 역할을 했다.

물론 해리스의 출마에는 정치적 도전과 비판도 존재한다. 그녀의 부통령 재임 기간 동안 대중의 기대를 충족시키지 못했다는 비판과 정책 실행력 부족에 대한 지적은 그녀의 리더십에 큰 부담으로 작용했다. 그녀의 쇼맨쉽은 정말 탁월하지만, 이민 정책과 남부 국경 문제에 대한 부정적 평가, 일부 사안에서의 모호한 입장은 공화당과 중도층 유권자들의 신랄한 비판을 불러일으켰으며, 결과적인 이야기지만 해리스는 주요 지지층이었던 이민자들의 직접적인 니즈를 정확히 파악하지 못했다는 평가와 함께, 이러한 비판을 극복하고 자신의 비전을 효과적으로 전달해야 하는 과제를 안고 있었다. 이는 지금까지 그녀가 시급한 정치 현안에 대한 구체적인 정책 방향과 실행 계획을 명확히 제시하는 데는 성공적이지 못했다는 반증이기도 하다.

해리스의 출마는 미국의 국제적 위상과 외교 정책에도 중요한 의미를 가진다. 부통령으로서 해리스는 여러 외교적 의제를 담당해 왔으며, 특히 여성, 인권, 기후 변화 등 글로벌 이슈에서 미국의 역할을 강조해 왔다. 그녀의 출마는 이러한 이슈를 더욱 부각시켰고, 미국의 국제적 리더십을 강화하는 데 초점이 맞춰져 있었다. 그러나 기대와는 달리 해리스는 출마 선언에서 외교적 비전을 명확히 했다는 평가를 받지 못했고, 이는 미국의 글로벌 파트너들에게 확실한 신뢰를 줄 수 없었으며, 미국의 다자주의적 접근 방식을 강화하지도 못했다. 물론 트럼프가 가진 포지셔닝에 대한 반사 이익을 얻기는 했지만, 결국 해리스가 출마선언에서 가장 명분을 강하게 드러내지 못했던 부분은 동아시아와의 관계, 미중 갈등, 기후 변화 협약 등이라고 할 수 있다.

카멀라 해리스의 출마 선언은 단순한 대통령 선거운동의 시작이 아니라, 미국 사회와 정치의 새로운 장을 여는 중요한 사건이었다. 그녀는 여성, 소수자, 젊은 세대 등 다양한 집단을 대표하며, 미국 민주주의의 다원성과 다양성을 상징하는 인물로 평가받고 있다.

한편 도널드 트럼프 전 대통령이 2024년 대선을 향한 재선 출마를 공식 선언한 것 역시 미국 정치에서 중요한 분수령이 될 사건이다. 그의 선언은 단순히 개인적 복귀 시도를 넘어, 현대 미국 사회의 정치적 양극화, 포퓰리즘의 강화 그리고 미국의 미래 방향성을 둘러싼 뜨거운 논쟁을 반영함은 물론, 공화당 내부와 미국 유권자, 국제 사회에 이르기까지 여러 층위에서 의미 있는 파장을 불러일으켰다.

이미 예견되었듯 트럼프의 재선 출마는 양극화가 심화된 미국 정치에 더 큰 파장을 만들어 냈다. 그의 재선 캠페인은 2016년과 2020년에 보여준 강한 포퓰리즘과 "미국 우선주의" 기조를 다시 한 번 중심에 두었고 여전히 공화당 내에서 강력한 영향력을 유지하고 있는 트럼프의 출마 선언은 공화당을 그의 리더십 아래로 다시 결집시키거나, 당내 분열을 심화시킬 가능성을 동시에 내포하고 있었다. 이러한 트럼프의 논쟁적 리더십이 공화당을 장기적 방향성에서 약화시킬 수 있다는 공화당 내 일부 지도층의 우려도 있었지만, 그는 여전히 보수적 유권자와 포퓰리즘적 에너지를 동원할 수 있는 가장 강력한 후보임엔 틀림이 없었다. 이렇듯 트럼프의 출마 선언은 향후 공화당이 트럼프의 정치 스타일을 중심으로 재편될지, 아니면 다른 길을 모색할지에 대한 중대한 시험대로 만들었다. 트럼프는 2016년과 2020년 캠페인에서 소외감을 느끼는 중산층, 노동 계층, 특히 백인 유권자들의 불만을 대변하며 강력한 지지 기반을 구축했으며, 2020년 실패를 통해 다양한 형태의 발전을 이루어냈다는 평가를 받고 있다. 그의 재선 출마는 이러한 지지층을 다시 결집시키는 계기가 되었고 특히, 문화 전쟁Culture War을 둘러싼 이슈들—이민, 인종 문제, 성 소수자 권리, 교육 정책 등—에서 트럼프는 보수적 입장을 강화하는 한편, 진보 진영과의 갈등을 극대화했으며, 이와 동시에 러스트 벨트(오대호 연안의 쇠락한 공업지대)로 대표되는 가난한 백인을 향한 주류 편입을 공식적으로 천명함으로써 약점을 보완하는 전략가적 기질을 보여주었다. 이 과정에서 사회적 갈등과 분열이 더욱 심화될 수 있다는 우려가 제기되었는데, 역시나 우려한 대로 트럼프의 재선 도전 선언은 그의 지지층에게는 희망의 메시지로 받아들여졌지만, 반대 진영에서는 정치적 불안정과 권위주의적 리더십에 대한 두려움이 형성되었다. 이는 미국 사회 내 긴장을 고조시키고, 공공 담론의 수준을 더욱 양극화시킬 가능성이 농후하다.

트럼프의 재선 출마는 그의 독특한 경제 정책, 특히 보호무역주의와 규제 완화 정책의 부활을 예고한다. 그는 2016년부터 "미국 우선주의America First" 경제 정책을 통해 글로벌화의 부작용에 대한 우려를 반영하며, 미국 제조업과 노동자들을 보호하는 데 중점을 두었다. 트럼프는 관세 정책과 무역 협상에서 더욱 공격적인 입장을 취할 가능성이 높으며 이는 단기적으로는 특정 산업에 혜택을 줄 수 있지만, 장기적으로는 글로벌 공급망에 혼란을 야기하거나 무역 상대국과의 갈등을 심화시킬 가능성이 크다. 또한, 트럼프의 대규모 감세 정책은 기업과 부유층에게 유리한 환경을 제공했으나, 동시에 연방 재정적자를 크게 확대시켰다. 그의 재선은 이러한 경제 정책의 연속성을 의미하며, 이에 대한 논쟁은 다시 격화될 것이다. 그러니 미국은 이제 트럼프를 중심으로 혐오와 극단적인 국가로 재편될 가능성이 높다.

당연히 트럼프의 재선 출마는 국제 사회에서 미국 우선주의의 부활을 의미한다. 첫 임기 동안, 트럼프는 전통적 동맹 관계를 재구성하고, 다자주의보다는 양자 협상을 선호하는 외교 정책을 추진해왔다. 이는 나토NATO와 같은 국제 기구에서 미국의 역할에 대한 논란을 불러일으켰으며, 동맹국과의 관계를 재조정하는 계기가 되었다. 트럼프의 재선 선언은 이러한 외교 정책 기조가 다시 한 번 강조될 가능성을 시사했는데 특히, 중국과의 관계에서는 더욱 강경한 입장을 보일 것으로 예상되며, 이는 미중 갈등을 더욱 고조시킬 뿐 아니라 중동 및 북한과의 협상에서 트럼프의 거래 중심 접근 방식이 다시 주목받을 가능성이 있다. 이렇듯 그의 외교 정책은 미국의 단기적 이익을 우선시할 수 있지만, 이는 글로벌 리더십과 국제 협력의 약화를 초래할 수 있다는 우려를 불러올 수도 있다. 트럼프의 재선 출마 선언은 단순히 또 한 번의 대선 도전이 아니라, 미국 정치와 사회 그리고 국제 질서에 중대한 질문을 던지는 사건이며, 그의 출마는 공화당과 미국 정치의 미래, 미국의 사회적 통합, 경제적 안정 그리고 글로벌 리더십의 지속 가능성에 대한 논쟁을 촉발한다. 트럼프는 여전히 많은 지지자들에게는 변화를 상징하는 인물로 남아 있으며, 그의 복귀를 통해 새로운 시대를 열고자 하는 의지를 보여준다. 그러나 동시에 그의 출마는 기존 체제와의 갈등을 심화시키고, 미국 민주주의와 가치에 대한 깊은 논쟁을 불러일으킬 것이다.

주요 인물 소개 및
배경 이야기

2024년 미국 대선은 정치적으로 중요한 변곡점이 될 전망이다. 주요 후보들은 각자의 정치적 배경과 비전을 바탕으로 대통령직을 두고 치열한 경쟁을 벌이고 있다. 이런 여정에 들어가기 전에, 먼저 대선의 주요 인물들과 그들의 배경을 살펴보겠다.

Ice cream Guy '조 바이든'

1942년 생인 조 바이든은 펜실베이니아 출신의 노동자 계층에서 태어난 사람이었지만, 법학을 전공한 그는, 29세의 나이에 델라웨어주에서 연방 상원의원으로 당선되며 미국 역사상 최연소 상원의원 중 한 명이 되었다. 그러나 선거 직후 그의 아내와 딸이 교통사고로 사망하면서 바이든은 큰 개인적 비극을 겪었고, 이후 두 아들을 홀로 양육하며 정치 경력을 이어갔다. 특히 관심을 가지고 있었던 과제들은 외교, 사법문제였다. 그는 상원 외교위원회 위원장을 두 차례 역임하며 미국의 국제적 리더십 강화와 외교 정책에 깊이 관여했다. 이라크 전쟁과 아프가니스탄 정책에서도 주요 역할을 했고, 특히 상원 사법위원회 위원장으로 활동하며 범죄법 및 폭력 근절 법안 Violence Against Women Act 통과에 기여했다는 것은 이미 잘 알려진 사실이다.

그는 버락 오바마 대통령의 러닝메이트로 2008년 대선에서 오바마 대통령이 당선된 후 두 차례 부통령직을 수행하며 정치적 역량과 비중감을 키워왔고, 마침내 2020년 대선에서 도널드 트럼프를 꺾고 제46대 미국 대통령으로 당선되었다. 그의 임기 중 눈에 띄는 부분을 언급하자면, 코로나19 팬데믹 때, 백신 보급 가속화와 경제 회복을 위한 대규모 경기 부양책을 도입한 것과 인플레이션 감축법Inflation Reduction Act을 통과시킨 것을 들 수 있는데, 특별히 인프라 투자 법안이나 반도체 산업 활성화를 위한 법안은 좋은 평가를 받고 있다. 더불어 우크라이나에 대한 강력한 지원을 통해 러시아의 침공에 대응한 것이나 중국과의 경쟁에서 미국의 기술적 리더십을 강화한 부분은 약간의 논의가 필요하겠지만, 기후 변화 등의 문제, 학자금 대출 탕감 등 사회적 지원에 대한 부분에서는 다소 적극적인 성향을 보였다.

술보다 아이스크림을 좋아하는 조 바이든은 대통령 후보직 사퇴 전까지 2020년 자신의 캠페인 슬로건이었던 "민주주의를 위한 싸움"Battle for the Soul of America을 이어가며, 미국의 가치를 재건하고 중산층을 강화하겠다는 약속을 내걸었다. 그는 팬데믹 이후 미국 사회의 회복과 통합을 위해 경제, 외교, 사회 정책에서 균형 잡힌 리더십을 강조하고 있다.

문화 전쟁의 선봉장 '론 디산티스'

론 디산티스는 2024년 미국 대통령 선거에서 공화당 후보로 출마한 주요 인물 중 한 명으로, 도널드 트럼프의 강력한 경쟁자로 주목받았다. 그의 정치적 배경과 정책 입장은 현재 공화당의 미래를 좌우할 중요한 변수가 될 것으로 보인다.

디산티스는 플로리다에서 태어난 중산층으로, 명문인 예일에서 역사학을, 하버드에서 법학 박사 학위를 받은 엘리트로서 미 해군 법무관JAG으로 복무하며 이라크에서 근무했고 군 복무 중 여러 훈장을 수여 받는 등, 사회적인 책임을 다하는 데에도 큰 기여를 했다. 따라서 배경적으로는 다른 주요 인물들에 비해 그 성격이 다소 명확하며, 이에 따라 지지하는 정책이나 방향성 또한 아주 정확하게 나뉜다. 약점이라면 그의 정치 경력이 짧다는 것인데, 2012년 하원의원으로 시작하였기에, 이제 갓 10년을 넘긴 정도에 불과하다. 2019년부터는 자신이 태어난 플로리다에서 주지사를 역임했는데, 주지사를 그저 정치적 색을 띤 단순 관료로 분류한다면 실제 국회의원으로 근무하며 중앙무대에서 의정활동을 한 것은 8년 정도 밖에 되지 않는다.

    물론 주지사로 근무하며 내놓은 그의 정책들은 앞서 언급했듯, 매우 명확했다. 코로나 때는 마스크 착용 및 백신 의무화를 반대하는 정책을 펼쳤으며, '부모의 권리를 강화한다'는 명분 아래 성소수자 및 인종 문제에 대한 교육 내용을 제한했다. 어쩌면 현재 미국에서 벌어지고 있는 다양성에 대한 전통으로의 회귀를 의미했는데 최근 정치적 올바름Political Correctness에 대한 다양한 의견을 반영하고 있는 디즈니가 이를 사회적 운동화 하려는 움직임을 보이자, 디산티스는 "기업이 정치에 간섭하지 말라"고 일갈하며 반기업적 포퓰리즘을 경계하려는 모습을 보였다. '문화 전쟁의 선봉장'이라는 별명처럼 보수적 사회 가치를 강력히 옹호하며, 성소수자 권리, 인종 차별 문제, 낙태권 등 진보적 가치와 정면으로 대치하였다. 이토록 철저한 보수주의자였음에도 그가 트럼프와의 경선에서 승리를 거두지 못한 패배의 원인은 한마디로 전략의 실패였다. 그는 트럼프와의 다름을 주장하기 보다, 그의 정책 방향을 지지하면서도 사회적으로 물의를 일으키고 있는 논란에서 자유로운 '효율적인 트럼프'로 자신을 포지셔닝 했지만, 이 전략은 오히려 스스로의 단점만을 부각시키는 결과를 가져왔다. 디산티스가 공화당 내에서 새로운 세대의 지도자로 평가받는다는 사실은 부정할 수 없지만, 트럼프의 리더십을 따라잡기는 어려운 일이었다.

공화당의 조율사 '니키 헤일리'

니키 헤일리는 공화당의 주요한 여성 정치인이다. 그녀는 공화당 내에서 유일하게 두 번의 고위직 경험(사우스캐롤라이나 주지사 및 유엔 대사)을 가진 인물로, 보수적이면서도 국제적 시각을 가진 지도자로 주목받고 있다. 인도의 펀자브에서 이민 온 시크교도 가정에서 태어난 헤일리는, 회계학을 전공했으며, 2004년부터 사우스캐롤라이나에서 정치 인생을 시작했다.

헤일리는 주지사 첫 임기 중, 보수적 경제 정책 추진과 주정부의 규제 완화와 기업 친화적인 환경 조성 등, 경제 성장을 견인함으로써 지역 주민의 큰 호응을 얻으며 정치적 입지를 강화했다. 특히 2015년 찰스턴 교회 총격 사건 이후, 인종차별의 상징으로 여겨진 남부연합기를 주 의사당에서 철거하는 결단력 있는 조치를 취하며 전국적 주목을 받았다. 뿐만 아니라 이후 유엔 대사로 임명되며 외교 무대에서도 이스라엘에 대한 지지와 유엔 개혁을 주장하여 외교적으로도 능력이 있음을 보여 주었다. 온건파에 속하는 헤일리가 트럼프 정부에 중용된 것은 전반적으로 전통적 보수주의 입장을 유지하면서도, 논쟁적 이슈에서 보다 유화적인 접근을 보이기도 했기 때문이다. 일례로 그녀는 미국의 정체성과 이민자 커뮤니티 간 균형을 강조하며, 불법 이민에는 단호한 태도를 보이는 반면, 합법적 이민은 지지하는 모습을 보임으로써 공화당의 정책을 보다 부드럽게 적용할 수 있는 인물로 각인되었다. 이는 이민자 가정 출신이라는 독특한 정체성이 공화당의 다양성을 강화할 수 있는 훌륭한 카드로 작용했으며, 이런 부분은 트럼프와도 차별화를 두어 공화당의 변화를 상징하는 인물로 자리매김 하였다.

정당 정치의 이단아 '로버트 F. 케네디 주니어'

정치 명문인 케네디 가문의 일원이자, 정치적 명성과 환경 운동가로서 잘 알려져 있는 로버트 케네디 주니어는, 과거 민주당원이었지만, 현재는 무소속으로 활동하는 정치인이다. 하버드를 나와 버지니아 대학교에서 법학 박사 학위를 받았고, 런던정경대에서 추가 학업까지 마친 그는 엘리트 집안에서 할 수 있는 모든 경력을 섭렵했음에도 정치적인 이슈보다는 환경 및 작가로서의 경력이 더 크게 작용하고 있다.

"정부와 기업의 검열"에 맞서 표현의 자유를 강력히 옹호하는 인물로 알려져 있는 로버트 케네디 주니어는 민주당이 더 이상 그의 목소리를 담을 수 없는 당으로 변했다며 무소속 출마를 결정했다. 이처럼 기성 정치와 대기업의 결탁을 비판하고, 미국 국민의 건강 수호와 자유 쟁취를 강조한 그의 기조는 확실히 전통적인 민주당 정책과는 차별화되는 독특한 색채를 지니고 있는 것은 분명하다. 하지만 백신과 관련된 음모론적 입장을 내세우거나, 전문적이지 않은 의견을 고집하는 그의 모습에서, 그가 정치보다는 사회 문제에 더 집중하는 게 아닌가 하는 우려를 낳기도 한다. 그럼에도 고무적인 것은 그의 도전이 미국 정치의 분열된 지형에서 새로운 가능성을 모색하고 있음이 확실하며, 정당 정치에 환멸을 느끼는 유권자들에게 새로운 대안을 제시하고, 환경과 공중보건 이슈를 중심으로 한 정치적 변화를 끊임없이 촉구하고 있다는 것이다.

이번 대선의
주요 쟁점과 위기

2024년 미국 대선은 정치적 양극화, 경제적 불확실성, 사회적 갈등이 최고조에 달한 시점에서 치러졌다. 민주당과 공화당의 극한 대립은 마치 우리나라의 민주당과 국민의 힘처럼 완전히 대립되어 있으며, 이로 인해 국민들은 혐오 정치의 국면을 보이고 있다. 지난 한국의 대선에서 1% 미만의 득표차로 대통령이 결정된 것처럼 이번 미국의 대선에서도 박빙의 승부가 점쳐졌던 것은 바로 이러한 배경이 작용했기 때문이다. 따라서 2024 미국대선은 단순히 차기 대통령을 선출하는 것을 넘어, 미국이 직면한 주요 도전과제들을 해결하기 위한 방향성을 결정짓는 중요한 기로에 서 있다고 할 수 있을 것이다.

이번 미국의 대선에서 주요 쟁점으로 다루어지는 것은 크게 다섯 가지로 나누어 볼 수 있다.

첫째는 경제에 대한 문제이다. 경제문제는 어떤 선거에서도 빼 놓을 수 없는 쟁점이지만, 대선에서는 더더욱 중요한 아젠다라고 할 수 있다. 현재 미국에서는 인플레이션, 경기 침체 우려, 부동산 및 노동 시장의 변화 등 경제 문제가 유권자들의 최우선 관심사로 자리 잡고 있다. 중산층과 저소득층의 실질 구매력 감소에 대한 우려가 크고, 연방정부의 대규모 재정 지출에 대한 논란이 뜨겁다. 경기가 호황기임에도 불구하고 미국 연준의 금리 인하가 쉽게 이루어지지 않고 있는 이유 역시 바로 이런 연유에 기인하는데 조 바이든 행정부는 이러한 문제 해결을 위해 바이든노믹스를 통해 경제 성장과 고용 창출을 내세웠다. 특히 반도체 및 재생 에너지 산업에 대한 투자를 성과로 내세우고 있지만, 공화당에서는 이를 강력히 규탄함은 물론, 결국 과도한 정부 지출이 인플레이션을 악화시킨 것이라 비판하며, 세금 감면 및 규제 완화를 통한 민간 중심의 경제 회복이 필요하다는 목소리를 내고 있다.

둘째는 문화 전쟁과 사회 갈등에 대한 부분이다. 낙태, 성소수자 권리, 교육 현장의 성교육 및 인종 문제 등 문화적, 사회적 쟁점은 이번 대선의 주요 이슈 중 하나이다.

이 중 낙태권을 둘러싼 논란은 2022년 '도브스 대 잭슨 여성 건강 기구', '로 대 웨이드' 판결 이후 더욱 심화되었다. 일부 주에서 여성의 낙태권과 관련된 투표를 함께 실시했던 것은 민주당의 이러한 입장을 더욱 강화하고자 하는 방편의 하나였으며, 더불어 낙태권 투표가 투표율을 높일 것이라는 예측 때문이었다. 이 판결 중 하나인 '로 대 웨이드' 판결을 간단히 설명하자면 다음과 같다.

1971년 미국의 텍사스에 사는 성폭행 피해자 노마 매코비는 강제적으로 원치 않은 임신을 했기 때문에 당연히 낙태 수술을 희망했지만 결국 그녀의 요구는 거절되었다. 당시 매코비는 자신의 신분이 드러나는 것을 바라지 않았기에 '제인 로'라는 가명을 사용했고, 피고는 텍사스의 지방 검사였던 헨리 웨이드였다. 그렇게 2년 간의 소송이 진행됐고, 1973년 미국 연방대법원은 낙태가 헌법에 기초한 권리에 포함된다고 보고 이를 보장받을 수 있다고 판결했으며, 이는 그 원인이 성폭행에 의한 임신이다보니 상당수가 동의하는 결론이기도 했다.

그러나 문제는 2022년 6월에 미국의 대법원이 '도브스 대 잭슨 여성 건강 기구' 판결에서 1971년 '로 대 웨이드' 판결을 49년 만에 뒤집으면서 발생했다. 이때, 대법원의 판사 9명 중 3명은 트럼프 정부가 임명한 극 보수 성향의 판사였는데, 문제가 된 판결 내용의 요지는 '미 연방이 여성의 낙태권을 더 이상 보장하지 않으며, 낙태에 대한 여부를 각 주에서 직접 결정할 수 있도록 한다'는 것이었다. 이렇게 '로 대 웨이드' 판결이 뒤집히고 나자, 여성계나 민주당 지지층의 시민들은 강하게 반발했으며, 이 사건을 두고 영국의 시사 주간지인 이코노미스트 또한 "정부가 낙태라는 개별적 개인의 결정에 개입할 수 없다고 생각하는 수백만 미국인이 강하게 반발하고 있다."는 기사를 내기도 했다. 이렇듯 실제로 이 판결이 미국 사회에 엄청난 파장을 불러왔음에도 더 이상 낙태권은 헌법의 보장을 받지 못하게 되었고, 이는 2022년 중간선거에서 민주당이 승리하는 데까지 이르게 된다.

이와 더불어 사회 갈등과 직결된 또 하나의 문제가 바로 인종에 대한 문제이다. 2020년 조지 폴로이드라는 흑인 청년을 백인 경찰이 진압하는 과정에서 사망하는 사건이 일어났는데, 이것이 과잉 진압이었다는 논란이 불거지면서 사건의 발생지인 미니애폴리스를 중심으로 '흑인의 생명은 소중하다Black Lives Matter'는 운동이 미 전역을 휩쓸기 시작한다. 이때부터 시작된 운동이 지금은 인종차별을 규탄하는 하나의 정치적 사회 운동으로 자리잡게 되었다.

그 외에 2020년 대선 이후 선거 무결성을 둘러싼 논란이 지속되어 왔는데, 선거 제도, 투표 용이성, 부정선거 주장 등이 주요 쟁점으로 떠올랐다. 민주당의 경우 투표권 확대를 위한 법률 강화와 부정선거 주장의 근거를 반박했는데, 공화당에서는 우편 투표와 같은 제도의 강화로 선거 부정 가능성이 높아졌다고 주장하며, 선거 보안 강화를 요구했다.

한편 외교적인 부문에서도 미국의 위상에 대한 입장이 이슈로 대두되었는데, 이는 중국의 부상, 러시아-우크라이나 전쟁, 이란 문제, 대만 문제, 북핵 문제 등 국제 무대에서의 미국의 역할 재정립이 필요하다는 공감대가 형성된 상태에서 바이든 행정부가 다자 외교 및 동맹 강화를 강조하며 러시아와 중국을 견제한 반면, 공화당에서는 미국 우선주의를 앞세워 불필요한 군사 개입을 최소화 하겠다는 입장을 표명했기 때문이다.

마지막으로 기후 변화나 에너지 문제는 직접적인 쟁점이기 보다는 정당별 추구하는 산업이 어떤 것이냐에 따르는 부가적인 쟁점사항으로 여겨졌다. 이는 청청에너지로의 전환을 가속하고자 했던 민주당과 화석 연료 산업의 보호 및 에너지 독립성을 위시한 공화당의 입장 차가 극명하게 드러났기 때문이다.

이런 여러 가지 사안에 대한 미국 국민들의 반응은 사실 소속 당이 어디인지에 대한 것 보다는 삶 자체에 대한 개선을 중요하게 생각하고 있다는 점에서 정치인들과 궤를 달리한다. 유권자들은 무엇보다도 먹고 사는 경제 문제를 가장 우려하였는데, 그중에서도 특히 중산층이 직면한 생활비 상승과 고용 불안이 그들의 가장 주된 문제였다. 공화당의 지지자들은 정부의 과도한 개입과 지출이 물가 상승을 부추긴다는 의견에 공감한 반면, 민주당의 지지층들은 공화당의 감세 정책을 비판했다. 아울러 낙태 및 성 소수자에 대한 문제 또한 세대 간, 지역 간, 교육 수준 간 갈등을 불러 일으켰다. 작금의 대한민국을 보면 국민의 힘과 더불어민주당으로 완전히 양분되어 서로에 대한 혐오감이 그 끝을 모른 채 극단으로 치닫고 있는데 이러한 모습과 비슷한 현상이 미국 사회에서도 더 극명하게 나타나게 된 것이다. 정치적 양극화와 외교 문제의 양극화, 당장의 직접적인 삶과 큰 관련이 적어보이는 기후 변화에 대한 입장 차이 등이 미국 국민들로 하여금 정치에 대한 혐오감을 갖게 하거나, 변화를 갈망하게 했으며 그 결과 무소속 후보인 로버트 케네디 주니어와 같은 인물이 조명되기도 했다. 경제, 사회, 외교적인 모든 부분에서 그 결을 달리하고 있는 민주당과 공화당의 의견 차이는 사실 그 어느 때 보다도 극렬하며, 이는 미국 전역이 반으로 나뉜 채 완전히 틀어진 서로를 향해 부정적 확증 편향만을 나타내고 있는 상황인 것이다.

사실 이런 부분들은 정책에 의한 분열이 아니라 자신이 속한 집단이 아닌 다른 집단을 혐오하는 데서 오는 분열이며, 정보의 비대칭성이나 소셜 미디어의 영향으로 인해 잘못된 정보의 확산이 어느 때보다 급속히 진행되어, 더욱 극단적인 상황을 만들어 내는 것이다.

우리나라와 미국 뿐 아니라 전 세계의 사람들은 급변하는 세계 속에서 미래에 대한 불안감을 가지고 살아가고 있다. 그러한 와중에 정치적 양극화, 갈등 구조의 다양화, 상대방에 대한 혐오가 자리하며 사회적인 연대라는 것이 사라진 상황이다. 정치적 이념이 아니라 사회, 문화, 경제적 가치관의 충돌이 전 세계적으로 나타나고 있으며 이런 현상은 미국도 예외는 아니다.

선거 결과의 불복, 가짜 뉴스의 확산, 사회적 불안 심화는 상대방과의 소통보다 상대방의 잘못된 부분을 드러내는데 급급해 있고, 이런 상황은 정치 지도자들로부터 국민들에게까지 전부 적용되고 있다. 오히려 정치 지도자들은 상대방에 대한 혐오를 부추기고 갈라치려는 형태의 전략마저 불사하고 있으니 민주주의의 위기라는 이야기가 나오고 있는 것이다. 작금의 민주주의라는 정치 체계 만으로는 사회 전반적인 부분을 통합하기에 역부족이며, 정치 역시 사회, 문화적인 마인드를 적용해야 한다는 경각심이 더 뼈저리게 느껴지는 미국의 대선 현황인 것이다.

판이 벌어지다; 대선의 서막

02. 상황을 바꿀 힘

선거는
전략이다

선거 초반에 두 정당의 모습은 사뭇 그 분위기가 달랐다. 먼저 민주당 캠프는 바이든이 가진 노년 리스크를 떠안은 채 선거 캠페인을 고심할 수 밖에 없었는데, 우선은 바이든 행정부의 지난 4년간 이룬 주요 성과를 유권자들에게 부각시키는 데 집중하였다. 특히, "바이든노믹스"라는 이름으로 경제 회복, 반도체 산업 육성, 인프라 투자, 기후 변화 대응에서의 진전을 강조하였고, 전기차 및 재생 가능 에너지 산업 육성과 관련된 청정 에너지 투자 부분, 일자리 창출 면에서는 제조업 회복과 중산층 경제 강화를 주요 업적으로 홍보를 이어 나갔다. 특히 연합을 구축하려는 시도가 돋보였는데 전통적인 민주당 지지 기반인 청년, 여성, 유색인종에 더해, 트럼프 행정부 시절 공화당을 떠난 중도 유권자와 온건 보수층을 흡수하려는 시도를 강화함으로써 민주당의 지지 기반을 하나의 연합체로 구성해 보려고 노력하였다. 여성 유권자를 겨냥해서도 낙태권 문제와 성소수자 권리 보호를 강조하고, 라틴계와 아시아계 유권자들에 대한 개별 캠페인을 통해 참여를 유도했다.

물론 네거티브 전략 역시 사용하였다. 트럼프의 추진력을 "극단주의"로 부각시켜, 그의 재선이 민주주의와 헌법적 가치에 위협이 된다고 경고하는 등의 네거티브를 이어 나갔다. 실제로 트럼프가 재선에 실패하자 폭동과 시위가 난무하는 등 의도하지 않은 폭력적 상황들이 이어졌는데, 이를 이용해 민주당은 적절히 네거티브 전략을 펼쳐나갔다.

인물론에서는 거칠고 불안정한 트럼프와 달리, 바이든은 온건한 지도자라는 이미지를 구축하고 안정적 리더십을 강조하며 그의 노년 리스크를 불식시켜 나갔다. 이를 증명하기 위해 바이든 대통령은 선거를 시작하며 미국 전역의 제조업 지역을 방문해 "미국의 경제가 회복되고 있다"는 분위기를 만들어 냈으며, '안정'에 대한 유권자들의 니즈를 반영이라도 하듯 선거 캠페인의 초기까지만 하더라도 이러한 분위기는 계속해서 이어졌다. 한편 민주당의 또 다른 후보인 카멀라 해리스는 여성, 유색인종 그리고 젊은 세대를 아우르는 대표적 인물로, 낙태권 문제와 교육 이슈를 중심으로 활발한 유세를 펼쳤고, 성공한 백인 남성이라는 바이든의 약점을 적절히 민주당적인 자신만의 색채로 메꾸어 나갔다.

반면, 공화당의 경우 민주당 보다는 조금 더 일원화된 모습을 선보였는데, "미국을 다시 위대하게"Make America Great Again라는 정확하고 강력한 메시지를 근간으로 하여 추락하고 있던 미국의 자존심을 다시 되찾고자 하는 미국인들의 니즈를 적극 반영하며 지지세를 이어 나갔다. 그것에 발맞춰 선거 무결성을 주요 이슈로 삼은 트럼프는 경제적 불확실성과 인플레이션을 만든 바이든 행정부를 지적하며, 공화당의 전통적 기반을 통해 경제를 회복시킬 수 있다고 주장하였다. 이는 무엇보다도 백인의 블루칼라들을 흡수하기 위함이었는데 예상대로 그의 판단은 적중했다. 인플레이션으로 인한 중산층의 붕괴와 빈부 격차의 증가로 인해, 과거처럼 주류로 재편되지 못한 백인 블루칼라들이 트럼프를 지지하고 나선 것도 바로 이 때문이었다고 해도 과언이 아니다. 결국 트럼프가 말한, 미국을 다시 위대하게 만들자는 슬로건은 일종의 민족주의적 이념에서 기인한 것이라 볼 수 있으며, 이는 다문화 사회인 미국이 같은 인종도 아니고 같은 문화를 전반적으로 공유하는 것도 아니지만, 미국이라는 정체성과 미국이라는 가장 강한 국가에 속해 있다는 자부심을 그들이 서로 공유하고 있었다는 것의 방증이기도 하다. '민족'의 사전적 정의는, 일정한 지역에서 오랜 세월 동안 생활을 하면서 언어와 문화상의 공통성에 기초하여 역사적으로 형성된 사회 집단을 말하는데, 트럼프가 주장하는 '민족주의', '미국 우선주의'란 이념도 이것에 기초하여 작동된다 할 수 있겠다. 이는 정치 집단의 이념을 뛰어넘은 것으로서, 앞서 언급한 것처럼 비록 양당 간 상대방 집단을 향한 혐오가 가중된 상황이라 할지라도 서로 인종이나 문화가 완전히 일치하지 않음에도 이러한 정당주의가 미국이라는 단체로 결속되면 자연스럽게 그 혐오는 미국을 제외한 다른 나라로 옮겨갈 수밖에 없다는 것이 민족주의, 미국 우선주의의 긍정적인 부분일 것이다. 예를 들면 중국과 같은 나라가 혐오 대상의 나라가 되는 것처럼 말이다.

이처럼 공화당은 트럼프든 디산티스든 전통적 가치와 국경 보안을 강조하며 보수층 결집에 집중하는 모습을 보였고 다소 공격적인 선거운동을 진행하기도 하였다. 그 결과 그들이 속한 공화당이라는 단체, 보수, 민족주의로 뭉친 그들의 열정은 공화당 지지자들을 충분히 결속할 수 있게 만들었다. 이러한 흐름 속에서 트럼프는 2020년 재선 실패를 거울 삼아, 자신의 기존 지지층을 강화하는 동시에, 공화당 내 반트럼프 성향의 유권자들을 설득하려 애썼다. 그 결과로 얻어진 것이 바로 러스트 벨트가 아닐까 한다.

물론 디산티스 또한 트럼프와는 차별화된 보수 메시지를 전하며 그의 존재감을 드러냈다. 플로리다 주지사 출신인 그는 주지사로서의 성공 사례를 강조하며 트럼프보다 "효율적이고 정책 중심적"인 지도자 이미지를 부각시키며, 트럼프에 대한 민주당의 반감 만큼이나 공화당 내 트럼프를 우려하는 반 트럼프 세력을 적절히 활용하여 디산티스는 착하고 바른 트럼프라는 이미지를 구축해 나갔다. 하지만 결국 디산티스의 차별화 운동은 실패하고 만다. 오히려 리더십에서는 트럼프에 비해 한참 부족하다는 평가를 받았을 뿐 아니라, 교육 개혁(비판적 인종 이론 배제, 성소수자 교육 제한), 이민 단속 그리고 중국에 대한 강경 입장을 취하였음에도, 그 역시 추진력과 리더십이 필요했던 공화당 지지자들에게 '올바른 관료 디산티스'보다는 '비전 있는 리더십의 트럼프'가 더 어울린다고 생각했기 때문이다.

한편, 트럼프는 바이든 행정부를 "미국 경제와 안보의 실패"로 규정하고, 자신의 정책이 재도입되어야 한다고 주장하며, 이는 유유자적한 분배 정책에 신물 난 유권자들이 트럼프 외에는 대체자가 없다고 판단하게 만들었다. 반면 디산티스는 트럼프에 대한 피로감을 느끼는 유권자들을 겨냥해 "트럼프주의의 연속성은 유지하지만, 논란은 줄이겠다"고 주장하며 중도층에게도 어필이 가능한 모습을 보여주었는데, 애석하게도 현실은 그의 생각처럼 그리 녹록지 않았다. 분명 트럼프는 매력적인 카드였지만, 이성적으로 판단해볼 때 상대적으로 리스크가 적은 디산티스가 트럼프보다 더 지지받아야 함이 마땅함에도, 공화당 지지자들은 다시 위대해진 미국을 이끌기 위해서는 그 어느 때보다도 강력한 리더십이 필요하다고 여겼기 때문이다.

양당구도의 대명사인 미국 대선에서 무소속의 관심도가 이번 대선 만큼 영향력 있었던 경우도 드물었던 것 같다. 혐오 정치에 질린 중도층의 사람들은 이 두 진영과의 다름을 내세우는 로버트 F. 케네디 주니어에게 마음을 기울였다. 이러한 사실을 누구보다 잘 알고 있던 로버트 F. 케네디 주니어는 기존 정당에 대한 불신을 기반으로 "기득권 정치와 결별"을 주요 메시지로 삼으며, 환경 보호와 재생 가능 에너지로의 전환, 백신 정책에 대한 정부 투명성 요구, 정치적 양극화를 넘어 국민 통합을 주장하였다. 특히 로버트 케네디 주니어는 소셜 미디어와 독립적인 유권자 네트워크를 활용해 기존 정당의 틀에서 벗어난 캠페인을 전개 했는데, 이러한 전략이 특히 젊은 세대와 중도층, 정치적 독립 성향의 유권자들에게 잘 먹혀들었다.

이처럼 기존의 공화당과 민주당의 틀에 갇히지 않고 무소속 후보를 지지하는 유권자들이 늘어나는 추세가 존재하였기에 기존 정당들의 초반 선거 전략은 유권자들의 정당 충성도 약화에 따른 전략을 펼치며 정책보다는 정체성에 대한 부분을 강조하려 애썼다. 유권자들은 경제, 외교와 같은 전통적 쟁점보다 후보의 정체성과 비전(안정, 변화, 통합 등)에 더 주목하는 경향을 보였고, 아울러 기후 변화, 인종 평등, 낙태권 등 세대별로 차별화된 이슈가 젊은 유권자들의 선거 참여를 이끌어내고 있었다. 또한 지난 트럼프 선거때부터 시작된 선거 운동의 디지털화도 주목할만한 부분이었는데, 후보들은 소셜 미디어 플랫폼을 적극 활용하며 수시로 자신들의 메시지를 유권자들에게 전달했다. 특히, 젊은 층과 밀레니얼 세대는 TikTok, Instagram 등을 통해 정치에 대한 정보를 얻고 있다는 것이 후보들에게 큰 자극점으로 다가왔다고 보여진다. 아마 차기 대선 때는 지금보다 훨씬 더 온라인이 차지하는 비율이 높아질 것이고 차기 후보들도 이점을 염두에 두고 온라인에 대한 적극적 대비를 할 것이다.

사회적 이슈에 대한
각 후보의 입장

2019년에 우리나라에서도 낙태에 대한 여성의 자기결정권에 대한 판결이 있었다. 당시 헌법재판소는 낙태를 무조건적으로 금지한 규정이 헌법에 위배된다는 판단을 했고, 여기에 대한 기준점으로 임신 22주를 제시했다. 당시 4명의 재판관은 태아가 모체를 떠난 상태에서 독자적으로 생존할 수 있는 시점인 임신 22주 이후부터는 낙태가 허용되지 않으며, 그 이전까지는 임신 유지와 출산 여부에 대해 여성이 자기 결정권을 행사하기에 충분하다고 판단했다. 이 시기 이후의 낙태는 국가가 생명 보호의 수단과 정도를 정할 수 있다고 밝힌 것이다.

임신 22주는 사실상 태아를 하나의 인격체로 생각하게 되는 시기라는 점에서 헌재가 지나치게 넓은 기준을 제시했다는 지적도 있었으나, 이는 헌재가 단순히 낙태 가능 기간을 22주라고 판단한 것이 아니라, 헌법불합치인만큼 새로운 입법이 필요하다는 의미였다. 다시 말해 임신한 여자의 자기결정권과 태아의 생명권이 충돌하는 낙태라는 상황에서, 여성의 자기결정권에 무게를 둘 수 있는 데드라인 시점이 바로 임신 22주라고 본 것이다.

어쨌든 우리나라에서는 22주가 지난 태아의 경우 모체가 자기결정을 통해 낙태를 선택할 수 없도록 되어 있는데, 미국도 이와 같은 부분에서 한국과 비슷한 양상을 보여왔다. 아니, 오히려 표면적으로는 기독교 국가를 표방하고 있는 미국이 한국보다 더 엄격했을 지도 모른다. 하지만 앞서 언급한 2022년 '도브스 대 잭슨 여성 건강 기구' 판결에 의해 낙태권이 폐지되었음에도 불구하고 1973년 '로 대 웨이드' 판결에 기초한 낙태는 임신한 여성의 자기결정권이라는 주장을 하는 여성 단체들이 늘어났으며, 해리스는 바로 이런 부분에서 정확히 여성의 자기결정권과 의료 접근성을 보호해야 한다는 의견을 피력하며 낙태권을 옹호했다.

해리스는 연방 차원에서 낙태권을 보호하는 법안을 추진할 필요성을 주장했고, 이를 통해 모든 주에서 여성들이 낙태 서비스를 받을 수 있도록 보장해야 한다고 강조했다. 이는 주마다 알아서 선택하라는 것이 아니라 모든 주에서 낙태를 보장하라는 것이며, 더불어 의료 제공자가 낙태 서비스를 제공할 권리를 침해 받지 않도록 하는 법률 또한 도입하자는 의견을 제시했다. 거기에 덧붙여 가령 낙태가 금지된 주의 여성이 낙태를 원할 경우 다른 주에서 낙태를 받을 수 있도록 연방정부 차원에서 지원책을 마련해야 한다고 주장했는데, 이는 여성으로서는 당연히 바라는 부분일 수 있겠지만, 기독교적 가치관을 가지고 취임식 때 성경에 손을 얹고 맹세를 하는 국가에서 가질 수 있는 윤리적인 문제와 정면으로 충돌하는 부분이기도 했다. 특히 이러한 문제들은 보수 성향을 지닌 공화당 지지자들이 보기에는 사회의 윤리적 규범을 망가뜨리는 부분이 될 수도 있었는데, 그럼에도 불구하고, 해리스는 낙태권 박탈을 "여성의 건강과 안전에 대한 공격"으로 간주하며, 이 문제를 2024년 대선의 주요 쟁점으로 삼았다. 심지어 "여성의 권리는 인간의 권리다"라는 슬로건을 내걸며, 낙태권을 보호하지 않는 정치인들을 비판하기까지 했다.

이렇듯 인권을 다루는 것이 쉽지 않은데, 성소수자에 대한 문제는 낙태 보다 조금 더 복잡하다. 사실 낙태권은 사회적으로 찬반이 갈리기는 하지만 해리스 본인이 여성이기도 했고 어느 정도 인권의 영역에서 태아, 산모냐의 차이일 뿐, 완전히 다른 의견을 제시하는 사람들은 적었다. 하지만 성소수자 문제는 다른 문제로 다가온다. 해리스는 성소수자 권리를 인권의 문제로 간주하며, LGBTQ+ 커뮤니티에 대한 차별 철폐와 동등한 권리 보장을 강조했다.

LGBTQ+라는 말을 아는 분도 있겠지만 간단히 설명을 하자면, 레즈비언Lesbian, 게이Gay, 양성애자Bisexual, 트랜스젠더Transgender에 성 정체성을 명확히 할 수 없는 희귀함을 의미하는 퀴어Queer, 그리고 여기 설명되진 않았지만, 더 많이 나타날 수 있는 미지의 +@까지 포함하여 LGBTQ+라고 부르는 것이다. 이렇듯 다양한 성 소수자들이 존재하기에 해리스는 LGBTQ+ 인권이 민주주의와 사회적 정의를 구현하는 데 필수적이라고 주장했다. 지금 우리나라에서도 한창 논쟁이 되고 있는 포괄적 차별 금지법에 대한 논의가 미국에서는 이미 2020년에 끝났었다. 전체는 아니지만 29개 주에서 포괄적 차별 금지법과 비슷한 법안이 규정되었고, 이로 인해 성별이나 성 정체성, 성적 지향에 대한 차별이 금지된 것이다. 물론 2015년 연방대법원에서 동성간의 결혼을 인정해야 한다는 판결이 나오고 모든 주에서 동성 결혼이 가능해졌지만, 현실적으로 성 정체성에 대한 문제는 미국 내에서도 절반은 찬성, 절반은 반대를 이룰 정도로 여전히 뜨거운 감자이다. 그런데 이런 부분을 해리스는 강력히 지지했던 것이다.

해리스는 연방 차원에서 동성 결혼 권리를 보호하고, 이를 법제화하는 노력을 적극 지지했으며, LGBTQ+ 커뮤니티에 대한 차별을 금지하는 연방법을 강화하고, 특히 직장, 학교, 공공장소에서의 차별을 없애기 위한 전 연방적 입법을 지원하자는 의견을 냈다. 또한 트랜스젠더 개인이 자신의 성 정체성을 자유롭게 표현하고, 의료 서비스 및 공공시설에 접근할 수 있도록 지원하고자 했다. 또 성 소수자 청소년이 괴롭힘이나 차별을 받지 않도록 학교 정책 및 교육 커리큘럼에서 LGBTQ+ 문제를 직접적으로 다룰 것을 바라기도 했다. 해리스의 이 모든 판단은 자유와 평등으로부터 나왔으며, 특히나 성 소수자에게 가혹한 공화당의 의견에 대해 미국의 진보적 가치를 훼손하려 한다는 등의 발언을 서슴지 않았다. 그래서 LGBTQ+ 프라이드 행사에 적극적으로 참석하며 커뮤니티와의 연대를 과시했고, 트랜스젠더를 포함한 성 소수자 군인들의 군 복무 권리를 지지하고, 트럼프 행정부 시절 폐지된 정책을 복원하려고도 했다.

이러한 해리스의 입장은 젊은 세대, 여성, 도시 지역 유권자 그리고 성 소수자 커뮤니티로부터 강한 지지를 받았다. 하지만 이와 같은 낙태권 및 성 소수자 문제에 대한 강력한 입장은 민주당 지지층의 결집에는 기여했지만 이와 반대로 공화당 측에서는 해리스가 매우 급진적인 진보주의자로 간주될 수밖에 없었다. 특히 다음에 언급할 이민자들의 입장에서 성 소수자에 대한 문제는 오히려 민주당과 대립하는 정책이기도 했다.

이민자 문제에 대한 부분은 개인적으로 판단하기에 해리스와 트럼프의 성패를 가로 짓는 분수령이 된 부분이라고 할 수 있을 것이다. 해리스의 경우 포괄적 이민 개혁에 대한 부분을 긍정적으로 평가하며, 서류 미비 이민자들에게 시민권 취득 경로를 제공해야 한다고 주장했다. 특히, DACA_{Deferred Action for Childhood Arrivals} 프로그램의 수혜자인 이른바 "드리머_{Dreamers}"를 보호하고, 이들에게 시민권 취득 기회를 제공하는 입법을 강력히 지지했다. 이는 농업, 헬스케어, 필수 서비스에 종사하는 서류 미비 이민자들이 팬데믹 동안 중요한 역할을 했다는 점을 강조하며, 이들의 합법적 지위를 보장해야 한다는 논리이다. 이러한 논리가 완전히 잘못됐다고는 볼 수 없지만, 문제는 해리스의 이민 정책은 이미 미국 사회에 정착한 이민자들에게는 오히려 위협이 될 수 있는 부분이었다. 사실 해리스를 위시한 민주당 진영에서는 의심의 여지없이 이민자들이 당연히 민주당을 지지해 줄 거라는 판단을 하고 있었다. 하지만 역설적이게도 이미 제도권으로 들어온 이민자들은 더 이상의 이민자 정책을 바라지 않았고 성공한 이민자가 많이 생기는 것 또한 바라지 않았다. 그도 그럴 것이 이민자들이 늘어나게 되면 그들의 친구나 친지가 미국에 들어와 시민권을 얻는 것은 쉬워지겠지만, 다른 한 편으로 또 다른 이민자들의 증가는 기존 이민자 출신들에게는 훗날 재앙이 될수도 있었기 때문이다. 그야말로 지붕 위에 올라가 사다리를 차버리는 꼴이다. 어쨌든 해리스는 현재의 이민 시스템을 "낡고 비효율적"이라고 지적하며, 더 신속하고 투명한 절차를 위한 시스템 개혁을 제안했다. 이민 청원이나 난민 신청 절차를 간소화하고, 법적 이민 경로를 확장하는 방안을 지지했으며, 가장 먼저 이민자 가족들이 강제로 분리되는 문제를 해결하기 위해 가족 기반 이민의 우선순위를 강조했다. 특히 트럼프 행정부 시절 시행되었던, "무관용 정책"으로 인해 분리된 가족들을 재결합시키는 것이 시급하다고 주장했는데, 실제로 불법으로 입국하다 적발될 경우 부모와 미성년 자녀를 격리해 수용하는 지침에 따라 국경에서 수천 명이 꼼짝없이 '생이별'에 처하게 되는 일이 다반사였다. 한 예로, 온두라스 출신의 한 남성이 아내와 3살짜리 아들과 함께 밀입국했다가 적발돼 수감됐는데, 그는 가족을 찾아달라고 애원하며 난동을 부리던 중 감방에서 스스로 목숨을 끊었다. 이러한 현실을 잘 알고 있던 해리스는 현재의 이민 시스템이 인간적이지 않다는 주장을 지속적으로 펼치고 있었다.

또한 해리스는 국경에서 발생하는 비인도적 상황에 대해 강력히 반대하며, 이민자들이 존엄과 공정한 대우를 받을 권리가 있다고 강조했다. 이는 국경에 벽을 세우겠다는 트럼프와는 비교되는 부분인데, 실제로 국경 지역은 난민들로 가득 차 매우 혼잡하며, 그러한 국경 시설의 혼잡 문제를 해결하기 위해 적절한 자원 배치와 시설 개선을 주장한 것이다. 또한 난민 및 망명 신청자들이 안전을 보장받고, 신속하고 공정한 절차를 통해 심사 받을 수 있는 시스템을 구축해야 한다는 것도 주장에 내포되어 있다. 특히 가장 문제가 되는 지역은 멕시코 쪽으로부터 넘어오는 이민자들인데, 이들을 지원하기 위해 해리스는 인도적 지원 및 망명 프로그램 강화를 제안했으며, 동시에 불법 이민을 억제하기 위한 방법으로 중남미 국가들과의 협력을 강조했다. 이는 이민자들을 억압하고 관용을 배제하며 어려운 사람들을 더 어렵게 만드는 것보다는, 국경을 넘으려는 자들, 혹은 이민자들의 근본적인 문제 해결을 이루어야 한다는 것이다. 그간 바이든 행정부는 중미 북부 지역(과테말라, 엘살바도르, 온두라스)에 대한 경제적 지원과 부패 척결, 치안 강화 프로그램을 추진 중이기도 했는데, 사람들이 절망 때문에 집을 떠나지 않아도 되는 환경을 만들어야 한다고 언급하며, 중남미 경제 개발의 중요성을 역설해왔다. 따라서 해리스는 이러한 바이든 정부의 기조를 이어나가겠다는 정책을 펼쳤다.

물론 해리스의 이러한 주장에 비판도 많았다. 바이든 정부가 지금까지 국경 관리와 이민 문제에 대해 제대로 된 해결책을 제시하지 못했기 때문인데 특히, 보수 진영은 해리스도 바이든과 마찬가지로 국경 위기에 효과적으로 대응하지 못할 것이라고 공격했고, 이에 대해 해리스는 이민 문제가 단기적으로 해결할 수 없는 복합적 도전 과제라며, 외교적 노력과 포괄적 개혁이 필요하다고 맞받아쳤다.

해리스는 이민 문제를 "미국의 도덕적 의무"와 "국가의 정체성" 문제로 간주하고 있었다. 더불어 미국은 이민자들의 나라라는 점을 강조하며, 인도적 접근과 경제적 실리의 균형을 추구하겠다는 뜻을 거듭 밝혔다. 당연히 해리스의 이민 정책은 민주당 진보파와 다문화 커뮤니티에서 높은 지지를 받았는데 특히, 라틴계 유권자들 사이에서 긍정적인 반응을 얻어냈다. 그러나 이를 두고 보수 진영에서는 불법 이민에 대해 관대하게 하는 것이 미국에 결코 좋지 않은 결과를 가져올 것이라고 비판하며, 오히려 관대한 이민정책 때문에 불법 이민자의 숫자가 늘어나는 것은 물론 불법 이민을 더욱 부추기는 상황에 놓이게끔 만든다는 공세를 연이어 펼쳐나갔다. 하지만 이러한 비판에 해리스가 명확히 내놓은 대안은 없었다.

이제 민주당에 이어 트럼프 진영의 사회적 이슈에 대한 입장과 어떠한 이야기들이 있었는지 한 번 살펴 보자. 먼저 낙태에 대해 살펴보면, 의외로 트럼프는 낙태 문제에 대해 굉장히 인간적인 모습으로 접근한다. 트럼프는 2016년 첫 번째 대선 당시 "프로-라이프 pro-life(생명 옹호)"라는 입장을 표명하면서도 동시에 낙태를 완전히 금지해서는 안 된다고도 말했다. 그 누구도 이미 생겨난 생명에 대해 어디부터 생명인지, 어디까지 자립성이 있는지에 대해 선을 그을 수 있는 권한이 없다는 것이 그의 주요한 논조였다. 물론 트럼프 정부에서는 보수 성향의 대법관 3명을 임명(닐 고서치, 브렛 캐버너, 에이미 코니 배럿)하여, 2022년 도브스 대 잭슨 여성 건강기구 판결에서 연방 차원의 낙태권 보장을 무효화하는 엄청난 사회적 변화를 만들어 내기도 했지만, 트럼프는 낙태를 주에서 규제할 권리가 있어야 한다는 입장을 고수하면서도, 연방 차원에서의 낙태를 전면 금지하는 결정에 대해서는 신중한 태도를 보였다. 앞서 언급한 우리나라의 경우, 낙태권의 한계를 22주로 보았는데, 공화당 내에서는 6주, 즉 임신한 사실을 알게 되는 시점부터 낙태 금지를 결정해 버리는 강경한 법안(예: 론 디산티스의 플로리다 정책)이 검토되기도 했었다. 하지만 트럼프는 이에 대해 "더 유연한 접근이 필요하다"는 의견을 냈는데, 그는 낙태에 대해서 만큼은 인도주의적 입장을 언급하며 "나는 낙태에 있어 생명을 존중하지만, 대다수 미국인이 받아들일 수 있는 해결책을 찾겠다"는 나름의 중도적 메시지를 시도했다. 물론 이러한 포지셔닝은 보수층의 생각을 반영하면서도, 동시에 자신의 신념을 보다 명확히 드러낸 매우 영민한 발언으로 판단된다. 전반적으로 트럼프는 보수적 주정부의 낙태 제한 법안을 칭찬하면서도, 연방 차원의 단일 정책보다는 주정부 차원의 자율성을 강조했다. 민주당의 낙태 입장이 출산 직전까지도 낙태를 허용하는 급진적 정책에 가까웠다면, 공화당의 입장은 이것이 과연 윤리적으로 옳은가에 대한 질문을 던지고 있는 것이다. 한마디로 누구도 생명에 대해 선을 그을 수 없다는 말은 결국 낙태에 대해 완전히는 아니더라도 한계점을 두어야 한다는 입장을 가진 것이라고 볼 수 있다. 따라서 이 같은 트럼프의 낙태권에 대한 의견은 현실적이면서도 상식적인 선에서 양쪽 모두가 받아들일 수 있을만한 정책으로 볼 수 있다.

    반면 낙태 문제와는 달리 성 정체성이나 소수자에 대한 부분에서 트럼프는 일종의 전사와도 같은 모습을 드러냈다. 일례로 트럼프 행정부는 2017년 트랜스젠더의 군 복무를 금지하는 정책을 도입하였는데, 이는 보수적 유권자들에게는 지지를 얻었으나, 성 소수자 인권 단체로부터는 비판을 받았다. 또한 동성결혼에 대해서는 이미 법적으로 결론이 난 문제라며 적극적인 반대 의사를 표명하지는 않았지만, 이를 확장하거나 지원하는 정책도 추진하지 않았다. 이는 그저 상식적인 선에서 이야기할 수 있는 반대의 입장만을 표명한 것이다. 한편 LGBTQ+ 이슈에 대해서는 상대적으로 모호한 태도를 유지하고 있는데, 어쩌면 그보다는 강경한 발언을 하지 않는다는 표현이 더 맞을 것 같다. 그는 보수적인 공화당 지지층과의 관계를 고려해 성 소수자 권리 문제에서 적극적인 지지를 피하고, 전통적 가족 가치를 강조하는 입장을 보이고 있다. 더불어 자칫 곤란해질 수 있는 성 소수자 권리문제에 대해 깊이 관여하기보다는, 이를 급진적 진보의 의제로 묘사하며 기존 보수층의 지지를 유지하려는 전략을 사용하여 매우 영리하게 지지층 결속을 다져 나가고 있는 것이다. 하지만 성 소수자 의제 중 트랜스젠더와 관련된 이슈(예: 스포츠 참여, 성별 전환 치료)에 대해서는 다소 강경한 입장을 취하며, 생물학적 성에 기반한 정책을 주장하기도 했다. 또한 LGBTQ+ 커뮤니티에 대해 직접적으로 언급할 수밖에 없는 상황에서도 그는

"나는 그들을 존중하지만, 전통적 가치가 우선이라고 생각한다."라는 메시지를 전달하여 직접적인 비난을 피하는가 하면, 성 소수자 의제 중 주로 트랜스젠더 관련 문제를 중심으로 발언하며, 공립학교에서의 성 소수자 관련 교육 문제를 비판하는 경향을 보였다. 트럼프의 이런 보수적 입장은 그와 결을 같이하고 있는 공화당 내 기독교 우파와 전통적 보수층 사이에서 강한 지지를 받고 있다. 기독교 우파와 전통적 보수층이라 함은 쉽게 말해 중산층에서 상류층에 이르는 사람들이 보다 많이 위치해 있는 집단이라 할 수 있는데, 소위 사회 지도층이라고 불리는 위치에 있는 사람들이 가지고 있는 전통에 대한 생각들을 지키고 수호하는 이미지를 트럼프는 계속해서 주고 있었던 것이다. 이러한 트럼프의 입장은 젊은 세대 및 도시 지역 유권자들 그리고 온건 보수층 사이에서는 구시대적 발상이라고 비판받기도 했지만, 그런 상황에서도 트럼프가 지키고 수호하는 부분이 미국의 사회 지도층이 가지고 있는 전통을 지켜나가고자 함임을 계속해서 어필했다. 그것이 트럼프가 가지고 있는 정책적 바이브이자 이미지 메이킹이었다. 자신은 난동꾼이 아니라 전통의 수호자라는 것을, 자신을 지지하지 않는 사람들에게도 지속적으로 주고자 했던 것이다. 그렇게 트럼프는 낙태와 성 소수자 문제를 공화당 지지층 결집에 사용하는 동시에, 지나치게 급진적인 이미지를 피하고자 급진적인 영역에 대해서는 민주당에 대한 비판 도구로 활용하며, "급진적 진보"와의 차별성을 부각시켰다. 이런 트럼프의 모습은 성공한 신사의 이미지를 가져다 주었는데, 이런 부분이 과거의 재선 실패 시점보다 달라진 부분이라고 할 수 있겠다. 이를테면 과거보다 유연한 발언을 통해 중도층을 잃지 않으려는 신중한 태도를 보이며 답변을 회피하거나, 직접 언급보다는 높은 사회적 지능을 통해 간접적으로 언급하는 방식으로 이슈들을 피해갈 수 있는 나름의 필승전략을 펼친 셈이다. 물론 그렇다 하더라도 그의 과거 정책 기록과 특유의 강경한 발언은 여전히 인기와 비판의 대상이 되고 있다.

우리가 학교에서 배웠던, 보수가 가지고 있는 특징 중 하나가 바로 영토의 수호라는 것을 기억하고 계신 분도 있을 것이다. 트럼프의 이민 정책에서 가장 눈에 띄는 부분이 바로 이러한 영토 수호의 부분을 강조했다는 것이다. 트럼프는 멕시코 국경에 물리적 장벽을 건설하는 것을 자신의 대표적인 이민 정책으로 삼았다. 지난 초선 때도 그랬지만, 그의 실천력의 특징은 이런 정책들을 실행할 때 어쨌든, 어떤 방식으로든 그것을 이루려는 노력을 지속하고 있다는 것이었다. 물론 공약을 선포할 때보다 그 강도가 완화되는 경우는 있었지만 그는 상징성이라는 것을 매우 중요시 여기는 모습을 보였고 무언가를 이루기 위한 모습을 국민들에게 끊임없이 어필하고 있었다. 그가 가지고 있는 국경의 벽에 대한 이미지는, 불법 이민, 마약 밀매, 인신매매를 차단하기 위한 핵심 방안이었으며, 이 정책은 그의 지지층 사이에서 큰 호응을 얻었다. 정말로 장벽을 설치하겠다는 그의 공약 이행이 아직까지는 450마일이지만, 그것이 길든 짧든 하나의 물리적 벽이 세워진다는 것은 그만큼 미국의 국경에 대해 중요하게 생각하고 있다는 의미였다. 국경이라는 가상의 개념의 기준에서 바라볼 때 그가 말하는 국경이라는 것은 상상의 것을 현실로 실현하는 것이며, 눈으로 벽을 직접 보여줌으로써, 그의 국가 영토 수호에 대한 의지가 얼마나 강력한지를 확인시켜 주는 것이다. 트럼프는 2024년 대선 캠페인에서도 미완성된 장벽 건설을 완수하겠다는 공약을 제시하며 국경을 수호하는 것에 대한 상징성을 아주 강력히 드러냈다. 트럼프 행정부는 국경 지역의 기술적 감시(드론, 센서, 감시 카메라 등)와 인력 강화를 통해 국경 관리를 강화하고 국경순찰대와 이민세관단속국(ICE)의 예산을 증액하겠다고 선포했으며, 권한을 확장하여 불법 이민 단속을 강화하는 등의 공약을 계속해서 내세워 전통적인 보수가 가장 가치 있다고 여기는 '전통을 지키는 수호자'가 되기 위해 계속해서 노력하고 있다. 또한 중미에서의 대규모 난민과 망명 신청자 유입에 대응하기 위해 "멕시코 잔류 정책"Remain in Mexico을 도입했는데, 이는 망명 신청자들이 미국 입국 전에 멕시코에서 대기하도록 규정한 정책으로, 이 역시 다른 나라 국민들 보다 미국을 우선시 하는 트럼프의 생각을 잘 들여다 볼 수 있는 정책이라고 할 수 있다.

2018년 트럼프 행정부는 국경에서 체포된 모든 불법 이민자를 형사 기소하는 무관용 정책을 도입했다. 이로 인해 가족 단위 이민자들이 분리되는 사례가 다수 발생하였는데, 이는 국내외적으로 아주 큰 논란이 되었으나, 트럼프는 이를 "법의 집행"이라며 강력 추진했다. 트럼프는 이민세관단속국ICE을 통해 서류 미비 이민자에 대한 단속을 대폭 강화했고, 불법 체류자를 보호하는 소위 피난처 도시Sanctuary Cities를 비판하며, 이러한 도시들에 연방 자금 지원을 중단하겠다고 선포했다. 또한 오바마 행정부가 도입한 DACADeferred Action for Childhood Arrivals, 즉 불법체류 청소년 추방 유예 프로그램을 폐지하려는 시도와 함께, 드리머Dreamers들의 상황에 대해 인도주의적인 안타까움을 표하면서도, 이민법 개정을 통한 해결을 보다 근본적인 방법으로 내놓으며 DACA의 폐지를 주장했고, 합법이라는 큰 틀을 기준으로 그 틀을 벗어나는 것에 대한 단호한 입장을 내세웠다. 특히 연쇄 이민chain migration으로 알려진 가족 기반 이민 제도를 비판하며 이를 축소하고 숙련 노동자 중심으로 한 고용 기반 이민을 강화하는 제도를 선호하여 실질적으로 개인적, 감정적 이해 보다는 현실적인 미국의 이익을 바라보려는 모습을 지지자들에게 각인시켰다. 바로 이러한 현실적 국가 이익의 관점에서 가족 재결합이라는 추상적인 행복감보다, 미국 경제에 기여할 수 있는 고학력자나 숙련 기술자를 우선적으로 받아들여야 한다고 주장했던 것이다. 과거에도 트럼프 행정부는 난민 수용 한도를 축소한 바 있다. 아직 정책적인 부분에 대해 새로운 트럼프 정부가 많은 것을 내놓지는 않았지만, 향후에도 미국은 망명 신청 절차를 강화하고, 특정 중남미 국가 출신의 망명자 수를 제한하는 정책을 시행할 것으로 많은 전문가들은 내다보고 있다. 트럼프가 이런 형태의 강경 정책을 펴는 이유는, 불법 이민자들이 미국 노동자들의 일자리를 빼앗고 임금을 하락시킨다는 주장 때문이었다. 이미 합법적으로 국적을 취득한 이민자들은 미국인이었기에 그들의 일자리를 불법 이민자들이 빼앗는 것은 어느 모로 보아도 미국에 도움이 되는 것이 아무것도 없을뿐더러, 불법 이민자들의 편의를 위해 미국인이 고통을 당한다면 그것은 트럼프의 입장에서도 결코 좋은 것이 아니었다. 트럼프는 이민자가 고용주로부터 불법 고용되는 문제를 해결하기 위해 E-Verify 시스템 도입을 강화하고 비자 발급 중단 및 제한 정책을 통해 일시적 이민 감소를 유도하는 등의 정책을 펴왔다. 이런 부분은 오히려 이미 울타리 안에 있는 이민자들에게는 그를 지지해야 할 이유를 만들어 준 것이나 다름이 없었다.

그가 주장하는 법과 질서 그리고 미국 우선주의 America First가 맞물리며 트럼프라는 한 인간이 주는 메시지는 매우 강력하게 느껴진다. 그의 메시지는 이민 정책과 연결되어 지지층 결집에는 크게 기여했으나, 반대로 민주당 측으로부터는 비인도적이고 인종 차별적인 정책이라고 강력하게 비판을 받았다. 하지만 이러한 현상은 오히려 그의 모든 발언들을 보수층의 집결에 강하게 영향력을 끼칠 수 있도록 만들었으며, 이것이 2024년 대선의 전체 향방을 가르는 계기가 되었다.

이러한 부분들은 사실 미국이 아니라 우리나라에서 더 찾기 쉬운 다투기의 모습이다. 경상도와 전라도를 기반으로 하는 혐오 정치, 세대간 그리고 젠더간 갈등을 부추기는 두 정당의 갈라치기와 꼰대, 이대남과 같은 단어들이 만들어지고 사용되었던 가장 큰 이유는 바로 우리나라의 정치가 상대방에 대한 혐오를 기반으로 하기 때문이다. 물론 이것을 단순히 정치공학적 시각으로 바라본다면, 실제로 집단 간 혐오는 반대급부로 해당 집단의 결집을 위해서는 가장 좋은 방법이기도 하다. 이는 한 집단이 다른 집단을 공격하기 위해서는 반드시 그 집단의 결속이 전제가 되어야 하기 때문이다. 돌이켜보면 역사속에서 십자군전쟁의 유럽이 그랬고, 세계 대전 당시 독일이 그랬으며, 관동대학살의 일본도 그러했다. 현대의 미국 역시 이제는 완전히 분열된 모습을 보이며, 상대방 진영을 무너뜨리기 위한 선거 전략들이 훨씬 더 많이 적용되고 있고, 곳곳에서 혐오가 난무하고 있다. 이것이 2024년 미국 대선에서 가장 두드러지는 모습이기도 하다.

여론은 계속하여 움직인다

2024년 대선 캠페인의 초기 단계에서 카멀라 해리스는 여론조사 결과에서 여러 가지의 반응들이 혼재된 결과를 얻으면서 여러 도전에 직면하기도 하였다. 해리스에 대한 여론은 바이든 행정부가 가지고 있던 문제들 즉, 인플레이션, 이민 문제, 경제 회복과 같은 핵심 사안을 그대로 승계하는 모양새를 띠다 보니 전통적인 민주당 지지층 외의 유권자들에게는 그녀의 매력을 확장하는 데 어려움을 겪었고, 특히 무당파와 젊은 유권자들 사이에서 큰 약세를 보였다. 해리스는 여성, 젊은 유권자 그리고 소수 민족에게 초점을 맞춘 캠페인 전략을 세우며 재생 가능 에너지와 여성 권리 같은 진보적 의제를 강조했지만, 2020년 대선 결과와 비교했을 때 이러한 그룹들에서 눈에 띄는 개선은 없었다. 특히, 경제 문제와 관련된 바이든 행정부의 낮은 지지율은 해리스 캠페인에 부정적인 영향을 계속해서 미쳤고, 그나마 풀뿌리 유권자 동원과 높은 투표율을 강조했으나, 이 또한 출마선언 당시를 제외하고는 공화당의 강세를 뒤집는 데 큰 효과를 내지 못했다.

이러한 상황들은 민주당이 바이든 행정부의 과실을 방어하면서 유권자들의 열의를 유지하는 데 큰 어려움을 겪고 있다는 것을 의미하는데 아무리 트럼프가 문제가 될 수 있는 발언을 하더라도 그것이 지지율의 변화로까지 이어지지 않았다는 반증이기도 하다. 선거 초기의 해리스는 전반적으로 진보적 비전과 경험을 내세우려 노력했으나, 일부 핵심 지역이나 경합 지역에서는 이를 유권자들에게 효과적으로 전달하는 데 어려움을 겪었다.

반면, 2024년 대선 캠페인의 초기 단계에서 도널드 트럼프는 해리스의 어려움과는 달리 지지율 상승의 기회를 엿보고 있었다. 그는 주요 유권자 그룹에서 강력한 지지 기반을 확인하면서도 다양한 유권자 확대를 가다듬었는데 노동 계층, 특히 라틴계와 아프리카계 남성 유권자들 사이에서 지지를 확대하는가 하면, 젊은 남성 유권자들을 겨냥한 미디어 출연 전략으로 젊은 층에서도 지지율이 상승하기도 했다. 한편 낙태와 같은 논란이 큰 문제에서는 주별 결정권을 강조하며 유연한 입장을 취해 보수층의 지지를 유지하는 동시에 중도 유권자들에게도 자신의 유연성을 어필했다. 이로 인해 공화당 지지층의 결집과 독립 유권자 사이의 지지율 상승이 나타났으며, 민주당이 주춤거리는 사이 다소 격차를 벌려놓을 수 있었다. 이런 초반의 기세는 해리스가 다시 제자리를 찾아가며 수그러들기는 했지만, 그 이후 단 한 번도 우위를 내준 적은 없었다.

공화당이 우위를 점할 수 있었던 요인 중 하나가 바로 라틴계 미국인이다. 미국 내 라틴계 인구는 총 6,000만 명이 넘는 것으로 계산되고 있는데 그 중에서 2024년 대선에서 투표권을 행사할 수 있는 유권자는 3,620만 명으로 이 수치는 2020년 3,200만 명보다 12% 이상 증가한 수치이다. 2016년 대선에서 힐러리 클린턴이 10만 표에 불과한 표로 플로리다의 29석을 잃었던 것을 생각한다면, 경합주 내에서도 20%를 넘는 유권자 수를 차지하고 있는 라틴계 표심은 매우 중요한 수치라 할 수 있다. 따라서 그동안 대선에서 이민자 포용 정책으로 라틴계에게 큰 지지를 압도적으로 받아왔던 민주당이 최근 계속해서 공화당에 표를 빼앗기고 있다는 것은 단순히 인기적인 부분이 아니라 또 다른 이상징후가 존재하는 것이다. 뉴욕타임즈의 시에나대 여론조사 결과를 보면, 지난 5월 대선 후보 수락 후 해리스가 얻은 지지율은 56% 정도였다. 이는 조 바이든이 2020년에 기록한 득표율 63%보다 낮은 수치이며, 이 시기에 트럼프가 얻은 지지율은 37%였다. 트럼프의 경우 2020년에 32%였던 라틴계 지지율이 실제 대선에서는 46%까지 상승하게 되는데 여기서 눈여겨 볼 만한 것은, 라틴계 유권자의 67%는 트럼프가 내세우는 강경한 반 이민 정책을 자신과 관련된 이야기로 여기지 않는다는 부분이다. 즉 이미 미국으로 들어온 라틴계 유권자는 스스로가 이민법의 제재 대상이 아님을 알고 있는 것이며, 더 이상 이 문제에 민감하게 반응하지 않는다는 것이다. 이것은 민주당을 지지해왔던 라틴계 유권자들이, 민주당이 이민자로서의 본질을 일깨워 주었다 하더라도 자신들의 가난을 해결해 주지 못한다고 느낀다면 정치적 입장을 바꾸어 공화당을 지지할 수 있다는 의미이다. 실제로 트럼프 집권 기간 중 증가한 임금이 바이든 재임 기간 중 증가한 임금보다 더 크다는 사실이 히스패닉 유권자들에게 널리 알려지면서 공감을 사게 되었는데, 이러한 부분은 라틴계 유권자들에게도 동일한 영향을 미치게 되었고 그들 중 일부는 민주당에게 기대해 왔던 경제적인 문제 해결을 해 주지 못함에 불만을 품고 민주당을 떠나 공화당으로 넘어갔다. 특히 해리스를 지지하지 않는다고 말한 비율은 45세 이하 젊은 라틴계 남성에게 더 강하게 나타났는데, 이 계층에서는 오히려 트럼프의 지지율이 해리스를 앞서기도 하는 등, 미래 세대에 대한 경향성 역시 공화당이 민주당을 앞서는 것으로 나타나, 이는 공화당으로서는 큰 호재, 민주당으로서는 큰 악재가 아닐 수 없다.

하지만 앞서 언급했듯이, 2020년만 하더라도 지금과는 그 양상이 달랐다. 트럼프는 라틴계에서 32%를 득표했고 나머지는 대부분 바이든이 가져갔는데 이는 라틴계 유권자들은 당연하다는 듯 민주당에 대해 더 긍정적인 시각을 가지고 있었으며 소수 민족의 이익을 대변하는 정당 역시 민주당이라고 아주 쉽게 생각했기 때문이다. 따라서 계속되는 라틴계 인구 증가로 그 수가 많아진다는 것은 당연히 민주당에게 유리한 판이 펼쳐진다는 의미와 같았으며 그 결과 2020년 라틴계 인구가 전체 15% 이상을 차지하는 9개 주 중 7개에서 바이든이 승리를 거뒀다. 특히 1996년 이후 처음으로 애리조나에서 바이든이 승리를 거둘 수 있었던 매우 중요한 요인에도 라틴계 표심을 빼놓을 수가 없다. 반면 예외의 지역도 있었는데 캘리포니아의 경우는 그동안 라틴계 투표율이 증가했음에도 불구하고 2016년과 비교해 볼 때 2020년 민주당 지지율은 증가하지 않았다. 이처럼 바이든이 성공한 것과는 달리 그렇지 않은 징후들도 여기 저기서 찾아볼 수 있었는데, 특히 트럼프의 이민정책이나 이민자에 대한 논란이 일 수 있는 발언에도, 트럼프의 라틴계 유권자 득표율은 증가하고 있었으며, 이런 향방은 눈에 확 띄지 않았을 뿐 모든 주에서 일어나고 있었다. 2020년에 트럼프는 패배했지만, 쿠바 출신, 중남미 출신이 많은 남부 플로리다, 멕시코 출신이 많은 남부 텍사스에서는 트럼프의 득표수는 두드러지게 증가했다. 물론 트럼프는 라틴계 유권자의 과반수 표를 얻지는 못했지만 텍사스의 경우 2016년에 비해 2020년에 라틴계 투표율이 가장 많이 증가한 주였다. 그래서인지 2020년 라틴계 득표율에서 민주당은 공화당에 3.4%p밖에 앞서지 못했는데 라틴계 거주자들이 많은 사파타Zapata 지역과 스타Starr 지역에서는 트럼프가 2016년 득표에 비해 2020년에 각각 20%, 28%p가 넘는 득표를 더 받았다. 이러한 미세한 변화는 결국 2024년에 완전히 눈에 띄는 변화를 가져왔으며, 그 변화의 가장 큰 요인이라면, 라틴계 스스로 그들이 이민자라는 생각보다 미국인이라는 생각을 하고 있다는 점과 공화당이 가지고 있는 기독교적 색채를 가톨릭이 대다수인 라틴계 유권자들이 공유하고 있다는 점 등을 꼽을 수 있다. 더불어 라틴계 뿐만 아니라 다른 소수 민족 역시 라틴계와 크게 다를 것이 없다는 점은 지속적으로 공화당이 민주당을 앞설 장치를 마련했다고 할 수 있을 것이다. 이스라엘의 무차별적 군사행동에도 무한한 지지를 보내는 바이든 대통령에게 실망한 젊은 유권자층의 민주당 이탈이나 사회보장 및 의료보험 등의 정책으로 인한 노년층의 민주당을 향한 지지 증가는 불과 몇 개월 전까지도 예상하지 못했던 현상인 반면, 당락에 큰 영향을 미치고 있는 라틴계 유권자들의 변화는 이미 2020년부터 가시적으로 드러났기에 라틴계 유권자들에 대한 문제의 심각성을 민주당과 공화당 모두 적잖이 고민하고 있는 모습이다.

이러한 미국인들의 성향은 보수화에 대한 이슈가 깊이 자리잡고 있는 것으로 보인다. 2024년 4월 발표된 NPR&PBC 여론조사에 따르면, M세대(24~39세)와 Z세대(18~23세)에서 트럼프의 지지율이 바이든보다 2% 높게 나타났다. 이에 비해 45세 이상 60세 이하의 유권자들 사이에서는 바이든 대통령의 지지율이 더 높았고, 같은 해 2월에 나온 뉴욕타임즈의 여론조사에서도 65세 이상의 유권자 지지율에서 바이든이 트럼프보다 더 높게 나타났다. 반면 같은 해 3월에 나온 폭스뉴스의 설문에서는 30세 미만 유권자층 지지율이 바이든보다 트럼프가 더 높았는데, 물론 이런 사례를 전제로 말하기는 어렵지만 미국인, 특히 젊은 층의 보수화가 지속적으로 일어나고 있음을 엿볼 수 있는 대목이다.

이처럼 트럼프에게 투표한 젊은 남성들의 표심이 거센 것은 사실이다. 이것을 단순히 젊은 남성의 보수화로 단정짓기는 다소 어려움이 있지만 그들이 노년층에 비해 조금 더 쉽게 움직이는 존재들이라는 점에서는 어느 정도 일리가 있다. 따라서 젊은 남성층이 계속해서 그런 경향을 보이고 있다면, 그것을 놓치지 않고 따라가려는 것이 매우 중요하다. 가장 먼저 이야기할 수 있는 부분은 젠더 갈등에 대한 부분인데, 최근 사회적 이슈인 PC주의(정치적 올바름)와 LGBTQ+에 대한 사회적 대두로 인해 젊은 남성층은 전통적인 성 정체성을 가진 이들에게 큰 거부감을 보여왔다. 2017년 미투 운동은 미국에서 먼저 출발했고, 페미니즘의 득세로 남성과 여성은 분열했다. 이들 분열된 세력의 대부분은 가정을 이룬 기성세대가 아니라 미혼 남성과 여성의 충돌로 볼 수 있는데, 이는 가정을 이루고 가정 내에서 남성과 여성이 혼재해 있는 기성세대와는 달리 미혼 남성과 여성은 스스로 본인의 이익만을 대변하는 경향이 더 강하기 때문이다. 따라서 페미니즘 담론이나 정치적 올바름, LGBTQ+에 대한 논의가 전통적인 성 정체성을 흐리고 생물학적 성보다 사회적 성을 우선시하는 모습이 나타났다는 사실에 남성들은 상대적 박탈감을 느낄 수밖에 없었을 것이다.

또한 불법 이주자 문제에 대해서도 젊은 남성들은 좀 더 우익적인 성향을 보였는데, 상대적으로 성 정체성 등의 이유로 좌파적 흐름이 동반되었던 젊은 여성들과 달리 젊은 남성들은 어찌 보면 자연스레 우파적인 색채를 띨 수밖에 없었을 것으로 보이는데 이것이 시나브로 젊은 남녀의 이념적 차이를 눈에 띄게 벌어지게 한 것이다. 더불어 대규모 불법 이민자 문제나 경제 이슈에 대해서도 젊은 남성들은 예민할 수밖에 없는데 혼란과 위기 상황에서 안정성을 찾아야 하는 시점에서, 트럼프 식의 마초이즘은 약화된 남성성을 대변하며 젊은 남성들의 롤 모델이 되기 충분했다. 특히 강하게 트럼프를 지지했던 일론 머스크의 가세는 젊은이들이 꿈꾸는 슈퍼 리치, 상상을 뛰어넘는 재능을 가진 사람들끼리의 올스타전이 한바탕 벌어졌다고 생각하게 만들었고, 맥도날드에서 아르바이트를 하며 사람들에게 직접 메뉴를 전달하는 트럼프, 바버샵을 방문하여 머리를 하며 사람들과 친근하게 이야기를 나누는 트럼프, 바이든이 트럼프 지지자들에게 쓰레기라고 발언하자 다음날 바로 쓰레기 수거 차에 자신의 이름을 새겨 광고를 하던 환경미화원 트럼프의 신선한 모습과 대중과의 소통을 담은 캠페인 전략은 젊은 남성들에게 굉장히 매력적으로 다가갔다.

반면 민주당에서는 이를 오히려 강화하는 방법으로 대응했다. 부통령 해리스를 대통령 후보로 선출한 것은 어쩔 수 없는 선택이었다 하더라도 해리스가 '여성'이라는 점을 이용하여 남성들이 트럼프에게 투표한 것은 여성 혐오, 성차별, 외국인 혐오, 인종차별이라는 말로 젠더 갈등을 더욱 부추겼을 뿐 아니라 오히려 역차별 당하는 남성층의 반감만 더 초래하고 있었다. 특히 흑인 여성들은 나라를 구하려고 애썼지만, 교육 수준이 떨어지는 백인 여성들은 트럼프를 찍었다는 식의 발언은 좀처럼 이해하기가 어려우며 이는 여성 혐오와 인종차별을 반대하는 자신들의 주장에도 반하는 이중적이고 모순된 태도로서 결코 해리스에게 도움이 되지 않는 선거 운동이었다.

판이 벌어지다; 대선의 서막

03. 역사의 갈림길

시대의 전환점이 될
2024 미국 대선

선거 초반이 급박하게 흘러가는 것과 달리, 2024년의 대선의 중요성은 다시 한 번 짚어 보아야 할 대목이다. 2024년의 대선은 기존의 대선과는 달리 미국의 역사에서 중요한 전환점으로 자리 잡을만한 몇 가지 요소를 담고 있다. 이번 대선에 전 세계의 이목이 집중되었던 이유는, 단순히 세계 정세의 중요한 향방을 결정하는 국가의 대통령 선거이기 때문만이 아니라, 미국 스스로 가지고 있는 경제적 위기, 사회적 갈등, 국제적 긴장 등 다양한 도전 속에서 미국이 어떤 방향으로 나아갈지를 결정하는 중요한 시험대가 되기 때문이다. 미국이 지금까지 이러한 상황에 놓였던 경험은 종종 존재해 왔다. 그리고 그 순간마다 미국은 큰 격변을 가지고 왔다. 단순히 새로운 대통령의 등장이 아니라, 세계적으로 미국의 역할 변화 혹은 미국 내 갈등이 극에 달했을 때 나타날 수 있는 변화의 기로에 있기 때문이다.

1860년 에이브러햄 링컨의 당선은 미국 역사상 가장 중대한 선거 중 하나로, 당시는 심각한 지역적, 경제적, 도덕적 갈등을 고스란히 드러내고 있었는데 북부는 산업화와 경제적 발전을 이루고 있었고, 남부는 노예제를 기반으로 농업 경제를 유지하고 있었으며, 이러한 두 체제의 갈등은 남부와 북부 간의 경제적, 사회적 격차를 계속해서 만들어 냈다. 이러한 상황에서 등장한 링컨의 가장 우선적인 목표는 무엇보다도 점점 더 심화되며 갈등의 극으로 치닫는 두 지역 간의 갈등 완화였다. 따라서 링컨은 노예제 확장을 반대하며 국가의 통합을 주장했는데 그는 노예제를 도덕적, 경제적으로 부당하다고 보았으며, 아울러 그러한 문제를 해결할 수 있는 연방 정부의 권위를 강조했다. 하지만 당시는 지금보다 연방이 가지는 결속력이 약했으며, 링컨의 정책에 불만을 가지고 있었던 남부의 주요 인사들은 링컨이 당선된 것만으로도 강한 반발을 표시했다. 그들에게 링컨은 자신들의 경제와 사회 체계를 위협하는 존재였기에 더 이상 연방 체제를 유지하게 되면 연방에 복속되거나 노예제를 잃을 수 있다는 판단 하에 사우스캐롤라이나를 시작으로 연방 탈퇴를 선언하기에 이르렀고 이는 결국 남북전쟁으로 이어졌다. 그럼에도 불구하고 링컨은 전쟁 중에 노예 해방을 선언하고, 미국 역사에서 가장 중대한 도덕적 전환을 이끌어냈다. 가히 그의 리더십은 민주주의와 국가 통합의 기틀을 다지는 데 결정적이었으며 이는 현재까지도 후대에 큰 가르침이 되고 있다.

한편 프랭클린 D. 루즈벨트의 당선은 대공황이라는 경제적 위기 속에서 미국의 새로운 정치적, 경제적 질서를 세운 선거로 평가된다. 1929년 대공황으로 미국은 대규모 실업과 은행 붕괴 및 빈곤에 시달렸다. 당시 허버트 후버 행정부의 경제 정책은 효과를 보지 못했고, 그로 인해 국민들의 불만이 극에 달했으며 이러한 미국의 상황은 전 세계적인 불황의 늪을 만들어 전반적인 경체 체제의 몰락이라는 위기까지 생각해야 할 정도로 어려움은 극심했다. 이때 등장한 루즈벨트는 대중에게 '뉴딜New Deal'이라는 혁신적인 경제 회복 계획을 제시했는데 공공사업을 통해 일자리를 창출하고, 금융 규제를 강화하며, 사회적 안전망을 확대하겠다는 그의 약속은 실의에 빠진 국민들에게 희망을 안겨주었다. 루즈벨트는 당선 후, TVA(테네시 계곡 개발 계획), 사회보장법Social Security Act 등 대규모 개혁 정책을 통해 경제를 회복시키고, 정부의 역할을 확대하며 국가 중심적인 경제 변혁을 주도하여 미국을 정상으로 돌려놓기 위해 애썼다. 이처럼 루즈벨트의 당선은 현대적 복지국가의 기초를 놓았으며, 위기 속에서 국가의 적극적 개입이 필요할 때도 있다는 새로운 정치적 패러다임을 정립했다.

버락 오바마는 2008년 선거에서 당선되며 미국 최초의 흑인 대통령으로 역사에 이름을 올렸다. 그의 당선은 미국 내 인종 문제, 세대적 변화, 가치 갈등의 문제를 해결하기 위한 발판이 되었으며 2008년 금융위기로 인해 심각한 침체에 빠져 있었던 미국 경제와 이전 정부의 이라크 전쟁으로 극심한 피로감에 쌓인 국민들을 향해 오바마는 "희망과 변화"를 중심으로 한 메시지를 통해 세대와 인종을 아우르는 통합적 비전을 제시했다. 그는 건강보험 개혁, 금융 규제와 같은 정책을 펼치며 흑인과 소수민족 커뮤니티에게 새로운 희망을 주었으며, 미국이 다양성에 대한 긍정적인 인식을 가지고 있다는 신호를 전 세계에 보냈다. 오바마는 임기 동안 오바마 케어Affordable Care Act를 통해 미국 의료 시스템에 큰 변화를 가져왔으며, 글로벌 금융위기에 대해서도 큰 무리수 없이 잘 넘겼다는 평가를 받았다.

도널드 트럼프의 2016년 당선은 기존 정치 질서에 대한 도전과 미국 내 대중들의 의견이 직접적인 영향을 미치고 있다는 상징을 만들어 냈다. 2016년은 글로벌화로 인해 중산층과 블루칼라 노동자 계층의 경제적 불만이 커지고, 전통적인 엘리트 정치에 대한 불신이 팽배했던 시기였다. 당시 트럼프는 미국 우선주의America First와 '워싱턴의 늪을 말리겠다'는 메시지를 통해 기존 정치권을 강하게 비판했으며 정치꾼들의 정치가 더 이상 국민들에게 좋은 이미지를 주지 못했기에 그는 이민자 문제, 무역 협정, 국경 안보 등 민감한 주제를 전면에 내세워 주류 정치인들이 표를 얻기 위해 다루지 못했던 문제들을 언급했고, 유권자들에게 어필했다. 특히 트럼프는 소셜 미디어, 특히 트위터를 활용해 기존의 레거시 미디어를 넘어 직접 유권자들과 소통했는데 이는 전통적인 선거 전략과는 다른 혁신적인 방식으로 평가받고 있다. 트럼프의 당선은 반세계화, 반이민 정서를 기반으로 한 정치적 움직임의 부상을 보여주었으며, 전 세계적으로 대중을 통한 정치와 민족주의가 다시 주목받는 계기가 되었다.

이처럼 링컨, 루즈벨트, 오바마, 트럼프를 당선시킨 이 네 번의 선거는 각 시대의 미국이 직면한 도전과 변화에 대한 응답으로, 단순한 대통령 선출을 넘어 미국과 세계의 정치, 경제, 사회적 질서를 재편한 중요한 순간들이다. 2024년 대선 역시 이들과 견줄 만한 역사적 전환점으로 평가받을 가능성이 크며 역사는 선거를 통해 미국의 본질적 가치를 반영하고, 미래로 나아가는 새로운 길을 열어가고 있기 때문이다.

그것을 반영하듯 2024년 대선은 팬데믹 이후 미국 경제가 직면한 불확실성을 해결하는 데 중요한 계기가 되고 있다. 팬데믹이라는 엄청난 터널을 지나는 동안 전 세계 사람들은 경제적인 타격과 더불어 경제적인 비전 자체를 잃어버린 상황이며 특히 미국 내에서 지난 몇 년간의 높은 물가 상승은 소비자들의 구매력을 감소시키고 경제적 불안을 가중시켰다. 그래서 미국 국민들은 이를 해결할 확실한 경제 비전을 찾고자 했으며 자동화와 기술 발전으로 인해 전통적인 제조업 중심의 일자리가 줄어들고 새로운 고기술 일자리가 창출되고 있었기에 노동계층과 중산층들 역시 이전과는 다른 변화의 시기를 맞고 있는 것이다.

이러한 상황에서 민주당은 부유층 과세와 청정에너지 투자를 통해 지속 가능한 경제를 제안했으며, 공화당은 감세와 규제 완화를 통해 기업 중심의 성장을 촉진하려 했다. 지쳐 있는 경제 활동에 무거운 짐을 부과하기보다, 대중들은 다시 한 번 대중이 원하는 정치를 하기 바랐으며, 단순한 경기 회복을 넘어, 앞으로의 경제 구조를 어떻게 설계할 것인지에 대한 정책을 요구했다.

사회적 분열이 극에 달해 두 진영을 갈라놓고 있는 것은 지금까지의 상황보다 더 심각하게 보인다. 실제로 워싱턴을 기반으로 한 초당파 싱크탱크 퓨리서치센터에서 조사한 사회적으로 분열된 국가를 묻는 질문에서 미국은 2위를 마크하며 이스라엘, 프랑스, 독일 등을 압도했다. 미국의 국민들은 이미 극심한 정치 스트레스에 시달리고 있다. 대외적으로 경제, 안보 복합 위기로 숨을 쉴 수가 없는데, 정치인들이 생존을 위해 정치적인 지혜를 모아가는 모습은 볼 수가 없다고 토로한다. 따라서 이런 갈등을 해결하기 위해 2024년의 대선은 심각할 정도로 중요하다. 이번 대선 결과에 따라 미국의 국제적 위상과 역할 역시 크게 달라질 수 있기 때문이다. 조 바이든 행정부의 뒤를 이어 얼마나 세계에 미국의 위대함을 증명할 수 있을 것인지 혹은 도널드 트럼프 1기 행정부의 지론을 이어 동맹국보다는 자국의 이익을 최우선으로 하는 외교 정책을 이어나갈 것인지, 그것도 아니면 상호간의 조화로운 정책을 발판으로 삼아 새로운 역할을 만들어 갈 것인지는 확실하지 않다. 다만 사회 정의에 대한 관심이 높아지면서 젊은 유권자들이 선거의 중요한 집단으로 부상하고 있으며, 라틴계, 아시아계 유권자들은 이번 선거에서 전략적 중요성을 입증했다. 이에 따라 민주당과 공화당 모두 이들의 경제적 요구를 반영하려는 노력을 기울이고 있고 중산층 유권자들 또한 이제 경제 정책을 중심으로 선택을 내리고 있다. 특히 러스트 벨트와 선벨트 지역에서 이들의 마음을 읽는 것이 미국 전체의 대중의 마음을 읽어내는 요소들이 될 수 있다.

    2020년 대선 이후, 선거 결과에 대한 의문과 부정선거 논란은 미국 민주주의에 대한 신뢰를 약화시켰다. 이런 점에서 2024년 대선은 선거 시스템과 민주적 원칙이 다시 공고히 설 수 있는 시험대가 될 수 있다. 공화당과 민주당 간의 극단적 대립은 유권자들 사이에서 강한 정체성 정치identity politics를 더욱 강화하고 있으며 당연히 새로 선출된 대통령은 양극화를 완화하거나 더 심화시킬 가능성을 모두 내포하고 있다. 이를 상대 진영의 반발 없이 얼마나 자연스럽게 연착륙 할 수 있는 지가 미국을 분열의 시기로 몰고 가느냐, 혹은 화합의 세대로 나갈 수 있느냐의 중요 포인트가 될 것이다. 2024년 대선은 미국 정치의 방향성을 결정짓는 변곡점으로 평가 받고 있기에 단순한 승패를 넘어, 미국 정치의 구조적 변화를 가늠하는 중요한 기회가 될 것으로 판단된다.

    미국은 초 강대국이었다. 아니 지금도 여전히 세계 최강의 국가라는 데에는 이견이 없다. 미국은 40여 년의 냉전의 중심에서 소비에트 연합을 해체시키고 승자가 되었으며 다른 나라와 관계 없이 홀로 존재할 수 있을만한 가능성이 가장 높은 나라이기도 하다. 그럼에도 미국은 세계에서 가장 자애로운 국가의 모습을 보이며 굳이 들어가지 않아도 되는 NATO나 WHO 등에 가입하여 세계의 많은 어려운 국가들에 지원하고 정의를 수호했다. 또한 세계 모든 나라가 자유롭고 공정하게 살기 위한 국가가 되기를 바라며 자유 무역의 최고봉답게 경제적인 국경을 허물었고, 세계화의 초석을 다졌다. 하지만 이러한 미국의 의도와는 달리 점점 더 세계는 본인들의 이익을 위해 미국을 이용하고 세계가 국제 분업의 시대라고 이야기하며 유럽은 스스로 문을 닫는가 하면, 중국과 러시아는 자유무역 체제라는 것을 이용해 미국에 도전하려 했다. 이는 '만약 모든 것이 미국의 바람대로 됐더라면 모두가 행복했을 텐데'라는 강한 아쉬움을 갖게 만드는 대목이기도 하다. 미국은 값 싼 노동력을 통해 원재료를 수입하고, 잘 만든 자동차와 전자 제품을 팔 수 있었지만 중국의 값 싼 소비재와 동아시아의 전자제품은 미국의 시장을 초토화시켰다. 이로써 미국은 초 일류 기업을 보유한 국가이지만, 또한 러스트 벨트를 보유한 나라가 되었으며 세계 최강대국의 면모를 자랑했던 공장의 노동자들은 가난해졌고, 동시에 애플과 구글 같은 미국의 엘리트들은 부를 축적함으로써 미국 내에서도 부익부, 빈익빈이 극명하게 갈리는 결과를 초래하고 말았다. 이러한 문제의 중심에 바로 민주당과 공화당이 있으며 세계화를 이루려는 미국의 욕심은 이제 그 기로에 서게 된 것이다. 세계화를 이룩하고 모두가 행복한 세상을 만들자는 것이 민주당의 정신이고, 세계화도 좋지만 일단 우리 국민부터 살고 보자는 것이 공화당의 정신이다. 이와 같은 공화당의 주장은 미국 국민의 일자리도 없는데 패권적 지위를 얻는 것이 무슨 소용이냐는 것이며 중국과 같이 자신들의 이득만을 차리는 국가를 상대로 무역 전쟁도 불사하겠다는 것이다. 이들은 길고 긴 팬데믹의 터널을 지나 이제 어떤 모양의 세계 최강대국이 될 것인지를 선택해야 할 역사적인 숙명의 기로에 서 있다. 그것이 바로 2024년 미국의 대선에 달려 있으며 이제 미국 대선에서 다루어지고 있는 중요한 문제들이 어떤 것인지에 대해 확인해 보도록 하자.

PART.2

분열된 국가,
두 개의 길

분열된 국가, 두 개의 길

01. 중산층의 흔들림과 경제 불안

경제 대국의
산업 전쟁

    2024년 미국 대선은 경제 문제를 중심으로 치러지고 있다 해도 과언이 아니다. 미국 유권자들에게 경제는 항상 중요한 이슈였지만, 현재의 글로벌 경제 상황, 인플레이션, 금리 인상 그리고 팬데믹 이후의 경제 회복 속도는 이번 선거에서 그 중요성이 더욱 부각되었다. 따라서 각 후보는 차별된 경제 정책을 통해 자신들의 비전을 제시하며 유권자들을 설득하려 노력하고 있다. 왜냐하면 2024년을 관통하는 전 세계적 이슈가 바로 돈이기 때문이다. 물론 우리가 살고 있는 세계가 자본주의라는 것으로부터 출발하고 있긴 하지만, 반드시 그것 때문만은 아니다. 그것 보다는 SNS의 출현으로 이전보다 훨씬 더 많은 사람들과의 비교가 가능해진 세상에서 돈이란 것이 보다 쉽게 다른 사람보다 우위에 설 수 있는 전략적 무기가 되기 때문이다. 특히 팬데믹 증후군이 부자를 꿈꾸는 사람들에게 돈에 대한 더 많은 헛된 욕망을 뿌려주었다. 우리나라보다 훨씬 더 많은 인구가 살고 있는 미국과 같은 나라에서는 경제적 위기가 훨씬 더 많은 혼란을 가중시킬 수 있기 때문에 더더욱 돈은 필수적인 부분이다. 다행히 미국 경제는 팬데믹 이후 회복세를 보이고는 있지만, 높은 인플레이션과 주택 비용 상승 그리고 연방준비제도의 지속적인 금리 인상으로 인해, 여전히 가계 경제에 큰 부담을 주고 있으며 노동 시장 역시 강세를 보이고는 있지만, 기술 혁신과 자동화로 인해 고용 구조가 변화하고 있어 계층간 경제적 불평등이 커지고 있는 추세다. 이러한 배경에서 유권자들은 경제 안정성을 최우선 과제로 생각하고 있으며, 이 문제를 해결할 후보를 선택하는 것은 매우 당연한 결과이다.

먼저 민주당 진영을 살펴보면, 민주당 후보인 바이든과 해리스는 중산층과 노동 계층을 지원하는 정책을 중심으로 캠페인을 진행했다. 두 사람의 캠페인을 들여다보면 전체적인 맥락은 아주 단순하다. 최저임금을 올리겠다는 것이 가장 주요한 정책인데 그들은 모든 노동자가 생계비를 감당할 수 있도록 연방 최저임금을 $15로 인상하겠다는 것이었다. 현재 미국의 연방 최저임금은 2009년 이후 시간당 $7.25로 유지되고 있으나 많은 주와 도시에서는 생활비 상승과 경제 상황을 반영하여 자체적으로 더 높은 최저임금을 책정하고 있다. 예를 들어, 워싱턴주는 2024년에 최저임금을 시간당 $16.66로 인상했으며, 이는 전국에서 가장 높은 수준이다. 캘리포니아주는 2024년 4월 1일부터 패스트푸드 업계 노동자들의 최저임금을 시간당 $20로 인상하였는데 이처럼 주 별로 최저임금이 상이하며, 일부 지역에서는 연방 최저임금보다 두 배 이상 높은 경우도 있다. 연방 최저임금인 $7.25를 받는 노동자는 전체 시간제 노동자의 0.1%에 불과한 약 6만8천명으로, 이는 현재의 경제 상황에서 연방 최저임금이 실질적인 의미를 거의 상실했음을 보여준다. 이러한 상황에서 민주당은 연방 최저임금을 $15로 인상하여 전국적으로 노동자들의 생활 수준을 향상시키려는 노력을 지속하고 있다. 실효성이 얼마나 있을지는 모르겠지만, 실제 최저임금이 현실적인 반영을 하고 있지 못하는 것이 사실이고, 이를 악용하는 사례들도 존재하기 때문에 이를 15$로 공식화하여 여러 가지 좋지 않은 사례들을 막겠다는 것이 민주당의 취지이다.

둘째로 청정에너지와 관련된 부분을 살펴보면, 민주당에서는 이를 일자리 창출과 연계하여 정책을 펴고 있는데, 미국 민주당과 청정에너지 일자리 창출의 관계는 기후 변화에 대응하면서 경제 성장을 도모하는 정책적 비전에서 비롯되었다. 민주당은 청정에너지 전환이 단순한 환경 보호의 차원을 넘어, 경제적 기회를 창출하고 노동 시장을 강화할 수 있는 핵심 요소라고 주장하고 있으며, 이는 화석 연료와 원자력 에너지의 사용이 지구 온난화를 가속한다는 전제를 사실로 놓고 재생 가능 에너지 확산에 힘쓰겠다는 것이다. 더불어 태양광, 풍력, 수력 등 재생 가능 에너지원에 대한 대규모 투자를 통해 새로운 산업과 일자리를 창출하려는 목표를 가지고 있다. 이로 인해 수십만 개의 일자리가 창출될 것으로 예상하며, 특히 제조업과 건설업 분야에서 긍정적인 영향을 미칠 것으로 보고있다. 또한 청정에너지 기반 시설(예: 전기차 충전소, 스마트 그리드 시스템 등)을 구축하는 데 대규모 예산을 투입하여 고용 기회를 확대할 방침이며, 청정에너지 프로젝트를 포함한 바이든 행정부의 인프라 법안을 통해 수백만 개의 일자리가 만들어질 것이라고 발표했다. 더불어 기존의 화석연료 기반 산업 종사자들을 재교육하여 청정에너지 산업으로 전환하도록 돕는 프로그램을 지원하고자 했다.

민주당은 2050년까지 탄소 배출 제로를 목표로 설정하고, 이를 달성하기 위한 신기술 개발과 배치를 지원하고 있는데 이 과정에서 19세기 대농장에서 근무하던 흑인들이 대도시의 공장으로 이동했던 것처럼 전통적 에너지 산업에 종사하던 노동자들이 새로운 산업으로 이동할 수 있도록 지원하겠다는 계획이다.

이처럼 민주당이 주장하는 청정에너지 일자리는 경제 성장을 지속 가능하게 만드는 데 기여하며, 미국을 글로벌 청정에너지 산업의 리더로 자리매김할 수 있도록 돕겠다는 의지가 담겨 있다. 또한 청정에너지 일자리가 소외 계층과 지역사회를 포함한 다양한 계층에 공평하게 제공될 수 있도록 정책을 맞춤 설계하였는데, 이것은 단순히 현재의 경제를 강화하는 것뿐만 아니라, 미래 세대에게 더 나은 환경과 안정적인 노동 시장을 물려주겠다는 굳건한 의지를 정책에 고스란히 담아낸 것이다.

민주낭은 이러한 정책들을 통해 환경을 중요하게 생각하는 젊은 층, 노동자 계층 그리고 기후 변화로 직접적인 영향을 받는 지역사회의 지지를 얻고자 했다. 특히, 경합주에서 청정에너지 프로젝트와 관련된 지역 일자리 창출을 하겠다는 정책은 이를 지지하는 유권자들에게는 충분히 긍정적 신호로 여겨질 수 있다.

세 번째로 민주당이 주장하는 정책은 세제 개혁이었다. 이 정책은 주로 소득 불평등 해소, 중산층 지원 그리고 분배를 통한 공공 서비스 강화를 목표로 하고 있다. 민주당은 경제적 순환은 생각하지 않은 채 부유층과 대기업의 세금으로부터 충분한 재원을 마련하여 공공 서비스를 확충하겠다는 방침이며, 그와 관련하여 가장 먼저 언급되었던 내용이 바로 부유층에 대한 세율 인상이었다. 민주당은 고소득층에 대한 세율을 인상해 부유층이 더 많은 세금을 납부하도록 하는 정책을 지지했다. 이유는 비율로 매겨지는 세금은 명확히 고소득자들의 것이 저소득자들의 그것보다 절대적으로는 훨씬 더 많은 금액이었기 때문이다. 특히, 연간 소득이 $400,000 이상인 개인과 가정에 대해 높은 소득세율을 부과하는 것을 목표로 하고 있는데, 이러한 정책은 소득 불평등을 줄이고, 필요한 공공 서비스에 더 많은 재원을 확보하기 위한 것이라고 주장하고 있다. 그러나 이러한 정책이 기업과 개인의 가처분 소득을 줄이고, 투자와 소비를 위축시킴으로써 경제 성장을 저해할 수 있다는 점이나, 기업의 경쟁력을 약화시키고, 생산성과 일자리 창출에 부정적인 영향을 미칠 수 있다는 부분에 대해서는 마땅한 대안을 제시하지는 못했다. 물론 고소득층의 증세는 이미 소득이 많은 자들에게는 치명적인 문제가 아닐 수 있지만 민주당의 세제 개혁 정책이 고소득자를 겨냥하는 것처럼 보이면서 사실은 중산층과 소규모 사업자에게도 세금 부담이 전가될 수 있다는 문제를 야기시켰다. 민주당이 이를 간과할 수 없음은 중산층이 경제의 주요 소비 주체라는 점에서 이들의 부담 증가가 경제 전반에 부정적 영향을 미칠 수 있으며 이로 인해 중산층의 몰락이 예견될 수 있기 때문이다. 민주당은 또한 대기업의 세율을 공화당의 감세 정책 이전 수준으로 복원하려는 입장을 취했는데 2017년 트럼프 행정부의 세제 개혁으로 법인세가 35%에서 21%로 대폭 줄어들었지만, 민주당은 이를 약 28%로 다시 인상해 기업의 부담을 증가시키려 하고 있다.

이러한 증세 정책과 더불어 민주당은 세금부담 대신 여러 혜택을 제공하는 데에도 중점을 두고 있다. 특별히 자녀 세액 공제 확대, 근로 소득세 공제 강화 등으로 가계 경제를 지원하려는 노력을 하고 있는데 이러한 혜택이 세금 부담과 견주어 얼마나 큰 효과가 있을지는 불분명하다. 더불어 부유층이 주로 수익을 올리는 자본 소득(예: 주식 배당금, 자산 매각 이익 등)에 대한 세율을 소득세율과 유사한 수준으로 높이는 것을 제안하고 있는데 이는 노동소득과 자본소득 간의 세금 불균형을 줄이자는 취지이기는 하나, 투자나 연구 개발R&D, 일자리 창출이 크게 위축될 수 있다는 문제를 안고 있다. 특히 개인이 노동 이외의 방법으로 부를 창출하고, 이를 통해 경제적 계층 이동의 기회 자체를 사라지게 만든다는 것은 장기적으로 가난한 사람을 계속 가난하게 살도록 만들겠다는 의

미와 동일시 되는 정책일 수 있으며 이는 결국 소득 이외의 부분으로는 경제적인 격차를 줄여낼 수 없다는 의미이기도 하다. 민주당은 소득 격차가 지속적으로 확대되고 있다는 점을 문제로 보고 있지만, 더 큰 문제는 소득 격차를 줄이는 것 외에 다른 부의 축적 방법 자체를 틀어막아 버리는 상황이 연출된다는 것이다. 어찌됐건 모든 문제를 떠나서 이렇게 세제 개혁으로 확보한 재원은 의료, 교육, 사회 안전망 강화와 같은 공공 서비스 확충에 사용되며 이를 통해 모든 미국인에게 더 나은 생활 여건을 제공할 수 있다는 의견을 내고 있다.

이렇듯 민주당의 세제 개혁은 중산층과 노동 계층을 직접적으로 겨냥한 정책으로, 이들 계층의 지지를 확보하려는 전략이며, 중산층에 대한 세금 감면과 공공 서비스 확대를 통해 중산층의 경제적 부담을 줄이는 한편, 고소득층과 대기업이 더 공정한 몫을 부담하도록 해 사회적 불평등을 완화시키겠다는 방침이다. 하지만 과거 이런 세제 개혁은 중산층의 부흥보다는 몰락을 더 많이 가져왔다는 사실을 기억한다면, 신중해야 할 필요는 있다. 이 정책은 펜실베이니아, 미시간과 같은 경합주에서 경제적 메시지를 통해 유권자들과의 연결을 강화하려 했는데, 그들이 말하는 경제 정책은 확실히 부자들의 것이 아님은 틀림이 없다.

공화당의 경우 이와는 조금 다른 형세를 띤다. 2024년 미국 대선에서 공화당 진영의 경제 정책은 감세, 규제 완화, 에너지 독립 그리고 민간 주도의 경제 성장을 핵심으로 한다. 또한 공화당은 시장의 자유를 강조하며, 경제 성장이 결국 모든 계층에게 혜택을 가져다 줄 것이라는 "낙수효과 trickle-down economics" 원칙에 기반한 접근법을 제시하고 있다.

공화당의 세제 개혁으로 가장 먼저 언급할 수 있는 부분은 바로 감세 정책이다. 전면적으로 감세를 확대하는 것에 초점을 맞추었으며 이로써 계층의 구분

없이 모든 계층을 대상으로 세금을 낮추는 정책을 펼치고 있다. 특히, 법인세를 추가로 낮추거나 현행 21%에서 유지하여 기업의 국제 경쟁력을 강화하는 것을 목표로 하고 있는데, 이는 기업이 잘 되어야 거기 속한 근로자들이 더 편안한 생활을 할 수 있다는 논리로부터 시작한 정책이며, 법인세 감축을 통해 유보금이 증가한 기업들은 자연스럽게 기업의 성장을 위해 투자와 고용을 늘릴 수 있게 되고, 마찬가지로 주주가치의 제고를 위해 주주 환원 또한 늘릴 수 있게 된다는 원리다. 이처럼 경제 성장 자체를 가속화 할 수 있는 법인세 경감이 매력적인 이유는 고소득층의 세금을 경감하여 투자와 소비를 촉진하고, 이를 통해 경제 전반의 활력을 높일 수 있기 때문이다. 실제로 2017년 트럼프 1기 행정부의 감세 및 일자리법Tax Cuts and Jobs Act은 미국 내 경제 성장률을 높이고 실업률을 낮췄다고 평가받고 있다. 개인과 기업이 세금을 덜 부담하게 되면, 노동과 생산에 더 큰 동기를 부여 받아 생산성이 증가하게 되고, 소득세와 자본이득세를 낮추면 노동 참여와 투자가 활성화될 가능성이 크다. 여기서 쉽게 간과할 수 있는 부분 중 하나가, 바로 감세가 대기업뿐만 아니라 중소기업에 직접적인 혜택을 준다는 사실이며, 세금 부담이 낮아지면 중소기업이 성장하고 중소기업의 성장은 실제로 중산층의 부흥을 이끄는 지름길이 될 수 있는 것이다. 따라서 감세는 단기적으로 정부의 세수를 줄이기는 하나, 장기적으로는 경제 성장이 세수를 증가시킨다는 래퍼 곡선Laffer Curve이론으로 반박할 수 있다. 감세를 통해 활성화된 경제는 결국 더 많은 세수를 창출할 수 있기 때문이다.

규제 완화에 대한 부분 역시 공화당이 내세우는 정책으로 환경, 노동, 금융 관련 규제를 줄여 기업의 부담을 덜어주고, 민간 주도의 일자리 창출을 촉진하려는 입장을 고수한다. 특히, 중소기업을 대상으로 규제 비용을 낮추어 기업 성장과 고용 창출을 돕는 것이 주요 목표인데 이렇게 되면 확실히 일자리에 대한 진입장벽이 낮아지고 실업률이 낮아지는 효과가 존재한다. 규제 완화와 맞물려 공화당은 전통적인 에너지에 대한 사용을 장려하는데, 석유, 천연가스, 석탄 등 전통적 에너지 산업의 부흥을 통해 에너지 비용을 낮추고, 미국의 에너지 독립을 강화하려는 계획을 세우고 있다. 이로써 미국은 훨씬 더 많은 인프라를 가진 화석연료와 원자력의 확대가 에너지 비용 절감에 기여한다는 사실을 분명히 하고 있다. 현재 다른 나라보다 훨씬 더 좋은 인프라를 가지고 있으면서도 이를 포기하고 어려운 길을 간다는 것은 그것 자체로 미국에게는 큰 손실일 수 있으며 지금 이루어 놓은 에너지 독립을 통해 훗날 청정에너지로의 전환 역시 훨씬 쉬워질 수 있기 때문이다. 이에 따라 공화당은 민주당의 청정에너지 정책에 매우 비판적이며, 이를 과도한 규제로 간주한다. 한마디로 공화당의 에너지 정책은 세계 최고 수준의 화석연료 인프라를 유지하여 효율적인 산업 발전을 이루고 고용을 창출하며 에너지 비용을 절감하겠다는 것이다.

에너지 독립이라는 것은 결국 무역에서 이점을 가져오겠다는 의지를 드러낸 것으로, 미국이 외국, 특히 지정학적 갈등이 있는 국가들로부터 에너지 자원을 수입하지 않고도 국내에서 충분한 에너지를 생산해 자급자족하겠다는 목표를 말하는 것이다. 이는 미국의 에너지 안보를 강화하고, 경제 성장을 도모하며, 소비자들에게 안정적인 에너지 비용을 제공하겠다는 공화당의 주요 전략 중 하나인데, 앞서 말한 화석 연료 생산 확대, 규제 완화, 파이프 라인과 같은 에너지 기반 시설의 확충을 통해 다른 국가의 의존 없이 에너지 자급자족을 만족시키려 하는 것이다. 바로 캐나다의 원유를 수송하려 했던 "키스톤 XL 파이프라인 프로젝트"가 대표적 사례이다. 이처럼 에너지 독립은 보호무역 정책으로 연결되며, 공화당은 이러한 보호무역 정책을 지속하거나 강화해 "미국 우선주의America First"를 내세우고, 해외로 이전된 제조업 일자리를 본국으로 되돌리겠다는 현실적이고 강력한 약속을 하고 있는 것이다. 특히 공화당은 중국과의 무역 관계를 재조정하고, 미국 기업과 노동자를 보호하려는 관세 정책을 유지 또는 확대하려 하고 있다.

 이러한 연속적인 공화당의 에너지 독립 정책은 결국 미국이 외교적 우위를 가질 수 있도록 만들어 줄 수 있다. 이는 미국이 해외산 에너지에 의존하지 않음으로써, 지정학적 불안정성이 경제에 미치는 영향을 줄일 수 있고, 특히, 중동, 러시아 등 갈등이 잦은 지역에서의 에너지 의존도를 낮춰 외교적 유연성을 확보할 수 있을 뿐만 아니라, 상대와의 협상 카드 중 에너지쪽 부분을 완전히 틀어막을 수 있다는 것은 엄청난 이점이라고 할 수 있다. 2017년, 트럼프 행정부는 에너지 개발 제한을 완화하고, 연방 공공 토지와 해양에서의 석유 및 가스 시추를 대폭 확대했는데, 그 결과 이를 발판으로 석유 및 가스 생산이 증가하여 2019년부터 미국은 에너지 수출국이 되었다. 이러한 사실은 트럼프의 정책이 실질적으로 미국에 큰 이익을 가져다주고 있다는 것을 증명한다.

 물론 이러한 에너지 독립정책은 반드시 풀어야 할 과제를 안고 있다. 문제의 발단은 바로 공화당의 에너지 독립 정책이 기후 변화와 환경 파괴 문제를 더욱 심화시킬 수 있다는 비판을 받고 있기 때문이다. 또한 재생 에너지로의 전환이 미래 산업으로 비춰지는 상황에서 화석 연료 의존을 강화하는 정책을 언제까지 가져갈 수 있을 지에 대한 문제도 제기된다. 현실적으로 보았을 때, 에너지 독립이 목표라 하더라도, 글로벌 에너지 시장의 가격 변동에서 완전히 독립하기는 어렵다는 것도 한계점이 될 수 있지만, 그럼에도 불구하고 공화당이 이러한 정책을 가지고 가는 것은 현재 수준에서 외교적, 산업적으로 이보다 더 큰 이점을 얻어낼 수 있는 정책은 없기 때문이다. 즉 지금 가지고 있는 가장 큰 무기를 이용하여 스노우볼링을 이끌어 내겠다는 것이다.

2017년 도널드 트럼프 행정부의 "감세 및 일자리 법안 Tax Cuts and Jobs Act"은 법인세를 35%에서 21%로 대폭 낮추고, 개인 소득세율도 단계적으로 낮췄다. 당연히 기업에서는 쌍수를 들어 환영했고 이를 통해 기업 투자가 증가하고, 경제 성장률이 단기적으로 상승했으며, 이는 유권자들에게 공화당 경제 정책의 성과로 홍보 되었다. 아마 이번 정부에서도 트럼프 2기 행정부는 이러한 경제 성장 목표를 가지고 있으리라 판단된다. 1기 때도 석유와 천연가스 생산을 확대하고, 키스톤 XL 파이프라인 건설을 승인하면서 에너지 산업에서 수천 개의 일자리를 창출했다고 주장했는데, 이러한 정책은 텍사스, 오클라호마, 노스다코타 등 에너지 산업 의존도가 높은 주에서 강한 지지를 얻었다.

공화당은 코로나19 팬데믹 당시 중소기업을 지원하기 위해 대규모 구제 자금을 배포하는 프로그램을 운영했는데, 이를 통해 중소기업은 공화당 정책의 수혜자가 되었다. 트럼프 행정부의 대중국 관세 부과와 제조업체의 본국 회귀 정책은 제조업 중심 지역인 미시간, 위스콘신, 펜실베이니아와 같은 러스트 벨트 Rust Belt 지역에서 유권자들의 긍정적 반응을 이끌어냈다. 현재로선 공화당의 이러한 정책들이 트럼프 2기를 기대할 수 있게 만드는 대목이라 할 수 있다.

미국 중산층의 변화와
그들의 정치적 선택

2024년 미국 대선에서 중산층의 변화와 정치적 선택은 중요한 평가 지점으로 부각되었다. 이는 경제적 불확실성, 사회적 변화 그리고 정책적 우선순위의 이동과 깊은 관련이 있으며 특히, 중산층은 유권자의 큰 비중을 차지하기 때문에 대선 결과를 결정짓는 핵심 계층으로 간주되어 오고있다.

과거 미국의 중산층은 경제적 안정성과 사회적 이동성을 상징하는 계층으로, 미국인의 다수가 이 계층에 속해 있는데 최근 몇 년간 다양한 변화가 중산층 계층에 나타났다. 그 중에서도 특히 중산층의 소득 증가가 상위 계층에 비해 더딘 속도로 진행되는가 하면, 물가 상승으로 인해 중산층의 구매력이 약화된 부분이 가장 눈에 띄는 변화라 할 수 있다. 또한 바이든 정부의 정책적 변화로 인해 주택 가격과 임대료의 급등이 중산층의 재정에 큰 부담을 주었으며, 학생 대출, 의료비, 신용카드 부채 등 중산층의 금융 부담이 커지고 있다. 하지만 이보다 더 큰 문제는 사회적인 변화이다. 특히 지역 간 격차가 주요 이슈로 부각되면서, 도시와 교외 지역에서 중산층의 경험이 다르게 나타나고, 경제 기회의 지역적 분포 불균형이 새로운 쟁점으로 떠오르고 있다. 그래서 중산층 내부에서도 교육 수준, 인종, 종교 등에 따라 정치적 성향이 점점 더 분화되고 있는 것이다.

이번 대선에서 중산층의 역할이 더욱 중요한 이유는 이들이 바로 캐스팅보터의 역할을 맡고 있기 때문이다. 이들은 경제 이슈에 대한 민감성을 가진 주체들이기 때문에 인플레이션, 의료비, 일자리 창출과 같은 경제적 문제에 가장 민감하게 반응할 수밖에 없다. 따라서 중산층의 정치적 선택은 주로 각 후보가 제시하는 실질적인 경제 해결책에 따라 결정될 가능성이 크며, 스윙 스테이트라 불리는 경합주에서의 중요성은 더 크다고 할 수 있다. 실례로 플로리다, 펜실베이니아, 위스콘신과 같은 경합주에서는 중산층 유권자들이 승부를 결정짓는 핵심 역할을 하는데 이 지역의 중산층은 제조업과 에너지 정책, 특히 일자리 창출과 직접적으로 연관된 경제 공약에 큰 관심을 보이고 있기 때문이다.

미국의 중산층이 민주당에게 기대하는 부분은 최저임금 인상, 교육비 지원, 사회안전망 강화와 같은 정책이며 중산층 내부에서도 소수 인종과 청년층은 민주당의 포용적 정책에 더 긍정적인 반응을 보이고 있다. 하지만 그럼에도 불구하고 중산층 유권자들은 민주당의 과도한 정부 개입 정책에 불만을 가지며 점점 공화당으로 이동하고 있는데, 이전까지의 중산층이 합리적 판단을 가지고 민주당을 지지했다면, 이제는 합리적 판단을 가지고 공화당을 지지하는 모양새로 변화하고 있다. 이는 공화당의 감세 정책, 에너지 비용 절감, 규제 완화 정책이 기업 중심의 경제 활성화를 이루어, 중산층들이 자신이 노력하여 만들어 온 재산을 보호하는데 더 기여하고 있기 때문이다. 이러한 이유로 중산층 집단에서 백인 노동자 계층의 지지를 확보하는 데 공화당의 전략이 더 효과적일 수 있었던 것이다.

확실히 2024년의 대선과 이전 대선과의 차이점이 두드러지게 나타나고 있다. 2020년 대선에서는 팬데믹 대응에 대한 부분이 주요 이슈였으나, 2024년 대선에서는 팬데믹 이후 경제 회복과 안정성이 중산층의 주요 관심사로 떠올랐다. 더불어 정치적 양극화가 심화되면서 중산층의 정치적 성향 역시 이전보다 더 양극화되었고, 교육 수준과 도시-농촌의 거주 지역에 따라 지지 성향이 더 분명히 나뉘고 있다. 아무래도 고학력 도시 거주자들은 민주당 지지 성향이 강하고, 저학력 교외 및 농촌 거주자의 경우 공화당 지지 성향이 강화되었다는 것은 부정할 수 없는 현실이지만, 러스트 벨트를 형성하고 있는 소외된 백인층이 공화당으로 대거 넘어갔다는 것은 민주당에게 다소 치명적일 수 있는 부분이다. 물론 시대의 경계에 따라 중산층 내에서도 베이비붐 세대는 경제적 안정과 전통적 가치에 집중하는 반면, M세대 및 Z세대는 기후 변화, 사회 정의, 교육비 문제 등 미래지향적 이슈에 관심을 보이는 흐름의 변화가 감지되고 있다. 하지만 중산층에서 가장 큰 변화를 가지고 온 것은 아무래도 '소외된 백인'이 아니었을까 한다.

이처럼 2024년 대선에서 중산층은 경제, 지역, 세대 그리고 가치관의 변화를 반영하는 중요한 정치적 축으로 작용하고 있다. 따라서 각 정당이 이 계층에 효과적으로 어필하는 능력이 대선 결과에 중대한 영향을 미치고 있는 것이다. 특히, 중산층이 원하는 경제적 안정성과 사회적 변화 간의 균형을 제공하는 정책이 주요 승부처로 작용할 가능성이 높다고 생각했는데, 바로 이 부분을 만족시킨 것이 공화당 승리의 주요 원인이 아니었을까 싶다.

분열된 국가, 두 개의 길

02. 문화 전쟁의 장

사회적 이슈 : 인종, 성별, LGBTQ+ 권리 등 각종 문화적 갈등

현재 미국 사회에서 가장 큰 갈등 중 하나가 바로 젠더 이슈이다. 사회는 인종, 성별, LGBTQ+ 권리와 같은 문제에서 상당한 문화적 갈등을 겪고 있다. 이러한 이슈는 미국의 역사, 정치적 환경 그리고 각 지역의 사회적 맥락과 깊은 연관이 있으며, 2024년 대선을 포함한 정치적 의사결정 과정에서 주요한 논의 대상으로 떠오르고 있다.

인종 문제는 미국의 탄생 단계부터 존재했던 뿌리 깊은 갈등이다. 노예제, 인종 분리 정책, 민권 운동 등에서 비롯된 깊은 역사적 뿌리를 가지고 있다. 이것이 현대로 넘어오며 경찰 폭력, 경제적 불평등, 형사사법제도의 불균형 등 구조적 차별에 대한 논의가 더해지고 있으며, 다양한 목소리를 통해 형사 사법 제도에 대한 필요성이 제기되고, 소수 인종이 경찰과 사법 제도에서 차별을 경험하고 있다는 비판이 나오면서 법조계에서도 자정의 목소리를 내고 있다. 무엇보다도 이런 결과는 사실 경제적인 문제와 따로 떨어뜨려놓고 생각할 수 없다.

흑인, 히스패닉 등 소수자 그룹은 사회적 주류였던 백인들에 비해 교육, 고용, 소득 면에서 어려운 위치에 있기 때문에 이와 같은 사회적인 차별이 자연스럽게 일어날 수밖에 없다는 것이다. 당연히 인종의 문제는 이민자 문제와 연관지어 생각할 수밖에 없고, 특히 남미, 히스패닉 커뮤니티를 중심으로 이민 정책에 대한 갈등이 지속되고 있다.

먼저 흑인의 생명도 소중하다BLM, Black Lives Matter 운동과 이에 대한 반발을 먼저 생각해 볼 수 있을 것이다. BLM 운동은 2013년, 흑인 청소년 트레이본 마틴Trayvon Martin이 사망하고, 가해자인 조지 짐머만George Zimmerman이 무죄 판결을 받은 사건으로부터 시작된다. 사건 내용을 간단히 요약하자면, 지역 자경단의 대장이었던 조지 마이클 짐머만이 평범한 고등학생이었던 트레이본 마틴을 권총으로 살해한 후 정당방위를 주장했으며, 결국 무죄판결을 받게 된 사건이다. 이 사건은 미국 사회에서 구조적 인종차별과 사법체계의 불공정성에 대한 분노를 촉발시켰고 이후, 경찰 폭력과 흑인에 대한 과잉 진압 사례들이 지속적으로 보도되면서 BLM은 전국적인 사회 운동으로 성장한다. 실례로 2020년에 있었던 흑인 청년 조지 플로이드George Floyd가 경찰의 과도한 무릎 제압으로 사망한 사건이나, 마약이 의심된다는 이유로 백인 경찰의 총기 난사를 통해 사망한 브레오나 테일러 사건 등은 BLM 운동과 발맞춰 경찰 예산 삭감과 같은 구체적인 정책 변화 요구를 불러일으켰다. 하지만 이에 반대하는 보수층의 반발 역시 맞불처럼 일어나며 결국 정치적 양극화만 심화시키고 말았다.

하지만 많은 미국인이 BLM의 취지에 공감하며 인종차별 문제를 해결해야 한다는 데 동의했다. 뿐만 아니라 사회적으로 영향력이 있는 대기업, 스포츠 스타, 연예인들도 운동을 공개적으로 지지한다는 성명과 함께 다양한 기부와 메시지를 전하며 BLM 운동에 큰 힘을 실어주었다. 반면 보수 진영은 BLM 운동의 부작용에 대해 주장했는데 이는 경찰 등의 공권력의 권위를 약화시키면 사회 혼란이 촉발되고, 그것은 흑인만의 문제가 아니었기 때문이다. 때마침 BLM 운동 중 일부 폭력적인 시위와 약탈 사건이 보도되면서 운동의 이미지가 손상되기도 했으니 두 집단 간의 갈등이 매우 첨예했다는 것은 너무나 확실한 부분이었다.

    BLM 운동은 2020년 대선에서 이미 중요한 역할을 했다. 민주당은 이 운동의 주요 요구 사항인 형사 사법 개혁을 지지하며 흑인 유권자와 진보층을 동원했고, 반대로 공화당은 "법과 질서"를 강조하며 보수 유권자 결집을 꾀했는데 강한 개혁의 바람을 막지는 못했다. 결국 많은 미국인들의 바람대로 일부 지역에서 경찰 개혁 조치가 도입되고, 연방 차원에서도 사법 개혁 논의가 이루어졌으며, 영화, TV, 교육, 직장 문화 등 다양한 분야에서 흑인의 목소리가 강화되며 인종차별에 대한 논의가 확대되었다. 이후 정치적 올바름 PC, Political Correctness의 바람을 타고 BLM 운동은 전 세계적으로 유사한 운동을 촉발하며 인종차별 문제를 국제적인 의제로 만들어 버렸으니 이것이 2024 대선에 얼마나 큰 영향을 미쳤을지는 말하지 않아도 알 수 있을 것이다. 이외에도 백인과 흑인을 가르는 비판적 인종이론이라는 개념이 있는데, 이것은 '인종이라는 개념은 생물학적인 근거가 있는 자연적 개념이 아니며, 사회의 기득권이 현상 유지 및 이득을 위해 만들어낸 사회적으로 구성된 개념'이라고 말하는 이론이다. 이것이 과연 공교육에서 공식적으로 교육 되어야만 하는 것인지에 대한 문제 역시 지금도 논쟁이 끊이지 않고 있다. 이 개념은 분명 백인들에게는 듣기 싫은 주제이고, 유색인종은 이러한 개념을 학습하며 차별에 대한 근거를 마련할 수 있을 것이다. 하지만 과연 이런 논쟁이 흑인들에게 어떤 도움을 주었는가는 따져봐야 할 문제다.

그렇다면 BLM운동과 돈의 상관관계는 어떠할까? 그 해답은 바로 대선 속에서 찾을 수 있다. 2020년 바이든의 승리는 BLM운동을 등에 업고 흑인들이 바이든에게 몰표를 던졌기 때문에 가능했다. 물론 이것만이 승리의 절대적인 요소는 아니었다고 하더라도 경합주 등에서 분명 유의미한 차이로 벌어졌다는 사실은 부인할 수 없다. 문제는 2020년과는 또 다른 형세의 논리가 흑인 등 유색인종 유권자들 사이에서 벌어진 것인데, 2020년 흑인 유권자들 중 조 바이든을 지지하는 비율은 90%에 육박했고 트럼프는 9%에 불과했지만 2024년 대선에서 해리스를 지지하는 흑인 유권자는 78%에 그치고 말았다. 과연 그들에게 무슨 일이 있었던 걸까. 여기서 바로 BLM운동과 돈의 상관관계가 드러나게 되는데, 한마디로 이러한 상황이 벌어진 이유는 결국 돈의 논리가 작용됐다는 것이고 이것은 다시 경제적인 문제로 화두를 돌릴 수밖에 없다는 결론에 도달하게 된다. 트럼프 1기 행정부에서 흑인의 주간 소득이 약 13% 증가한 반면, 바이든 정부에서는 1% 미만으로 증가했다는 사실은 과연 민주당이 흑인들에게 실질적으로 어떤 일을 해 줄 수 있는지에 대한 궁극적인 물음으로 이어졌다. 바이든 정부에서 흑인들의 주급이 상승하지 않는 동안 바이든의 인도주의적 정책으로 유입된 새로운 이민자들은 무료 휴대폰과 주택을 받고 있었다. 흑인들은 오바마나 바이든 정부 때보다 트럼프 정부에서 경제적으로 더 나은 삶을 살았고, 그것이 재연되길 바라는 흑인들이 결국 바이든과 해리스의 12% 차이를 만들어낸 근거가 아닐까 싶다.

미국 내 LGBTQ+ 관련 갈등도 이야기해 보자. 이 문제는 단어에서도 알 수 있듯이 인권, 종교적 가치, 정치적 이념이 교차하면서 발생했다. LGBTQ+ 권리 운동은 1969년 스톤월 항쟁 Stonewall Riots을 계기로 본격화 되었으며, 그동안 LGBTQ+ 운동을 통해 동성혼 합법화, 직장 내 차별 금지 등 다양한 성과를 이루어냈다. 하지만 이러한 진전은 보수적 종교 단체와 정치 세력의 반발을 불러일으켰고, 지금도 사회적 갈등의 중심에 자리하고 있다. 일례로 2015년, 연방대법원의 오버거펠 대 호지스 Obergefell v. Hodges 판결을 통해 동성혼이 전국적으로 합법화되었지만 보수적인 주와 종교 단체에서는 동성혼이 전통적 결혼 관념을 위협한다고 주장하며, 이를 거부하려는 법적 시도가 있었다. 그뿐 아니라 종교적 이유로 동성 커플에게 결혼 서비스를 거부한 사업주 사건 등이 보도되며, 사회적 합의가 아직은 되지 않았다는 반증이 생겨난 것이다. 트랜스젠더에 대한 부분도 마찬가지다. 현재 트랜스젠더 청소년의 성전환 치료(호르몬 요법, 수술 등)와 관련된 법안이 여러 주에서 논란이 되고 있는데 일부 주에서는 이를 금지하는 법안을 통과시켰으며, 인권 단체는 이를 "건강권 침해"라고 비판하고 있다. 이것은 매우 현실적인 문제이며 대표적으로, 트랜스젠더가 자신이 정체화하는 성별에 맞는 화장실을 사용하는 문제는 참으로 민감하고 복잡한 사안이 아닐 수 없다. 과연 스스로 선택한 성별에 맞는 화장실을 가는 것이 맞는지, 아니면 애초부터 태어난 생물학적 성별에 맞는 화장실을 가는 것이 맞는지에 대해서는 누구도 명쾌한 답을 내놓지 못하고 있기 때문이다. 이 문제에 대해 공화당 진영에서는 여성과 아동의 안전을 이유로 후자를 지지했으며, 민주당 진영에서는 트랜스젠더의 기본적 권리로 전자를 지지했다. 결국 이런 사안들이 축적되어 LGBTQ+로 문제를 확대시켰다. 일부 주에서는 학교에서 LGBTQ+ 관련 내용 자체를 가르치는 것을 금지하거나 제한하는 법안을 통과시켰는데, 예를 들어 플로리다의 "Don't Say Gay" 법안은 초등학교에서 성적 지향이나 성 정체성에 대한 논의를 오히려 제한했다. 이는 동성애자에 대한 언급을 하는 것 자체가 차별이라는 논리를 내세워 논의도 이루어지지 못하게 한다는 것이다. 당연히 공화당에서는 부모의 권리 강화와 전통적 가치 보호를 주장했으며 민주당에서는 LGBTQ+ 학생의 소외 방지와 포괄적 교육을 요구하고 있다. 이러한 양당의 팽팽한 대립 외에도 LGBTQ+ 문제의 해결이 결코 간단하지 않은 이유는, 중립적인 자세를 취하고 있는 것이 양쪽 모두의 비판을 받기 때문이다. FBI 자료에 따르면, LGBTQ+를 대상으로 한 증오 범죄가 꾸준히 증가하고 있는데, 문제는 이러한 범죄에 대해 중립적 위치에 있거나 발언을 아끼는 정치인은 이를 지지하는 층에서도 비판을 받고, 반대하는 층에서도 비판의 대상이 된다는 것이다. 마땅히 폭력에 반대해야 하는 것은 당연한 일이지만 LGBTQ+를 반대하는 사람이 이 문제에 적극적으로 해당 문제에 개입하는 것은 결코 쉽지 않다. 그럼에도 나서지 않은 것 자체만으로 또 다른 비난의 대상이 되고 있는 것이다. 그야말로 어느 때보다 더 큰 갈등의 양상이 일어나고 있는 데다, 피아식별을 확실히 하라는 의식적 강요와 아군이 아니라면 모두 적으로 간주한다는 집단적 폭력이 난무하고 있다고 밖에 보이지 않는다. 이러한 상황에서도 정치권은 여전히 팽팽한 대립을 멈추지 않고 있는데 민주당은 계속해서 LGBTQ+ 권리를 강력히 지지하는 등, 차별 금지법 강화와 트랜스젠더 권리 보호를 강조하며 2021년, 평등법Equal Act 통과 시도를 통해 LGBTQ+ 차별을 명시적으로 금지하려 애쓰고 있는 반면 상대적으로 기독교적 색체가 강한 공화당은 종교적 자유와 전통적 가치를 보호한다는 명목하에 LGBTQ+ 권리에 대한 제약을 주장하고 있다. 물론 공화당도 시대의 흐름에 따라, LGBTQ+의 개념 자체를 부정하는 것은 아니지만, 종교적 신념을 이유로 LGBTQ+ 고객에게 자신이 제공하는 재화나 용역 서비스를 거부할 권리를 보장하려는 법적 노력도 필요한 것임을 주장하고 있는 것이다. 덧붙여, 공화당 내 친 기독교 세력은 더욱더 LGBTQ+의 권리가 종교적 자유를 침해한다는 주장을 굽히지 않고 있다. 이렇듯 LGBTQ+에 대한 문제는 정치, 종교는 물론 세대 간 차이에 따라서도 그 갈등 양상은 달라지니 어느 한 쪽의 편에 올바로 서기가 매우 어려워진다. 만약 어느 대기업의 광고 카피에서 LGBTQ+ 친화적인 내용이 존재하면, 양쪽의 세력이 모두 달라붙어 극도의 양극화된 반응을 초래하는데 이런 것만 보더라도 현재 미국의 상황이 얼마나 심각한지 인지할 수 있다. 지금 민주당이 주장하는 대로 LGBTQ+의 인권 보호 강화 움직임에 따라 연방 차원에서 평등법이 통과된다면, LGBTQ+에 대한 명시적 차별 금지가 가능하게 된다. 하지만 앞서 말했듯, 명시적 차별 금지라는 것이 LGBTQ+를 언급하는 것 자체를 금하고, 관련된 모든 논의를 원천 봉쇄하는 것은 아닐지 심히 우려가 되는 부분이다.

미국 내 인종, 성별, LGBTQ+ 권리와 관련된 사회적 이슈는 단순한 정책 논쟁을 넘어 국가 정체성과 가치관에 대한 갈등을 반영하며 아울러 이러한 이슈는 정치적 양극화를 심화시키면서도, 사회적 변화를 요구하는 목소리를 더욱 높이게 만든다. 앞으로의 정치적 과정에서 이들 문제가 어떻게 다루어질지는 미국 사회의 방향성을 결정짓는 중요한 요소가 될 것이다.

정책과 공약이 낳은
사회적 균열

정책과 공약은 정치 지도자와 정당이 국민들에게 제시하는 비전이자 약속이다. 하지만 이런 정책이 모든 사람에게 동일한 영향을 주는 것은 아니며, 이로 인해 사회적 분열이 심화되기도 한다. 특히 현대 미국과 같은 이념적으로 양극화된 사회에서는 정책과 공약이 사회적 갈등을 증폭시키거나 화합을 촉진하는 중요한 역할을 하게 된다.

정책이라는 것은 보수와 진보의 상반된 가치관을 반영하는데 예를 들어 보수 진영은 전통적 가족 가치, 소규모 정부, 개인의 책임을 강조하고, 진보 진영은 평등, 포괄성, 사회적 안전망 강화를 지향한다. 하지만 이런 내용은 대부분 상반된 내용을 담고 있어, 결과적으로 각 정책이 한쪽의 지지를 얻는 동안, 다른 쪽에서는 반발을 일으킬 가능성이 높다. 당연히 정책은 사회 집단마다 다르게 적용되거나 다르게 적용된다고 인식될 수 있다. 이러한 부분을 아주 절묘하게 정치인들이나 미디어는 이용하고 있는데, 예를 들어 정치인들이 정당의 이익에 따라 세금 정책에서 중산층에게는 감경된 세금을 보여주고 감세 혜택을 받을 수 있다고 말하지만, 부유층에게는 부과된 세금을 보여주고는 경제적 자유를 침해한다고 미디어를 통해 이야기한다. 그러나 이러한 불균형의 행태는 특정 계층 간의 반목을 유발하고 진보와 보수의 양극화를 더욱 가중시킬 뿐이다.

특히 더 문제가 되는 것은 정책이 특정 집단에게 상징적인 의미를 가질 때이다. 예를 들어, 트랜스젠더의 화장실 사용 문제나 낙태권을 보장하는 정책을 들 수 있는데 이 정책은 소수자에게 권리의 상징으로 인지되거나 일종의 돌파구로 보일 수 있기 때문이다. 실질적으로 화장실 사용 문제 자체는 아주 작은 부분이며 그 법안의 결과도 큰 변화가 아닐 수 있지만, 전통적 가치관을 가진 사람들에게는 이 정책은 넘지 말아야 할 선을 넘는 것처럼 비춰질 수 있다. 당연히 뜯어보면 별 것 아닌 정책에 불과하지만, 이익이 상반된 양 집단에서는 매우 첨예하게 대립할 수밖에 없는 것이다.

　물론 더 나쁜 것은 유권자를 결집시키기 위해 의도적으로 갈등을 부추기는 무리들이다. 가장 먼저 들 수 있는 것이 바로 '부유세'와 같은 단어인데, 22년 바이든 정부는 부유세를 도입하겠다는 내용을 담은 2023 회계연도 예산안을 의회에 제출한 바 있다. 사실 이 정책에 부유세라는 말은 없었으며 1억 달러 이상의 자산이 있는 부자들에게 최소 20% 세율을 적용할 계획이라는 내용을 미디어가 부유세로 미화시켜 명명했던 것이다. 게다가 이에 해당되는 사람도 약 700명으로 극소수였고 예상 세수는 연간 350억 달러, 43조 원에 이를 것으로 추산하였는데 앞서 언급했듯이 이 정책을 두고 일부 언론과 소셜 미디어에서 '부유세'라는 이름으로 부르며, 해당되는 사람들과 해당되지 않는 사람 모두에게 의도적 갈등을 불러 일으켰다. 우리나라의 종합 부동산세와 같은 공약을 보더라도 일부 언론에서는 이를 '부유세'와 같은 말로 부르고 있는데, 이러한 정책들은 일부 국민에게는 자신의 능력을 역차별 받는 것으로 느낄 수 있기에 명확히 원하지 않는 정책이다. 따라서 이를 '부유세'라는 단어로 부를 때 이것은 배제와 차별로 비추어질 수 있으며, 이는 부자와 가난한 자 모두에게 격앙된 감정을 불러일으킬 수 있다. 부자들은 억울함을, 가난한 사람들 역시 부자들이 가진 부에 대한 상대적 박탈감을 느끼며 부자가 마치 범죄자인 것과 같은 느낌을 받게 될 뿐만 아니라 공약이 실행 불가능하거나 과장될 경우, 실망감과 불신이 증가하고 이는 지지자들 사이에서도 분열을 초래할 수 있으며, 해당 정책을 통해 거둬들인 세금으로 대규모 인프라 투자 약속이 실현되지 않을 경우에도 정책 효과를 기대했던 계층은 속았다고 생각할 수 있다. 그야말로 갈등을 부각시키는 무리들 덕분에 없던 갈등이 크게 확대되는 것이다. 물론 정책이나 공약은 종종 소셜 미디어를 통해 왜곡되거나 극단화되어 전파되지만 이는 정책의 본질보다는 진영 간 갈등을 부각시키는 효과를 낳고, 이 중에 상당 수는 가짜 뉴스일 경우가 많다.

조금 더 사례를 살펴보면 더 명확히 인지할 수 있는데, 지금도 공론화가 한창인 건강보험 개혁 문제를 한 번 살펴보자. 오바마 케어라고도 불리는 건강보험 개혁은 1. 모든 미국인이 의료보험에 가입할 수 있도록 하며, 2. 의료비를 절감하여 미국인의 경제적 부담을 덜어주고, 3. 의료서비스의 질을 향상시킨다는 내용이 주를 이루고 있다. 언뜻 우리나라의 건강보험 제도를 참고 했다는 이야기도 돌았을 정도로 한국의 건강보험 제도와 많이 닮아있는데, 어찌됐건 오바마 케어가 당연히 미국 대다수 국민들의 찬성을 이끌어낼 수 있을 거라고 기대했지만 현실은 그렇지 않았다. 민주당 진영에서는 모든 국민의 건강권을 보장하려는 의도로 환영받았지만, 이 정책을 두고 일부 언론과 소셜 미디어에서는 포퓰리즘이라거나 사회주의 정책이라거나 혹은 의료업계를 복속시키려는 정책이라는 말로 반대 입장을 노골적으로 드러냈다. 마찬가지로 보수 진영에서도 개인의 선택권과 소규모 정부 원칙을 침해하는 과잉 규제로 간주하며 이에 대한 불쾌감을 감추지 않았다. 결국 이러한 건강보험 개혁은 일부 주에서는 적극적으로 채택했지만, 그 외 다른 주에서는 반대하면서 불평등이 심화되는 결과를 마주하게 되었다.

물론 지금까지와는 달리 정반대의 사례도 존재한다. 주로 초당적 정책이 이러한 모습을 띠게 되는데, 인프라 확충법 Bipartisan Infrastructure Law이 그 대표적 사례라 할 수 있다. 이 법은 양당의 갈등 없이 두 정당의 협력으로 통과되어 1조 2000억 달러의 인프라가 대대적으로 설치될 것으로 보이며, 이를 통해 사회적 갈등을 완화하고 공공의 이익을 증대시킬 것으로 기대된다. 이렇게 공약이나 정책이 특정 집단만이 아닌 전 국민의 이익을 고려할 때 사회적 신뢰가 회복될 수 있음을 보여주는 좋은 사례라 할 것이다.

이렇듯 정책과 공약은 국민의 삶에 직접적으로 영향을 미치는 중요한 요소이며, 그 과정에서 갈등을 유발하거나 완화될 수 있다. 하지만 정책이 특정 집단을 지나치게 편향되게 대변하거나, 그런 갈등을 누군가 일부러 만들거나, 또는 공약이 정치적 도구로 활용될 때 사회적 분열은 심화되는 것이며, 이와는 반대로 초당적으로 협력하거나 열린 마음을 가지고 포괄적으로 접근하는 태도는 사회적 갈등을 줄이고 신뢰를 회복하는 데 기여할 수 있다. 따라서 정책과 공약은 단순한 선거 전략을 넘어, 다양한 계층을 통합하고 공동의 가치를 창출하는 방향으로 설계되어야 한다.

분열된 국가, 두 개의 길

03. 연대냐, 고립이냐?

미국 우선 vs 글로벌 연대

 2024년 미국 대선에서 외교정책은 국가 안보, 경제, 글로벌 협력과 같은 주요 의제를 다루는 핵심 분야이다. 따라서 후보자들은 미국의 국제적 위상을 강화하고 국가 이익을 보호하며, 동맹국 및 적대국과의 관계를 조율하는 구체적인 비전을 제시하고 있다는 것을 알 수 있다. 그 중에서도 가장 이목이 집중되는 부분은 바로 중국과의 대립인데, 이미 트럼프 1기 행정부 때 그 위력을 실감하기도 했고, 주변 국가에서도 미국과 중국의 대립이 위기 혹은 기회로 다가올 수 있는 부분이기에 전 세계적으로 크고 민감한 문제일 수밖에 없다. 현재 미국과 중국의 지정학적 경쟁은 경제, 기술, 군사적 측면에서 갈수록 심화되고 있으며 이러한 갈등 상황에서 민주당과 바이든 행정부는 중국과의 경제적 디커플링 Decoupling을 조정하면서도 기술 및 공급망 경쟁을 위한 협력을 강조하며, 외교적 대화를 유지하려고 노력하고 있다. 반면 공화당에서는 중국에 더 강경한 경제적, 군사적 압박을 가하며, 대만에 대한 방어 약속을 재차 확인했는데 다만 트럼프의 경우 1기에서 민주당에 비해 강경한 태도를 취했던 기조를 2기에서도 계속 유지하며 '거래'에 대한 이득을 가지고 오겠다는 심산이다. 도널드 트럼프는 첫 번째 임기 동안 중국과의 무역 전쟁, 기술 경쟁 그리고 지정학적 대립을 주요 정책 기조로 삼았으며, 공식적으로 이러한 노선을 이어가겠다는 의지를 여러 차례 밝혔다.

트럼프는 1기 행정부에서 대중국 관세를 대폭 인상하며 무역 적자를 줄이고자 했다. 2기 행정부에서도 이런 기조를 이어 추가 관세 부과나 기존 관세의 확대를 통해 중국 경제에 대한 압박을 지속할 가능성이 높은 것으로 점쳐지고 있다. 이것은 트럼프의 미국 우선주의 정책 중 하나로, 미국 기업이 중국에 의존하지 않도록 제조업과 기술 공급망을 미국 내로 회귀시키는 정책을 내세우고 있는데, 이 부분은 1기에 비해 더 강화될 수 있을 부분이다. 이와 더불어 중국과의 경제적 관계를 더욱 축소하며, 전략적으로 중요한 산업에서 중국을 배제하려는 움직임이 가속화될 것으로 보인다.

트럼프 1기 행정부가 화웨이와 같은 중국 기술 기업을 블랙리스트에 올리는 등 중국의 기술 성장 억제를 시도했던 것처럼 2기 행정부에서도 미국 중심의 기술 패권을 강화하고, 동맹국들에게도 중국 기술 사용 제한을 압박할 가능성이 크다. 더불어 중국의 기술 절도와 관련된 문제를 더욱 강력히 다루며, 미국 기업의 지식 재산권 보호를 위한 추가적인 제재를 도입할 가능성도 배제할 수 없다. 특히 최근 대두되고 있는 AI 및 반도체 경쟁 강화와 관련하여 반도체와 인공지능 분야에서 중국을 제재하고, 미국 기업의 경쟁력을 높이기 위한 투자와 규제 완화를 추진할 것이라 예측된다.

무엇보다도 대만 문제는 트럼프 행정부에서 중국과 갈등의 핵심이었다. 대만은 중국으로서는 인정하기 싫은 존재인데, 트럼프 정부에서는 이 부분이 중국의 취약점이라는 것을 정확히 파악하고 있는 것이다. 따라서 2기 행정부는 대만에 대한 무기 판매와 군사적 지원을 확대하며, 중국의 군사적 압박에 대응하려 할 것이다. 아울러 남중국해 군사 활동을 강화하고 미국 해군 활동을 확대해 중국의 영유권 주장을 억제하고, 동남아시아 국가들과의 협력을 강화할 가능성이 크며 이에 더해 한국, 일본, 호주, 인도를 포함한 인도-태평양 동맹을 강화하여 중국의 군사적 영향력을 견제하려 할 것이다.

대만 문제에 이어 중국과의 외교에서 빠질 수 없는 부분 중 하나가 바로 인권문제이다. 특히 미국은 전 세계의 인권 문제에 대해 의견을 표명할 정도로 인권문제에 관해서만큼은 조금의 양보도 없다. 따라서 중국의 신장 위구르 지역에서의 인권 탄압에 대해 제재를 강화할 가능성이 높으며 이는 트럼프가 미국내 보수주의자들과 국제사회의 지지를 얻기 위해 충분히 활용할 수 있는 이슈로 판단된다. 더불어 홍콩에서의 민주주의 억압에 대해 추가 제재를 도입하거나 중국 관료들에 대한 경제적, 외교적 압박을 가할 가능성 역시 존재한다. 트럼프는 1기 행정부 동안 중국을 미국 경제 문제와 사회적 갈등의 주요 원인으로 지목하며 정치적 지지를 얻었기에 2기 행정부에서도 중국을 강하게 비판하며 자신의 정치적 기반을 더욱 공고히 할 가능성이 크다. 아울러 중국과의 무역 경쟁을 이유로 미국 내 제조업과 중산층 일자리를 강조하며, 노동자 계층의 지지를 확보하려 할 수도 있으며 중국의 경제 및 군사적 부상을 견제하기 위해 유럽 국가들과의 무역 및 외교 협력을 강화하여, 한국이나 일본 같은 아시아 국가들과의 경제적 연대를 추구할 가능성도 있다. 물론 WTO(세계무역기구), IMF(국제통화기금) 등 국제 기구에서의 중국의 역할을 축소하거나 견제하기 위한 노력을 할 거라는 의견도 다수 존재한다.

여러 정황으로 볼 때, 트럼프 2기 행정부는 1기에서 시작된 대중국 강경 노선을 유지할 가능성이 크다. 하지만 이러한 정책은 미국의 경제적, 군사적 이익을 보호하려는 시도에 그치지 않고 동시에 글로벌 공급망의 긴장과 국제 무역 불안정을 초래할 위험도 있다. 또한, 중국과의 경쟁은 단순히 경제적 이슈를 넘어 지정학적, 기술적 패권을 둘러싼 글로벌 대립으로 확산될 가능성이 크며, 이는 미국의 국제적 위상에도 중대한 영향을 미칠 것이다.

한편 우크라이나 지원과 러시아에 대한 제재는 외교정책의 우선순위 중 하나로 급부상했다. 바이든 정부에서는 우크라이나에 대한 지속직 시원과 NATO 동맹의 강화를 강조해 왔지만, 일부 보수 진영에서는 우크라이나 지원에 회의적이며, 미국의 국익에 더 집중하자는 주장을 펼치고 있다. 이런 부분을 트럼프 행정부에서도 대선 전부터 강하게 드러냈다.

미국의 국제적 위상과 관련하여 마지막으로 살펴볼 안건은 바로 기후변화다. 기후변화는 글로벌 위기라는 의견이 있지만, 각 당은 이를 해결하는 방식에 대해 서로 다른 접근법을 보인다. 민주당의 경우 파리협정 복귀 및 청정에너지 전환을 통한 글로벌 리더십을 강화하자는 반면 공화당에서는 에너지 독립을 강조하며, 석유와 가스 생산 확대를 통한 미국의 경제적 이익을 우선시하자는 주장을 펼치고 있다. NATO와 UN 등 국제 기구를 통해 글로벌 질서를 유지하고 있는 미국의 위상을 두고도 계속해서 전 세계의 경찰국가로서의 소임을 다하고자 하는 민주당과 국제 기구에서의 미국 부담을 줄이고, 동맹국들로부터 더 많은 분담을 요구하자는 공화당의 의견은 꽤 깊은 충돌을 일으키고 있다.

앞서 여러 방면에서 살펴보았듯, 미국의 국제적 위상은 사실 상당히 변화하고 있다. 주요 원인으로 팬데믹이라는 글로벌 위기 대응에서 미국의 리더십 부재를 드러낸 영향이 크다고 보는데, 이에 따라 대선 후보들은 위기를 대비한 글로벌 협력 방안을 앞다퉈 제시하고 있다. 러시아의 우크라이나 침공과 중국의 대만 위협은 미국의 군사적 역할을 다시 강조하게 만들었고, NATO와 인도-태평양 동맹 강화는 주요 전략으로 떠오르고 있으며, 공급망 재편과 기술 경쟁은 미국의 경제적 리더십을 유지하기 위한 중요한 요소가 되고 있다. 미국인들은 더 이상 미국이 전 세계를 지배하는 위치가 아니라는 것을 누구보다 잘 알고 있기 때문에 미국이 다른 나라들에게 퍼주는 전략을 취하는 것보다 자국 우선주의를 취하여 일단 우리부터 잘 살고 보자는 불만들이 발생하고 있는 것이다. 당연히 그동안 해왔던 것들을 하지 못하게 될 정도는 아니기에 미국이 지금까지 계속해서 세계의 경찰국가의 업무를 이어갈 수도 있겠지만, 어떤 것이 장기적으로 보았을 때 미국에 더 큰 도움이 될 지는 미지수이다. 미국의 외교정책은 미국의 글로벌 리더십과 국제적 위상을 평가하고, 향후 방향을 결정하는 중요한 논의 주제이다. 각 정당의 외교적 접근법은 국가 안보와 경제, 글로벌 협력의 균형을 어떻게 맞출 것인지에 따라 유권자들에게 다른 메시지를 전달하며, 미국의 대내외적인 방향성에 큰 영향을 미치고 있다.

국경 문제, 국제 무역과 동맹의 변화 가능성

미국의 국경 문제는 주로 미국-멕시코 국경을 중심으로 이민, 마약 밀매, 인신매매, 국가 안보, 경제 등의 다양한 이슈들이 다양하게 얽혀 있다. 이 문제는 미국 정치에서 중요한 논쟁점 중 하나로, 특히 대선과 같은 주요 선거 시기에 유권자들의 관심을 끌며 정책 논의의 중심이 되곤 한다.

가장 먼저 언급되어야 할 부분은 바로 불법 이민이 아닐까 한다. 합법의 테두리에 있는 어떤 것들은 해당 법안을 통해 그런 행동이 용인이 되느냐 마느냐에 대한 문제로 다투어 볼 여지가 있지만, 사실 불법 이민은 무조건적으로 허용되지 않아야 하는 행동 중 하나이다. 하지만 그럼에도 불구하고 미국의 일부 시각에서는 인도주의적 차원에서의 허용을 바라고 있는 것이 사실이며, 그로 인해 매년 수많은 이민자가 멕시코 국경을 넘어 미국으로 들어온다. 이 중에는 불법적으로 입국하는 사람들이 포함되어 있는데 불법 이민자는 미국 내 노동시장에 좋지 않은 영향을 미치고, 사회 복지 시스템에 부담을 준다는 비판을 받는다. 그렇지만 이들은 미국 경제에 중요한 노동력을 제공하며, 많은 산업, 특히 농업과 건설업에서 필수적인 역할을 하고 있기도 하다. 그러다 보니 자연스럽게 미국에서는 국경의 보안에 대해 민감하지 않을 수 없다.

멕시코 국경을 통한 마약 밀매와 인신매매는 미국 정부의 우려 사항 중 하나이고 이런 문제들이 모두 국경을 끼고 진행되는 경향을 보인다. 특히, 최근 불거진 펜타닐과 같은 합성 마약의 유입은 미국 내 약물 남용 위기를 악화시키고 있고 인신매매와 같은 문제도 국경을 통해 발생할 때 훨씬 더 큰 문제로 이어진다. 가령 납치된 사람이 국경을 넘어가 버리면 경찰이나 해당 국가에서도 범죄자는 물론 납치 당사자에게 직접적인 영향력을 끼치기가 어렵게 되어 버린다.

단순히 강제 추방으로 모든 문제를 해결하기에는 여러 가지 문제가 얽혀 있다. 추방을 하더라도 어떻게 하는지가 중요할 수 있는데, 인도주의적인 문제는 바로 여기서 나온다. 이 문제의 난점은 해결책의 관점이 어디인지를 확실히 알기 어렵다는 것인데, 법리적으로 보면 당연히 불법 이민자들은 다른 이유 없이 추방되는 것이 마땅하나, 그 추방에도 절차가 있고 순서가 있기에 시간이 걸리기 마련이고 그 과정에서 국경을 넘어오는 이민자들이 열악한 환경에 노출되다 보니 그 과정에서 불법 이민자들의 인권이 짓밟히면서 국제적 논란이 불거지는 것이다. 이는 설령 그들이 범죄자라 할지라도 인권문제 앞에서는 미국 정부도 예외일 수 없다는 것이 증명된 셈이다. 그러다 보니 트럼프 1기 행정부에서 시행되었던 부모와 자녀가 분리되는 "제로 톨러런스" 정책 같은 사례는 전 세계적으로 비난을 받았다. 비난의 근거는 추방을 하는데 굳이 부모와 격리하여 따로 판단해야 하느냐는 것이다. 하지만 미국에 악영향을 주는 이들에게 과연 그러한 대우를 해 주는 것이 옳으냐는 물음에는 그 누구도 명확히 대답할 수가 없다. '범죄자의 인권을 보장하자'라는 주장이 과연 피해자로부터도 존중 받을 수 있는 것인지는 피해자의 입장에서 생각해 보아야 할 것이니까 말이다.

불법 이민자들은 양면성을 가지고 있다. 세금을 내지 않거나, 사회 복지 시스템에 부담을 준다는 주장이 있는 반면, 이들이 저임금 노동 시장에서 중요한 역할을 한다는 반박도 있다. 이렇듯 어느 관점에서 보느냐에 따라 해석이 달라질 수 있는데, 이들에게 합법의 영역을 넓혀주어 보다 쉽게 미국에 정착할 수 있게 되면 저임금 노동시장의 확대가 이루어질 수 있지만 반대로 이들의 무분별한 이민은 범죄율을 높이고 훨씬 더 큰 문제를 야기시킨다는 것 역시 확인된 사실이다. 따라서 찬반을 떠나 오로지 경제적 측면에서만 바라볼 때, 합법적 이민이 규제될 경우 고숙련 노동자 및 기술직 이민자의 유입을 제한하여, 그 결과 미국 경제 성장에 부정적인 영향을 미칠 수 있다는 부분도 생각해 봐야 할 문제이다.

이민 정책에 관해서도 공화당과 민주당은 평행선을 달리고 있다. 먼저 공화당을 살펴보면, 공화당은 트럼프가 멕시코 장벽을 설치했던 것처럼 국경에 물리적 장벽 같은 것을 설치하거나, 국경 보안 강화에 초점을 맞추고 있다. 또한 국경 순찰을 강화하고, 불법 이민자를 체포 및 추방하는 정책을 지지하며 그들을 엄격히 관리하고 있는데, 이는 가급적 이민자들을 범죄와 연루되지 않도록 하여 미국 시민들의 안전을 보장하려는 것이다. 이것은 미국 시민들의 관점에서 바라볼 때 너무나도 이치에 맞는 처사요 당연한 방침으로 읽혀진다. 여전히 미국 이민자들의 필요성은 존재하지만, 그 기준선을 높여야만 기존의 미국을 만들어 나가고 있는 국민들에게도 좋은 결과를 가지고 올 수 있다는 논리이니까 말이다. 이에 따라 공화당은 자연히 이민 쿼터를 제한하고, 가족 초청 이민보다는 기술 기반의 이민 시스템을 선호하고 있다.

반면 민주당은 이민자들이 인간적인 대우를 받을 수 있도록 국경 시설 개선을 강조하고 공화당의 가족 분리 정책을 강력히 규탄하고 있다. 아울러 불법 이민자를 합법화하는 경로를 제공하고, DACA Deferred Action for Childhood Arrivals(어린 시절 미국에 온 불법 이민자 보호 프로그램)와 같은 정책을 통해 이민자의 권리를 보호하는 방침을 고수하고 있는데, 이는 불법은 불법이더라도 그들이 인간적인 대우를 받을 수 있도록 하며, 가능할 경우 미국에 복속될 수 있도록 방편을 마련해 주자는 것이다. 민주당은 사안이 심각한 만큼 국경 보안을 유지하되, 인권 보호와 이민자 지원을 우선하는 정책을 연이어 내놓고 있다.

이런 양극화된 사례들은 실제 정책 시행에도 차질을 보이고 있다. 트럼프 1

기 행정부에서 국경에 멕시코 장벽을 세우는 데 집중한 반면, 바이든 행정부에서는 트럼프가 추진했던 물리적 장벽 건설을 중지시켰다. 또한 불법 입국한 이민자들을 즉각 체포하고 자녀와 부모를 분리 보호하는 정책을 시행한 트럼프와, 오히려 국경 지역의 이민자 시설을 개선하고 가족 재결합 프로그램을 도입한 바이든 행정부의 사례는 이러한 두 정당의 차이를 극명하게 보여주는 사례이다. 단순히 하나의 정책을 다음 정부에서 보완하여 진행하는 것이 아니라, 그 전의 정부에서 하던 것을 완전히 정지시키거나, 그 반대의 상황으로 정책을 이어가고 있는 것이다. 공화당도 민주당도 아닌 사람들이 판단하기에 국경 문제는 양당 모두에게 유권자를 동원하기 위한 주요 이슈로 사용된다고 여겨지며, 이를 대선이나 중간 선거에서 정치적 도구로 활용되기 위해 더 자극적으로 보이게 만든다는 의견이 많다.

미국의 국경 문제는 단순히 국경 지역의 보안 문제를 넘어, 경제, 사회, 인권, 정치 등 다양한 영역에 영향을 미치는 복합적인 사안이다. 이 문제는 미국 사회 내 문화적, 정치적 갈등의 중심에 있으며, 이를 해결하기 위해서는 단기적인 보안 조치뿐 아니라 장기적인 구조적 해결책이 필요할 것으로 판단된다.

현재의 미국은 이처럼 극명한 양극화의 굴레에 빠져 있다. 이러한 양극화 문제를 해결하기 위해서는 정치적, 사회적, 경제적 차원에서 다각적인 접근이 필요한데 미국의 선거구 설정 방식 자체가 정당별로 유리한 지형을 만들어 양극화를 심화시키고 있는 것이 사실이다. 우리나라도 그렇지만, 미국도 사실상 공화당과 민주당의 양당 시스템으로 운영되면서 이로 인해 제3의 시각이나 중립적 목소리가 반영되지 않는 경우가 허다하다. 더불어 제3당이나 무소속 후보의 참여를 늘리고, 비례대표제 도입과 같은 제도적 변화가 일어나야 하는데, 두 거대 정당의 입김을 대신할 수 있는 정당이 거의 존재하지 않는다는 것도 큰 문제로 지적되고 있다. 이번 대선에서 케네디 주니어가 나름의 유의미한 여론을 만들어 냈던 것이 사실이지만, 그 역시 거대 정당이라는 한계를 넘어설 정도의 이변을 일으키지는 못했다. 이처럼 한 쪽을 견제하기 위해 다른 곳으로 시선을 돌리는 것은 말처럼 쉬운 일이 아니다. 미국의 현재 양극화는 양당 간의 협력 부족이 만들어 낸 것이며, 양측이 초당적 문제(인프라 투자, 의료 접근성 등)에 대해 협력하도록 유도하는 제도적 장치가 필요하지만 그마저도 수월하지 않아 민주당과 공화당은 그저 만나기만 하면 다투는 상황을 늘 마주하고 있다. 당연히 그 지지자들의 모습 역시 정당의 모습과 크게 다르지 않다.

특히 최근에 더 큰 문제로 지적되고 있는 것이 편향된 뉴스와 소셜 미디어인데, 소셜 미디어는 양극화의 가속도를 극대화시키기에 아주 용이한 매체이다. 이렇게 적어놓고 보니 우리나라와도 너무 비슷한 면이 많이 있다는 것이 재미있지만, 가짜 뉴스가 팽배하고 확인되지 않은 사실이 진짜인 것처럼 둔갑하여 스캔들을 만드는 일이 미국에서도 거의 일상화 되어 있다.

이러한 문제 해결을 위해 교육 격차를 줄이고, 역사의 다양성과 문화적 이해를 강조하며, 다양한 배경과 이념을 가진 사람들이 대화하고 협력할 수 있는 플랫폼과 프로그램을 활성화해야 할 필요가 있다는 목소리들이 많다. 특히 소득 불평등은 정치적, 사회적 양극화를 심화시키는 주요 원인으로 지목되고 있는데, 슬프지만 이 소득 불평등을 바라보는 관점에도 두 거대 양당이 큰 입장차이를 보이고 있어 그 해결이 쉽지 않아 보인다. 이런 문제가 똑같이 일어나고 있는 우리나라에서도 그 해결책을 찾기가 쉽지 않다는 것은 누구나 인지하고 있지만, 그보다 훨씬 더 복잡한 인종, 세대, 문화를 가지고 있는 미국은 훨씬 더 복잡한 문제 해결 방식이 도입되어야 할 거라고 판단된다.

PART.3

후보자들의
전략과
정치적 도박

후보자들의 전략과 정치적 도박

01. 미디어의 전쟁터

소셜 미디어, 뉴스 미디어가 선거에 미치는 영향

우리나라에서도 그렇지만 미국에서도 소셜 미디어와 뉴스 미디어는 선거 과정에서 중요한 역할을 하며 유권자들의 의견 형성과 정치적 선택에 강력한 영향을 미치고 있다. 기술 발전과 정보 소비 방식의 변화로 인해 이들 미디어의 역할은 더욱 확대되고 있으며, 긍정적, 부정적 측면이 모두 존재한다. 무엇보다도 가장 중요한 지점은 그 확산성에 있다고 보는데 그게 좋은 것이든 좋지 않은 것이든 미디어는 그 확산성을 최대로 가속화 하는 능력을 지녔기 때문이다. 따라서 이미지 메이킹을 하는 데도 아주 중요한 역할을 하는 것이고, 네거티브 전략을 사용할 때도 그러하다. 물론 정치인들이 직접 유권자와 온라인으로 마주할 수 있다는 부분은 상당히 매력적이며 긍정적인 면으로 보인다. 이는 후보자와 정당이 소셜 미디어 플랫폼을 통해 직접 유권자와 소통하고, 메시지를 빠르고 광범위하게 전달할 수 있기 때문에 전략적으로 좋은 이미지를 만드는데 아주 용이한 매개체임엔 틀림이 없다. 하지만 이와는 반대로 허위 정보와 음모론이 빠르게 퍼질 수 있기 때문에 이는 결국 유권자의 혼란과 불신을 초래한다는 점에서 사용에 주의를 요하게 된다. 이렇듯 정치인들의 무분별한 남용은 유권자로 하여금 정보의 홍수 속에서 어떤 것이 진짜인지를 판단할 수 없게 만드는 혼란을 초래할 수 있다.

한편, 요즘의 소셜 미디어는 데이터 분석을 통해 연령, 지역, 정치적 성향을 가진 특정 유권자 그룹에 맞춘 맞춤형 광고를 제공하기도 한다. 이 또한 그 효과에 있어 명과 암이 존재하는데, 이러한 방법을 통해 후보자와 정당은 선거 전략을 정밀하게 설계할 수 있지만, 반면 유권자의 프라이버시 침해와 조작 가능성이 제기되는 부분에선 부정적인 시선을 피할 수 없다. 그럼에도 여전히 선거판에서 통용되고 있는 것은, 정치인들은 소셜 미디어를 통해 유권자와 직접 소통하며, 전통 미디어를 거치지 않고도 쉽게 메시지를 전달할 수 있기 때문이다. 이를 단적으로 보여준 정치인이 바로 도널드 트럼프인데, 소셜 미디어 중 하나인 트위터를 효과적으로 활용하여 자신의 지지층과 직접 소통하는 그의 모습은 세계적으로도 큰 이슈가 되었다.

문제는 이러한 현상들이 확증 편향을 가중시킨다는 것이다. 소셜 미디어는 사용자의 선호도에 맞는 정보만 제공하는 알고리즘을 사용하여, 유사한 의견만 접하는 "에코 챔버 Echo Chamber" 현상을 촉진하는데, 이는 정치적 양극화와 반대 의견에 대한 배타성을 강화하는 결과를 초래할 수 있어 결국 확증 편향을 극대화시킨다. 늘 보는 그리고 마음에 드는 의견에 지속적으로 노출됨으로써 자신이 믿고 있는 정책이나 정당의 의견을 스스로 강화시키고, 그 반대의 의견에 노출되었을 때는 그것을 보지 않거나, 혹은 왜곡된 시각으로 바라보게 되는 것이다.

소셜미디어 뿐 아니라 전통적인 미디어로 여겨지는 뉴스 미디어에서도 이러한 현상은 존재해 왔다. 뉴스 미디어 또한 이슈를 선정하고, 후보자의 이미지를 형성하는 데 중요한 역할을 해 왔으며 특히 CNN, Fox News, MSNBC와 같은 주요 네트워크들은 각자의 정치적 성향에 따라 편향된 보도를 통해 유권자들의 판단에 영향을 미쳐왔다. 그나마 다행인 것은 그래도 저들은 어느 정도 사실에 입각한 보도를 진행해 왔다는 것이다. 그러나 소셜 미디어에서는 그보다 훨씬 더 자극적인 논리와 전략을 통해 악의적인 보도가 넘쳐나고 너무나 쉽게 후보자의 발언과 공약을 검증하며, 넘쳐나는 정보의 홍수 속에서 사실과 거짓이 혼재된 뉴스를 전달하고 있다. 그뿐 아니라 일부 소셜 미디어는 선정적이거나 편향된 보도를 통해 정보의 신뢰성을 저하시키는 것은 물론 심지어 자신들의 돈벌이 수단으로 전락시키기도 하는데, 이것이야말로 소셜 미디어의 큰 폐해가 아닐 수 없다. 다시 전통적인 미디어로 돌아가 보면, 최근까지 Fox News는 공화당 지지 성향을 보이고 있고, CNN과 MSNBC는 민주당에 우호적이라는 인식이 강하다. 여기에 "에코 챔버 Echo Chamber" 현상을 접목시켜 본다면, 어떤 유권자는 CNN을 즐겨 보고 어떤 시청자는 Fox News를 즐겨본다는 가정 하에, 그들이 계속해서 접하는 뉴스에 따라 그들의 성향은 더 좌경화 혹은 우경화 될 수밖에 없다. 이처럼 미디어 소비 패턴이 유권자의 정치적 신념을 강화하거나, 때로는 정치적 갈등을 심화시키는 결과를 낳는 것이다.

 미디어에 노출되는 사람들 역시 긍정과 부정의 연속이 이어진다. 그들은 뉴스 미디어의 실시간 보도와 해석으로 인해 여론이 급격히 변화할 위험에 직면하며 발언 하나로 긍정과 부정의 롤러코스트를 타게 된다. 특히나 소셜 미디어는 후보자의 미담은 물론 실수나 논란을 확대 재생산하여 미덕과 비난이 난무하는 미디어 세상을 만들어 내는데, 이러한 소셜 미디어의 파워가 커지자 전통적인 주요 언론들 역시 여기에 편승하며 소셜 미디어를 통해 콘텐츠를 유포하는 것은 기본이고, 이를 통해 더 폭넓은 청중에게 도달하고자 공중파에서 다루지 못하던 저급한 내용들까지도 서슴없이 다루는 등의 행태가 연일 난무하고 있다. 결국 이런 방식으로 뉴스 기사가 소셜 미디어 플랫폼에서 바이럴되며 전통 뉴스 미디어와 소셜 미디어 간의 경계는 모호해진다. Pew Research Center에 따르면, 미국인의 약 40%가 소셜 미디어를 주요 뉴스 소스로 사용한다고 전했는데, 더 이상 뉴스를 접하는 사람들은 TV 앞에 앉아 일방향 뉴스를 소비하지 않으며, 걷고 이동 하는 중에서도 짧은 클립이나 요약 중심의 뉴스 소비를 지속하고 있는 것이다.

이러한 미디어의 폐해를 잘 드러낸 대표적 사례가 바로 2016년 대선과 2020년 대선에서 불거졌던 가짜 뉴스와 러시아 개입설이다. 이는 이러한 허위 정보가 유권자의 판단을 왜곡하고, 선거의 공정성을 훼손할 수 있음을 단적으로 보여준 사례이다. 요즘에는 알고리즘과 데이터 분석을 통해 특정 그룹을 겨냥한 심리적 조작과 여론 형성이 가능하다고 여겨지기 때문에 미디어와 소셜 미디어의 선택적 정보 제공은 유권자 간의 분열과 갈등을 심화시키고, 건설적인 대화를 방해하는 것이 너무도 쉽다. 따라서 이들의 영향력을 효과적으로 관리하고, 부작용을 최소화하려면 규제와 교육, 그리고 기술적 개선이 필요하다.

각 후보의 미디어 전략과
대중과의 소통 방식

2024년 미국 대선에서 각 후보는 미디어 플랫폼을 활용하여 자신의 메시지를 전파하고 유권자들과 직접 소통하기 위한 다양한 전략을 채택하고 있다. 또한 전통적인 뉴스 미디어와 더불어 소셜 미디어와 디지털 기술의 발전은 후보자들의 캠페인 방식에 큰 변화를 가져왔다.

바이든-해리스 캠페인은 주로 주요 뉴스 네트워크(CNN, MSNBC 등)를 통해 정책을 발표하고, 언론 인터뷰와 타운홀 미팅을 활용하여 정책의 깊이를 강조했는데 이들이 전통적인 방식을 채택했다는 것은 다소 의외일 수 있겠지만, 전통적 미디어를 통해 중산층과 고령 유권자들에게 신뢰를 구축하려는 전략을 채택한 것이다. 해리스는 CNN과 MSNBC에 출연하여 중산층 지원, 기후 변화 대응 등 자신과 민주당의 핵심 정책들을 강조했고 특히, 정책의 세부 사항을 구체적으로 설명하며 신뢰성을 높이려 했는데 이런 전략은 시청자로부터 좋은 피드백을 받았다. 또한 여성, 유색인종, 중산층 가정 등 주요 타겟층을 대상으로 한 광고를 제작하며, 그녀의 개인적인 배경과 정치적 경험을 강조하는 스토리텔링 방식의 광고를 선보여 이 또한 좋은 평가를 받았다.

해리스는 이 외에도 젊은 유권자를 대상으로 한 TikTok과 Instagram 캠페인을 적극 활용하고, 유머와 감동을 섞은 영상 콘텐츠를 제작하여 바이럴 효과를 노렸다. 더불어 이메일과 문자 메시지를 통해 지지자와 지속적으로 소통하며, 소액 기부를 유도하는 디지털 플랫폼도 함께 운영했다.

물론 해리스와 바이든 사이에서도 약간의 차이는 있었다. 바이든은 유권자들과의 친근한 대화를 통해 '공감의 정치'를 강조했고, 해리스는 유색인종 여성으로서의 정체성을 바탕으로 다양한 사회적 이슈를 논의했다. 해리스는 특히 대규모 집회보다는 소규모 지역 행사를 통해 지역 유권자와 직접적인 접촉을 강화하며 직접 유권자들과 소통할 수 있는 타운홀 미팅과 지역 사회 이벤트에 적극 참여했는데, 이러한 만남을 통해 다양한 유권자들의 의견을 듣고, 공감과 신뢰를 구축하려 한 것으로 보인다. 해리스가 늘 강조했던 것은 여성, 소수민족, LGBTQ+ 등 다양한 계층을 포함하는 메시지를 전달한 부분이었는데 캠페인 슬로건과 연설에서 이러한 포용성을 자주 언급하는 모습을 보였다. 또한 조 바이든과 함께 주요 행사를 진행하며, 팀워크와 단합을 강조하는 이미지를 전달했고 특히, 팀 바이든-해리스의 성과를 내세우며 유권자들에게 지속성을 어필하는 것이 주요 전략으로 사용되었다.

반면 트럼프는 그의 독특한 이미지를 증명이라도 하듯, 2016년과 2020년 대선에서와 마찬가지로 소셜 미디어를 핵심 전략으로 사용했다. 보수층의 결집이라 불리는 공화당에서 오히려 더 소셜 미디어를 적극 활용했던 것이다. 그는 Truth Social과 같은 플랫폼을 통해 지지층과 직접 소통하기도 했으며, 다소 직접적이고 공격적인 발언으로 이슈화와 공론화를 적절히 사용하며 다양한 활용 방법을 통해 언론의 관심을 끌었다. 마치 소셜의 중심에 있는 사람처럼 트럼프의 소셜 미디어 사용은 굉장히 능숙하고 재치 있었다. 이렇듯 그는 소셜 미디어의 마니아로서 전통 언론과의 관계가 종종 대립적이기도 했지만, 논란을 긍정과 부정으로 분산시켜 일으키는 방법으로 뉴스 헤드라인을 장식하며 자신의 존재감을 지속적으로 부각시켰다. 또한 트럼프는 해리스와는 달리 정치 집회나 대규모 유세를 통해 충성도 높은 지지층을 결집시키는 전략을 유지했는데, 이는 그가 굉장한 연설가로서 이러한 전략을 사용한 것으로 보이며, 이것이 지지층을 결집시키는 데 큰 역할을 한 것으로 판단된다. 이러한 집회에서 'Make

America Great Again'과 같은 강렬하고 단순한 메시지를 반복하여 대중의 기억에 각인시키는 방식을 사용했는데, 지지자들에게 직접적으로 말하는 듯한 연설 스타일과 대중적 언어를 활용한 화법으로 친밀감을 조성했다.

또한 같은 공화당이었지만 디산티스는 폭스뉴스와 같은 보수 언론을 주요 플랫폼으로 활용하며 스스로 이루어놓은 관료적 장치, 혹은 플로리다주의 경제 성장과 코로나19 정책과 같은 자신의 성과를 강조했다. 이러한 부분은 주로 중도 유권자를 공략하기 위해 펼친 것으로 보이는데, 디산티스는 공화당 전통의 경세석 보수주의를 부각시키며 트럼프보다 진지한 모습으로 차별화를 보이기 위해 노력하는 모습을 보였다. 물론 소셜 미디어에서는 유머와 풍자를 활용한 광고 콘텐츠로 젊은 유권자에게 어필하며, 트위터와 YouTube를 통해 자신의 연설과 정책 비전을 확산시켰고, AI를 활용한 맞춤형 광고와 데이터를 기반으로 한 선거 캠페인을 실행하기도 했다. 특히 디산티스는 다른 사람들 보다 진지한 정책 중심의 메시지를 선호했고, 감정보다는 실용성을 강조하는 연설 스타일을 유지했다. 이러한 모습이야말로 중도권 유권자가 판단하기에 이성적이고 가장 매력적인 카드가 아닐까 싶은데, 그래서인지 그 역시 주로 중산층과 가족 단위 유권자를 대상으로 하는 행사에 참석하며, 소규모 기업과 지역사회를 강조했다.

또 다른 공화당 후보인 니키 헤일리의 경우, 전통 뉴스 미디어를 통해 '보수적 가치와 현대적 접근'을 강조하며, 여성 유권자와 중도층에게 호소하는 경향을 보였다. 소셜 미디어에서는 공화당의 다양성을 보여주는 이미지를 부각시키며, 개인적인 이야기를 통해 공감을 얻으려 했고, 외교와 안보를 강조하는 메시지로 자신의 신뢰성과 경험을 어필했다. 아울러 소규모 모임에도 강한 그녀는 타운홀 미팅과 커뮤니티 행사에 참석해 개인적이고 포용적인 이미지를 강화했고, 해리스와 디산티스의 장점들을 접목한 것과 같은 미디어 활용을 선보였다.

2024년 미국 대선에 출마한 모든 후보들 중 가장 독특하고도 독자적인 노선을 택한 것이 바로 로버트 케네디였다. 케네디는 주류 언론 외에도 팟캐스트, 대체 미디어 플랫폼을 활용해 독립적이고 반체제적인 이미지를 구축했는데, 백신 반대 운동과 같은 논란의 주제를 통해 특정 유권자층에게 강한 인상을 남기고 있었기 때문에 다른 후보들에 비해 게릴라적인 미디어 활용이 돋보였다. 그는 자신의 연설에서 감성적이고 설득력 있는 스토리텔링을 강조하며, 스스로 정치의 대안이라는 점을 주장했는데, 작은 규모의 커뮤니티 행사에서 친밀하게 소통하며, 대형 집회보다는 유권자와의 직접적인 교류를 선호했다.

2024년 대선 후보들은 자신들만의 미디어 전략과 대중과의 소통 방식을 정교하게 설계하여 자신들의 강점을 부각시키고, 유권자들과의 연결을 강화하려 노력했다. 소셜 미디어와 전통 미디어의 균형, 유권자들의 관심사에 맞춘 타겟팅 전략 그리고 직접적인 교류를 통해 각 후보는 자신만의 독특한 방식으로 지지를 얻고자 했다. 눈에 띄는 부분은 민주당이 보다 전통 언론에 집중한 것과 공화당, 특히 트럼프가 소셜 미디어에 더 집중한 것이었는데, 이는 역발상이라고 할 수도 있고, 혹은 스스로의 약점을 보완하는 방법을 찾은 것으로도 보인다. 한마디로 취약한 계층에 대한 어필을 위해 스스로 취약한 미디어를 찾아 들어갔다고 볼 수 있는 것이다. 결론적으로 전략 자체는 모두 훌륭했지만, 그럼에도 불구하고 가장 좋은 점수를 줄 수 있었던 것은 현대 선거의 트렌드를 훌륭하게 따라 간 트럼프가 아니었을까 한다.

후보자들의 전략과 정치적 도박

02. 선거 자금과 후원 세력

선거 자금의 출처와 영향력

먼저 해리스부터 살펴보면 좋을 것 같다. 왜냐하면 해리스는 2024년 대선에서 선거 자금 모금과 후원 세력을 기반으로 강력한 캠페인을 전개하고 있었기 때문이다. 선거 자금을 모으는 것에 꽤 시간을 많이 할애했다는 것인데, 그녀의 자금 조달 전략은 다양한 후원 계층과 네트워크를 활용하여 안정적인 재정 기반을 확보하는 데 중점을 두고 있었다.

해리스 캠페인의 가장 큰 특징 중 하나는 소액 기부 캠페인이다. 대선에서 소액 기부 캠페인이라면 좀 이상하다고 볼 수도 있겠지만, 해리스는 이 부분에서 꽤 높은 점수를 받았다. 소셜 미디어와 이메일 캠페인을 통해 광범위한 지지층으로부터 소액 기부를 받은 그녀는 2020년 조 바이든 캠페인과의 협력 경험을 바탕으로 소액 기부 플랫폼을 효율적으로 활용하였는데, 이 접근법은 단순히 자금을 모으는 것으로 끝나는 것이 아니라 대중의 직접적인 지지를 보여주는 지표로 작용했다. 이는 캠페인 메시지의 포괄성과 접근성을 간접적으로 들여다 볼 수 있다는 장점이 있기 때문이며, 따로 여론조사를 하지 않더라도 현재의 움직임이 얼마나 유권자들에게 긍정적인 영향을 미칠 수 있는지를 기부액의 정도를 통해 바로 알 수 있기 때문이다.

물론 기업이나 단체의 재정 지원이 없었던 것은 아니다. 주요 진보 단체 및 대기업으로부터 재정 지원을 받았는데 특히, 청정에너지, 하이테크 기반의 산업, 의료 분야 기업들이 해리스의 정책을 지지하며 기부를 이어갔다. 그들에게 있어서 해리스의 당선은 사업의 성패를 좌우할 정도로 큰 영향을 가지고 있었기 때문에 민주당의 기후 변화 대응 정책과 관련된 기업 및 단체들이 해리스의 후원 네트워크의 큰 축을 차지했다. 반면 공화당의 정책은 기후 변화나 청정에너지와 정반대인 화석 연료 중심으로 진행되었기 때문에 청정에너지 산업과 연관된 사람들로부터의 관심이나 지원금은 애초부터 전혀 기대할 수 없는 상황이었다.

이쯤 되면 선거 자금이 어디로부터 오는 것인지 그 흐름을 명확하게 볼 수 있을 것이다. 그렇다. 선거 자금은 각종 이익단체로부터 왔다. 그들은 민주당이든 공화당이든 그게 중요한 것이 아니라, 그저 자신들의 사업이 잘 되는 것이 어떤 정책과 연결되는 것인지에만 예민하게 굴었다. 다시 말해 어떤 사람과 더 긴밀하게 그리고 긍정적으로 연결되는지를 보고 그 사람을 지원하는 것이었다. 미국 대선, 그야말로 전 세계에서 가장 큰 영향력을 가진 국가의 대통령 선거가 단순히 자본의 흐름에 의해 좌지우지 된다는 게 너무 충격적인 사실일까? 아니면 너무 당연한 사실일까?

앞에서도 언급했듯이 선거 자금의 흐름을 가장 잘 보여준 인물이 해리스였는데, 그녀의 후원자들 중 친 민주당 성향의 정치활동위원회Political Action Committee, PAC와 거대 PAC가 해리스의 선거운동에 중요한 자금을 지원했다. 물론 이러한 PAC들의 활동은 공화당에서도 비슷하게 나타나는 것이기는 하지만, 환경, 여성 권리, LGBTQ+ 권리 등을 옹호하는 PAC는 결을 같이하는 그녀의 캠페인과 밀접한 관계를 맺고 있었다. 대표적인 후원 단체로는 Emily's List(여성 후보를 지원하는 단체)와 같은 조직이 있다.

이런 PAC의 활동은 다양한 제약점을 가지고 있기 때문에 해리스에게 우호적인 할리우드, 실리콘밸리, 월스트리트의 고소득 개인 후원자들은 해리스 캠페인을 직접 지원하기도 했다. 해리스는 캘리포니아 출신으로, 실리콘밸리와의 긴밀한 관계를 통해 하이테크 업계의 후원금을 상당 부분 확보하기도 하였고, 많은 진보적 단체들이 해리스 쪽으로 기울었다. 특히 Planned Parenthood라고 하는 여성 건강과 낙태 권리를 위한 기관, NAACP라고 하는 흑인 및 유색인종 커뮤니티의 대표적인 옹호 단체 등이 해리스의 다양성 존중 메시지를 지지하였고, 교육, 운송, 공공서비스 분야의 주요 노동조합들이 해리스를 지원하며 캠페인 조직화에 기여하고 있기도 했다. Sierra Club, League of Conservation Voters와 같은 환경 단체들 역시 해리스의 친환경 정책을 지지하며 후원했다.

후원 세력은 해리스의 정책 우선순위에 직간접적으로 영향을 미쳤다. 예를 들어, 청정에너지 및 환경 단체의 후원은 그녀의 기후 변화 대응 정책을 강화하는 동력이 되고 있으며, 노동조합과의 관계 또한 노동자 권리 강화 정책의 추진력을 제공하여, 이는 주요 지지층 확보에 원동력이 되고 있다. 이처럼 진보적 단체와의 협력은 해리스가 진보적 가치와 포용성의 상징으로 자리매김하는 데 도움을 주고, 이는 젊은 세대, 소수민족, 여성 유권자들 사이에서 긍정적인 이미지를 형성하는 데 좋은 밑거름이 되고 있다.

카멀라 해리스는 다양한 자금원과 후원 세력을 통해 안정적이고 폭넓은 캠페인 기반을 구축했다. 그녀의 선거 자금은 진보적 가치를 옹호하는 단체와 개인의 지원을 중심으로 구성되었고, 이러한 지원은 그녀의 정책 방향과 대중적 이미지에 영향을 미쳤다. 특히, 환경, 노동, 소수자 권리 등의 이슈에서 후원 세력과의 협력을 통해 해리스는 자신의 정치적 비전을 명확히 하고, 유권자들에게 강력한 메시지를 전달하는 데 총력을 기울였다.

공화당의 경우도 민주당과 비슷한 틀을 가지고는 있지만 형세가 조금은 다르다. 도널드 트럼프는 2024년 대선을 위한 캠페인을 시작하며 처음부터 선거 자금 모금과 강력한 후원 네트워크를 바탕으로 공화당 진영에서 핵심적인 위치를 점하고 있었다. 그의 자금 조달 방식과 후원 세력은 독특하며, 특히 그는 트럼프라는 정치적 브랜드를 만드는 데 더 집중했다. 더불어 이를 통해 대중적 지지를 얻으려는 노력을 게을리하지 않았는데, 어찌 보면 정치를 정치적 활동의 일환으로 보이게 만드는 해리스와 달리 트럼프는 정치를 생활의 영역으로 끌어들이는 영민한 노력을 기울였던 것이다.

물론 트럼프 역시 부유한 개인 후원자들로부터도 상당한 기부를 받고 있었다. 하지만 해리스와는 다른 부분이 있는데, 해리스의 개인 후원자들이 실리콘밸리와 연계된 기술 업계 후원자들, 구글, 애플, 페이스북과 같은 빅테크 기업 관계자들이 그녀의 친환경 정책과 기술 혁신을 위해 지지했다면 트럼프는 석유, 가스, 부동산 산업, 총기와 무기 산업, 미국 내수 판매에 종사하는 보수적 기업가들이 그의 경제 정책을 지지하며 후원했다. 표면적으로만 보아도 해리스의 지지자들이 기술 혁신이나 미래 산업에 대한 기대감으로 그녀를 지지했다면, 트럼프의 지지자들은 기업의 이윤 증대와 국가주의적 경제정책을 위해 그의 지지를 선언했다. 한편 최근에 늘어난 트럼프의 지지자들의 경우 조금 다른 양상을 보이고 있는데, 트럼프의 직설적이고 대중적인 소통 방식이 기존의 정치 기득권과는 차별화된 새로운 보수의 이미지를 보여주고 있어 그를 후원한다는 얘기가 많았다.

트럼프와 연계된 PAC나 슈퍼 PAC도 비슷한 이유에서 트럼프를 지원했다. America PAC라는 수퍼PAC는 일론 머스크가 트럼프를 지지하기 위해 기부금을 전달한 PAC로 유명하고, 가상화폐 업계의 자본을 위시한 페어쉐이크 슈퍼 PAC의 경우, 미국 내 존재하는 슈퍼 PAC 중에서도 그 규모가 가장 큰 것으로 유명한데, 미국 최대 거래소인 코인베이스, 크립토 벤처캐피탈, 리플과 같은 가상 화폐와 연계된 단체들은 2억 달러가 넘는 자금을 트럼프에게 지원한 것으로 알려져 있다. 이들의 공통점은 바이든 행정부의 규제를 타파하고자, 또는 자의적으로 가상 화폐를 지지하는 트럼프 행정부를 만들고자 했다는 것이다. 경제적 이슈, 인종 문제, 국경이나 외교와 관련된 문제, 젠더 이슈와 같은 수많은 상황들이 다 얽혀 있는 미국 대통령 선거에서 과연 가상화폐가 승패를 가를 수 있겠느냐는 물음에 누구도 그렇다는 대답을 바로 하기는 어려울 것이다. 하지만 미국 최대 코인 거래소인 코인베이스에서는 그것을 증명이라도 하려는 듯 애리조나, 네바다, 미시건, 위스콘신, 펜실베이니아 등 최대 경합주 다섯 군데의 가상 화폐 이용자 수 그리고 2020년 트럼프와 바이든의 표 차이를 보여주면서 투표를 장려했다. 그리고 선거 직전까지도 해리스인지 트럼프인지 분간이 되지 않았던 이 다섯 개 주에서는 놀랍게도 모두 트럼프가 승리했다. 우연일 수도 있겠지만, 미국의 선거 자금이 얼마나 자본주의의 논리가 강력하게 얽혀 형성되어 있는지를 여실히 보여주는 사례가 아닌가 한다.

트럼프는 후원 세력을 통해 자신을 워싱턴의 기득권과 싸우는 아웃사이더로 브랜딩하며 지지층을 공고히 했다. 도널드 트럼프는 2024년 대선 캠페인에서 독특한 선거 자금 전략과 다양한 후원 세력을 기반으로 강력한 경쟁력을 유지하고 있고 그 중심에는 결국 이익단체들의 이익들이 곳곳에 숨겨져 있다는 것도 부정하기 어려운 사실이다. 정치는 단순히 옳고 그름을 가르는 법정이 아니며, 세계적으로 일어나는 대부분의 큰 움직임들은 결국 돈과 긴밀하게 연결된다는 사실을 다시금 깨닫게 만드는 아젠다가 아닐까 한다.

대기업, 노동 단체 등
각 세력이 선거에 미치는 영향

앞서 언급했듯 미국 대선에서 대기업과 노동 단체는 후보들에게 정치적 자금과 지지를 제공함으로써 큰 영향을 미친다. 이들은 각기 다른 이해관계와 목표를 가지고 있지만, 선거 캠페인과 정책 방향에 깊은 영향을 미치며 유권자들에게 특정 메시지를 전달하는 데 중요한 역할을 한다.

대기업은 슈퍼팩Super PAC을 통해 막대한 자금을 후보들에게 기부하는데 이러한 자금은 광고, 캠페인 조직, 데이터 분석 등에 쓰여지고, 대기업들은 특히 자신들의 이익을 보호하기 위해 후보자에게 직접적으로 로비를 하며, 선거 후 정책 결정에도 영향을 미친다. 예를 들어 미국에서 총기에 대한 제재를 포기 한 이유는 이미 전국적으로 퍼져 버린 총기를 더 이상 국가에서 통제하기 어렵기 때문이다. 하지만 이렇게까지 된 결정적 이유는 아마도 수정헌법 2조의 영향이 가장 큰 것으로 보인다. 수정헌법 2조에는 '무기를 보유, 휴대하는 자유는 침범될 수 없다'는 조항이 있는데, 규제는 할 수 있지만 총기 금지는 위헌이라는 것이다. 실제로 조지아주는 1837년에 권총 소지를 금지시키는 법을 통과시켰지만 대법원은 이를 위헌이라고 판단, 폐기시킨 사례가 있다. 이러한 수정 헌법을 개헌하기 위해서는 최소한 상하원의 2/3가 동의해야 하며, 최소 67명의 상원의원과 290명의 하원의원을 확보해야 하는데, 총기 단체의 지원을 받는 의원들의 숫자가 총 435명 중 200명을 넘기 때문에 실질적으로 개헌은 어렵다고 봐야 할 것이다. 물론 연방 헌법에서 개헌되었다고 해서 다 끝나는 것이 아니긴 하지만, 이처럼 1차 관문인 연방 헌법 개헌을 위해서도 그 중간에 속한 이익단체들의 압력이 얼마나 지대한 영향을 미치는지를 간과할 수 없으며, 위 총기 사례는 그것을 너무나도 여실히 잘 보여주고 있다. 그렇기 때문에 후보들은 대기업의 지원을 얻기 위해서라도 해당 산업에 유리한 공약을 일부러 내놓는 경우가 많은 이유다.

노동 단체 역시 마찬가지의 모양새를 띤다. 기본적으로 노동 단체들은 민주당과의 전통적인 연계성을 바탕으로 대선에서 민주당 후보들을 지지하는 경우가 많았다. AFL-CIO_{American Federation of Labor and Congress of Industrial Organizations}라고 하는 주요 노동 조합 연합체가 대표적이다. 뿐만 아니라 SEIU_{Service Employees International Union}와 같이 최저임금 인상과 의료보험 확대를 위한 단체도 역시 민주당을 지원하고 있다. 이번에 민주당에서 연방 최저임금을 15$로 올리겠다는 부분도 아마 이러한 노동 단체로부터의 의견이 반영되었을 확률이 높다. 실질적으로 노동의 질 보다는 이미 고용된 노동자들의 이익을 대변하기 위한 의견이 많은 이유도 바로 그 때문이다. 노동법의 경우 우리나라에 비해 미국은 임의 고용 형태를 취하는 경우가 많아서 해고가 쉽다. 하지만 유연한 계약이 가능하기 때문에 노동 단체 가입률은 한국과 미국이 그다지 큰 차이를 보이지는 않는다. 이런 노동 단체들은 선거 기간 동안 회원들에게 주로 민주당 후보를 지지하도록 설득하고, 현장에서의 캠페인 활동을 조직적으로 수행한다. 또한 노동 단체가 원하는 것은 대부분 비슷하다. 최저임금 인상, 노동권 보호, 직장 내 안전성 강화와 같은 것들이다. 그렇기 때문에 해리스가 노동 단체의 요구를 대부분 반영하여 최저임금 인상, 근로자 권리 강화 등의 정책을 공약으로 내세운 것이다.

물론 이 두 세력, 대기업과 노동 단체 간의 정책 대립이 있을 수는 있다. 대기업은 감세, 규제 완화와 같은 시장 중심적 접근을 원하고, 노동 단체는 노동권 보호와 임금 상승을 요구하는 것이 당연하기 때문이다. 조율이 쉽지는 않음에도 불구하고 결국 표를 위해 노동 단체의 이익을 대변하는 것인데 민주당의 경우를 예로 들자면, 노동 단체를 지지하면서도, 하이테크 회사와의 연계를 유지하려 노력하는 모습에서 그런 현상을 엿볼 수 있다. 2020년에 대규모 하이테크 회사들은 조 바이든 후보를 지지하며 선거 자금을 대거 지원했었고, 노동단체들 역시 바이든의 노동 친화적 정책을 지지하였는데, 이 두 집단의 원하는 바는 사실 서로 달랐다. 이번에도 청정 에너지 대기업과 노동 단체가 새로운 일자리 창출이라는 공통된 목표를 공유하며 임의 합의된 목표를 해리스에게 요구하기도 했는데, 대기업과 노동 단체는 미국 대선에서 중요한 이해관계자이긴 하지만 서로 간의 이해관계가 맞는 후보를 지지하며 상호 협력하는 모습을 통해 맞는 정책을 찾아가는 것이다. 오히려 공화당 측에서는 이런 문제가 다소 깔끔하게 정리될 수 있기 때문에 모순이 발생하지는 않는 편이다.

후보자들의 전략과 정치적 도박

03. 도박적 행보와 공약

후보자들이 내놓은
대담한 공약들

먼저 해리스의 공약부터 살펴보자. 그녀가 내놓은 가장 대담한 공약은 녹색 경제로의 전환이라는 계획이다. 쉽게 말하자면, 기후 변화 대응과 경제 정의를 결합한 형태로서 이는 기후 위기를 해결하면서 동시에 경제 불평등을 해소하고 새로운 일자리 창출을 목표로 하고 있다. 만약 계획대로 실현된다면 기후 위기와 일자리 문제를 동시에 해결할 수 있기 때문에 엄청난 반향을 일으킬 수 있을만한 공약이다.

이 계획은 10년에 걸친 계획이긴 하지만 2035년까지 100% 청정에너지로 전환하겠다는 내용이 포함되어 있어, 전력 부문에서 석탄, 천연가스 등 화석연료를 단계적으로 제거하고 태양광, 풍력, 수소 등 청정에너지를 주력 에너지로 전환하며 여기에 10년간 2조 달러의 투자가 집행될 계획이다. 이처럼 청정에너지 인프라 구축, 기술 개발, 에너지 효율성을 높이는 프로젝트에 대규모 투자가 들어가면 자연스럽게 일자리가 창출되고 거기서부터 지역 사회로의 침투, 소규모 사업체들이 생겨나게 되는데 이 과정에서 발생할 수 있는 경제적 격차가 줄어들게 하겠다는 것이다. 결과적으로 이 정책으로 인해 약 500만 개의 고임금 일자리가 창출될 것으로 해리스 측에선 예상하고 있다. 원래 자본이 집중되는 영역에서는 일자리는 자연스럽게 생겨나기 마련이므로 실제 계획대로 프로젝트가 성공리에 진행된다면 재생에너지 부문, 전기차 제조, 친환경 건축 등에서 신규 일자리가 만들어질 수는 있을 것이다. 바로 이러한 방식으로 노동자 중심의 전환을 보장하겠다는 것이 해리스가 공약하고 있는 정책의 핵심이며 기존 화석연료 산업 노동자들에게 직업 재교육 프로그램과 지원금을 제공하여 공정 전환Just Transition을 실현하고, 더불어 노조 권리를 강화해 새로운 산업에서도 노동자들이 안정적인 근로 환경을 보장받을 수 있도록 노력하겠다는 것이다. 여기서 공정 전환이라는 말은 신조어처럼 보이지만, 1980년대 무역 노조가 환경 오염 규정에 대응하는 차원에서 노동자를 보호하겠다는 의미에서 처음 사용했던 단어인데, 쉽게 말해 산업 간 다른 직업의 전환에서 노동자들이 손실을 보지 않을 수 있게 공공의 차원에서 돕겠다는 것이다.

이와 동시에 해리스의 공약 중 대기업에 대한 탄소세를 도입한다는 계획도 큰 그림에 들어가 있다. 탄소 배출이 많은 대기업에 대해 추가 세금을 부과하고, 이 세수를 저소득층과 중산층의 에너지 비용 절감에 사용하자는 것이다. 이를 통해 청정에너지 전환으로 발생하는 수익을 소외된 지역과 저소득 가정에 투자하여 경제적 형평성을 제고하고 최저임금 인상과 세제 혜택을 확대하여 노동 계층의 경제적 부담을 줄이는 동시에, 저탄소 경제로의 전환을 가속화한다는 계획이다.

사실 이 계획이 실질적으로 구현이 된다면 어마어마한 사회적 전환이 발생할 수 있으며 그렇기에 이 정책은 청정에너지 진영으로서는 더없이 행복한 계획일 것이다. 아울러 해당 계획이 성황리에 이루어지면 미국이 청정에너지 기술의 글로벌 리더가 될 수 있기 때문에 기후 변화와 관련된 모든 헤게모니가 미국으로 쏠릴 것은 너무나 당연한 일이다. 그럼 아마 국제 협력을 통해 파리기후 협정 이행 강화 및 탄소 감축 목표를 상향 조정하거나 개발도상국에 대한 기술 지원과 투자 확대를 통해 전 세계적으로 지속 가능한 에너지 전환을 촉진하는 등 기후 변화와 관련된 상황을 유리하게 이끌어 나갈 수 있다. 미국이 미래 사회의 핵심 역할로 군사력이 아닌 것을 활용하여 가능하게 되는 전략인 것이다.

이 계획은 진보 진영에서의 가장 대담한 계획으로, 특히 젊은 유권자들 사이에서 긍정적인 반응을 이끌어냈다. 하지만 보수 진영에서는 과도한 비용과 에너지 비용 상승 가능성을 비판하며, 화석연료 산업 종사자들에게 미칠 영향을 우려하고 있다.

최근 독일이 유럽에서 가장 어려운 나라 중 하나로 지목되고 있는 이유가 바로 에너지 전환 정책의 실패 때문이었다. 2000년대부터 조짐이 보였던 독일의 에너지 전환 정책은 재생에너지 확대를 통해 환경 친화적이고 지속 가능한 에너지 체계를 구축하려는 대규모 정책이었지만 정책 실행 과정에서 여러 문제가 드러나며 독일을 경제 위기 직전까지 내몰고 말았다. 당시 독일은 유럽에서 가장 강력한 국가였으며, 메르켈은 존경받는 총리였지만 정부가 재생에너지 확대를 위해 막대한 보조금을 지급하고, 전력 요금을 올려 이를 소비자에게 전가하면서 독일 가정과 기업의 전기 요금이 유럽에서 가장 높은 수준으로 상승하였고 동시에 에너지 빈곤 문제로 인해 저소득층 가정이 경제적 어려움을 겪는 상황이 벌어졌다. 또한 원자력 발전소를 단계적으로 폐쇄했지만, 재생에너지만으로는 안정적인 전력이 확보가 되지 않아 전력 부족을 보완하기 위해 석탄 및 갈탄 발전소를 유지하거나 새로 가동하게 되었는데 그 결과 독일은 유럽에서 석탄 사용량이 가장 높은 국가 중 하나가 되었다. 그러다 보니 당연히 온실가스 배출은 감소하지 않았고 청정에너지 전환을 반기던 주민들은 풍력발전소와 송전망 설치 과정에서 반발했으며, 결국 독일은 에너지 빈국으로 전락하고 말았다. 부가적인 이야기지만, 천연가스 수입이 급증하며 러시아로부터의 에너지 의존도가 강화되었는데 이는 우크라이나-러시아 전쟁의 간접적인 원인이 되기도 했다. 이미 한 발 앞서 청정에너지 체제로의 전환을 시도했던 독일의 상황이 이러하니 민주당의 청정에너지 전환 정책은 미국 순수의 에너지독립이 이루어진 이후에나 적용되어야 한다는 비판이 아주 크게 일어나고 있는 것이다.

다음으로 트럼프 진영의 공약을 살펴보자. 도널드 트럼프는 모든 공약의 기본이 되는 미국 우선주의를 끊임없이 주장해 왔다. 그는 미국 우선주의 철학을 기반으로 하여 경제적 독립을 강화하고, 글로벌 공급망 의존을 줄이며, 미국 내 제조업과 에너지 생산을 부흥시키는 것에 중점을 둔 경제 계획을 꿈꾸었는데 그것이 바로 에너지 독립이다.

에너지 자급률 100% 달성. 트럼프는 석유, 천연가스, 석탄 등 화석연료의 생산을 대폭 확대하여 외국 에너지 의존도를 완전히 제거하겠다고 약속한 것이다. 트럼프 행정부 1기에서 중단되었던 해양 석유 시추를 재개하고 공공 토지 자원 개발 역시 지속하며, 키스톤 XL 송유관 프로젝트도 부활시키고자 했다. 이러한 거대한 에너지 인프라 공사를 취임 즉시 승인하겠다고 공언하며, 이를 통해 일자리 창출과 에너지 비용 절감을 동시에 달성하겠다고 공표했다. 어쩌면 당연할지도 모르겠지만, 트럼프의 거대한 계획이 해리스의 거대한 계획과 완전한 대척점에 위치해 있다는 것은 자조적일 만큼 미국 내 갈등이 얼마나 첨예한지를 보여준다.

트럼프는 미국 우선주의의 계획 중 하나로 중국과의 경제적 디커플링

Decoupling을 추진하고자 했다. 중국산 제품에 대해 추가 관세를 부과하고, 미국 기업들의 중국 생산을 본국으로 이전하도록 장려하며, 연방정부 조달 프로그램에서 미국산 제품 사용을 의무화하는 스탠스를 취하고자 했다. 즉, 미국 내 제조업체에게는 세금 혜택을 제공하고, 수입품에 대해서는 관세와 불공정 무역 협정을 통해 미국 산업을 보호하겠다는 것이다. 당연히 법인세 추가 인하나 중소기업을 위한 특별 감세 정책을 도입하겠다는 이야기도 있었으니 만약 이런 상황이 지속되면 기업은 이윤이 훨씬 커질 것이고, 고용이 촉진되며, 미국 내 산업의 경쟁력이 강화되어 내수 시장이 활기를 띨 수 있다. 모든 소득 계층에 대한 세금 부담을 줄여 소비 역시 촉진될 것으로 보인다.

또한 트럼프의 미국 경제 우선주의 공약은 강력한 경제 회복 비전을 제시하고 있다. 글로벌 경제 위기에 가까운 침체가 이어지고 있는 가운데 특히 어려움을 겪고 있는 전통적인 산업에서는 이에 대한 큰 기대를 가지게 했다. 그의 핵심 지지 기반인 러스트 벨트가 크게 떠올랐던 이유가 바로 이런 부분이었다. 소외된 백인들은 과거의 영광을 기대하면서 미국이 가장 번성했을 때의 팍스 아메리카나를 떠올렸을 것이다.

그러나 진보 진영과 환경 단체에서는 이 공약이 기후 변화 대응에 완전히 역행하고, 소득 불평등을 심화시킬 수 있다는 점에서 크게 우려했다. 유권자들에게 경제적 안정성과 자국 우선주의를 강조할 수 있다는 강력한 메시지를 전달한다는 것은 부정할 수 없지만, 현대 시대의 트랜드를 완전히 비켜가는 정책이라는 것이다.

경제와 환경 트랜드. 두 정책은 미국의 산업을 완전히 바꿀 수 있는 정책이며, 그 미래에 대해 예단할 수 없다는 면에서 리스크가 존재하는 정책이기도 하다. 한 쪽의 이야기만 들으면 그 거대함이나 완성도 면에 있어서도 정말 대단하다는 인상을 지울 수가 없지만 앞서 언급했듯, 두 진영의 큰 그림이 정반대의 형태를 가지고 있다는 것은 어쩌면 현재의 미국을 대변하는 모습일지도 모르겠다. 긍정적인 모습을 보여주는 것은 좋지만 그러한 청사진 역시 국민들을 두 갈래로 나누어지게 만드는 단초가 되고 있는 것이다.

논란이 되는 발언과 결정들

　정치권을 떠나 유명인사들의 실언들 중 대부분은 과하게 자신을 포장하려고 하거나 특정 상대에 대한 네거티브가 자승자박의 상황을 만드는 경우이다. 이를 이번 대선에 적용해 보자면, 대표적으로 해리스는 낙태에 대한 여성의 결정권이 중요하다는 것을 설파하기 위해 "여성에게는 법적 권리를 넘어선 낙태 권리가 있다"는 말을 하여 스스로 비판을 불러왔다. 물론 여성의 낙태 권리가 단순히 헌법적 권리가 아니라 인간의 기본 권리라는 의미로 그렇게 이야기 한 것이라 예상되지만, 사람들은 그런 식으로만 받아들이지는 않은 것이다. 보수층과 종교 단체는 이 발언이 낙태를 윤리적, 도덕적 논의에서 배제하려고 한다며 강하게 반발했는데 낙태권이 인권의 영역이라면, 낙태권을 반대하는 것은 인간의 인권을 무시하게 되는 처사가 되어버리는 꼴이라며 해리스의 주장에 강한 불만을 토로했다. 더군다나 민주당이 낙태를 전국적으로 보장하기 위해 연방 차원의 입법을 추진하겠다는 계획을 발표하자 일부 중도 유권자들조차도 연방정부 차원에서 지나치게 개인적 문제에 개입하려 한다고 우려했을 뿐 아니라 공화당에서도 이 발언을 두고 급진적 낙태 옹호 정책으로 프레임을 씌우며 해리스를 강력히 비판했다. 생각해 보면 낙태라는 것이 인권에 영역에서 인정받아야 할 것인가에 대한 문제에 대해 모순이 생기는데, 낙태가 인간의 천부인권이라면, 낙태를 통해 사라지는 생명의 인권은 도대체 누구에게 인정받아야 하는지에 대한 부분을 설명할 수 없기 때문이다.

　청정에너지와 일자리 관련 내용에서도 해리스는 화석연료 산업에 종사하는 노동자들에게 청정에너지로 전환하는 과정에서 새로운 일자리를 찾을 때 희생이 필요하다고 발언했는데 이러한 발언은 화석연료 산업이 중심인 텍사스, 웨스트버지니아 등에서 굉장히 불쾌하게 받아들였다. 이 발언은 특히 직접적인 실업 문제를 간과한 것으로 보였는데, 그러면서도 노동 단체들의 입장을 대변하고 있다는 건 자가당착이라는 것이다. 공화당측에서도 이 발언을 문제 삼아 해리스를 정신이 이상한 여자쯤으로 보게 만들었다. 아울러 공화당은 민주당이 노동자와 지역 경제를 무시한다는 프레임으로 공격했고, 그 결과 에너지 정책이 선거에서 주요 쟁점으로 떠올랐다. 에너지 정책이 실질적으로 국민에게 얼만큼의 영향을 줄 시는 모르겠지만, 쟁점의 가장 메인 테마에 자리할 것이라고 생각한 사람은 많지 않았는데, 마치 나비 효과처럼 해리스의 이러한 날갯짓이 거센 광풍을 만들어내고 만 것이다. 특히 경합주에서 청정에너지 정책에 대한 기대가 완전히 엇갈리게 되며, 오히려 민주당의 표심 확보에 도전 과제가 되어버리는 형태가 되었다.

이 외에도 바이든 대통령은 한 연설에서 중국은 미국의 경쟁 상대일 뿐, 적이 아니라고 발언하며, 외교적 긴장을 해결할 방안을 제안했는데 이를 두고 공화당은 바이든의 발언이 중국의 군사적, 경제적 위협을 과소평가하는 것으로 비춰질 수 있다고 비판했다. 트럼프 캠프와 공화당 지지층은 이를 역 이용하여 트럼프가 중국에 강한 대통령이 될 수 있다는 점을 어필했다.

이처럼 민주당 진영의 논란이 되는 결정들은 진보적 가치를 강화하고자 하는 의도를 보여줬지만, 일부는 중도층과 보수층의 반발을 초래했고, 결국 이런 논란은 공화당이 민주당을 공격하는 데 중요한 소재로 활용되었을 뿐 아니라 민주당 내에서도 다양한 견해 차이를 드러내는 계기가 되었다. 이는 민주당이 진보적 비전을 제시하면서도 중도층의 지지를 유지하려는 전략적 도전에 어려움을 겪고 있다는 것을 시사했다.

물론 트럼프의 경우도 마찬가지의 사례가 존재한다. 트럼프는 2020년 대선 결과에 대해 계속해서 부정선거에 의해 조작되었다는 발언을 서슴지 않았었는데, 그 결과 강성 시위대가 의사당을 불지르는 등의 과격 시위가 진행되기도 했었다. 2024년 대선에서도 트럼프는 투표 시스템에 대한 의구심을 제기했다. 하지만 이렇게 시스템 자체에 대한 신뢰를 부정해 버리는 행위는 민주당 뿐 아니라 공화당 내에서도 큰 우려를 표명했다. 선거 초반 이후 트럼프는 더 이상 부정선거에 대한 내용을 언급하지 않았는데, 이는 트럼프가 당 내 우려를 수용한 결과라고 보인다.

한편 해리스를 포함한 민주당 진영과는 달리 공화당의 다수 주지사와 의원들은 낙태를 전면 금지하거나 제한하는 법안을 지지했다. 하지만 트럼프는 전국적인 낙태 제한법 대신 각 주의 결정을 존중해야 한다는 모호한 입장을 취했는데, 이는 공화당 내에서도 초강경 낙태 제한이 경합주 여성 유권자들에게 부정적 영향을 미칠 수 있다는 우려의 목소리를 어느 정도 반영한 결과로 보인다. 그러나 트럼프의 이러한 입장에 대해 오히려 민주당은 여성의 권리를 박탈하는 정책으로 비판하며 아무런 대응을 하지 못하게 만들었고, 선거 캠페인의 주요 공격 소재로 활용하였다. 결국 보수적 기독교 유권자들 사이에서도, 진보적 젊은 세대와 도시 지역에서도 좋은 결과를 얻지 못하는 상황이 되어 버린 것이다.

반면 성 소수자와 관련된 교육 및 공공 정책에서 트럼프는 일관되게 보수적 입장을 고수했다. 특히 같은 공화당의 디산티스는 트럼프와 발맞춰 "Don't Say Gay" 법안을 지지하며 성 정체성 교육을 제한하자고 주장했는데 민주당은 이를 소수자 탄압으로 규정하며 강력히 비판했다. 낙태나, 성 소수자나 어차피 같은 인권을 다루는 문제인데, 낙태는 애매한 결정을, 성 소수자와 관련된 정책에 대해서는 보수적 입장을 취하니, 양쪽 진영에서 모두 좋은 공격 소재로 활용되었던 것이다.

결론적으로 공화당 진영의 결정과 발언은 보수층과 전통적인 지지자들에게는 큰 호응을 얻었지만, 중도층과 젊은 유권자들에게는 논란을 초래하며 선거 전략의 주요 변수가 되었다. 특히 다원주의를 지향하는 미국 사회에서 소위 끈대적 결정이라는 비판을 많이 받았는데, 이와 같은 정책 및 발언은 공화당이 보수적 가치를 강화하려는 의도는 보여줬지만, 사회적 화합을 위한 발언은 아닌 것이 분명했다.

아무리 선거가 정당주의라 해도 해리스든 트럼프든 모든 정책에서 진보적 혹은 보수적인 의견을 가지고 있지는 못할 것이다. 물론 당론과 맞는 의견이 있을 경우 해당 의견을 강력히 내세워 지지자들을 결집하려는 목적성을 강화할 수도 있지만, 그렇지 못한 경우라면 상대의 약점과 나의 강점을 적절히 공략하여 지지자들을 결집하면서도 보다 합리적으로 설명할 수 있어야만 중도층의 지지자들을 설득할 수 있을 것이다. 하지만 이렇든 저렇든 대통령 선거 자체가 양쪽 진영에 불확실성을 키워준다는 것은 명확하다. 그것은 S&P500 지수만 봐도 알 수 있는데, 2000년도 이후 선거가 진행되었던 해는 불확실성 증가로 선거가 없던 해보다 수익률이 낮다. 따라서 불확실성을 키우는 전략 보다는 지지자들을 지키는 전략이 초반에는 성공할 확률이 높을 수 있으며 일단 지지자부터 지키고 난 뒤 중도층으로 확장하겠다는 것이 대다수의 선거 전략인 것이다. 해리스와 트럼프 두 후보는 자신만의 궁극적인 목표를 향해 튼튼한 정책을 바탕으로 선거를 진행해 나갔다. 물론 바이든이 후보를 사퇴하기 전까지 바이든과 트럼프의 2차 전으로 평가 되었지만 어쨌든 해리스로 후보가 바뀐 뒤에도 전반적인 선거 전략 자체는 크게 달라지지 않았다. 트럼프는 기존 지지층을 강화하고, 선거제도 및 투표에 대한 신뢰 문제를 부각시켰으며, 대중적 접근을 강화했다.

더불어 경합주에서는 경제와 치안 문제를 언급하였으며, 대외 정책과 국익 중심의 전략을 메인으로 떠오르게 만들었다. 반면 해리스는 중도층에 진보층을 결합하는 전략을 사용하여, 여성 및 소수계 유권자를 공략했고, 아울러 현 정부의 성과를 강조했다. 또한 외교적 리더십을 통해 미국이 얼마나 세계의 지배자적 위치에 있는지를 알렸으며 이후에는 실제로 이들이 TV 토론회를 거치며 어떤 문제를 만났고 어떻게 대처했는지에 대해 확인해 볼 차례이다.

PART.4

결정적 순간들
주요 사건과 논쟁

결정적 순간들; 주요 사건과 논쟁

01. 첫 번째 토론의 밤

토론에서 터진 주요 사건과 정책 논쟁

트럼프와 해리스의 1차 토론이 있기 두 달 전, 이 자리에는 해리스가 아니라 바이든이 자리했었다. 바이든은 당시 조지아에서 벌어진 토론회에서 트럼프에게 완패하며 노쇠한 면모를 감추지 못했는데 안 그래도 치매설과 같은 모욕적인 여론이 확산되어 있었던 바이든에게 이런 참패는 더 이상 일어설 수 없는 그로기 상태에 빠지게 만들었다. 그 결과 후보 사퇴에 이르러 9월에는 빠른 속도로 지지율을 끌어올린 해리스가 트럼프와 마주하게 된 것이다.

그렇다 보니, 해리스는 처음부터 일종의 페널티를 가지고 시작한 것과 다름이 없었다. 물론 본인의 탓은 아니었지만, 트럼프로부터 강한 공격을 한 차례 받고 선거를 시작한 것이었기에 민주당 후보의 지지율은 바이든의 토론 방송 이후 한 차례도 공화당에 유의미하게 앞선 적이 없었다. 그저 바이든의 유산을 수습하는데 선거 초기를 보내야 했을 뿐이다.

그래서인지 해리스와 트럼프의 첫 번째 토론은 후보들의 정책 비전과 철학을 명확히 드러내는 중요한 순간이었다. 특히 해리스는 출마에 의한 컨벤션 효과로 시선이 더 집중되는 경향이 있었지만, 결과적으로는 해리스가 확실한 우위를 점하지는 못한 토론회가 되었다. 하지만 전반적으로 대선의 흐름에 결정적인 영향을 미칠 여러 사건과 논쟁이 있었고, 이 토론은 양측 모두에게 전략적 장이었다고 평가할 수 있을 것이다.

토론 초반부터 트럼프와 해리스는 상대방의 행적을 비판하며 강한 어조로 시작했다. 트럼프는 바이든-해리스 행정부의 경제 정책을 재앙적 실패라고 묘사했는데, 특히 민주당이 추진하려는 청정에너지 전환 정책은 물론 인플레이션과 에너지 비용 상승을 비판하며 그들이 얼마나 비효율적인 정책을 펼쳤는가를 강도 높게 비난했다. 반면 해리스는 트럼프의 첫 임기 동안의 혼란과 분열을 지적하며, 민주당이 가져온 경제 회복과 포용적 정책을 강조했는데, 이는 무엇보다도 자신의 안정성을 강점으로 언급한 것이었다. 이외에도 다소 네거티브한 발언이 두 후보간에 오갔는데, 이러한 분위기는 토론회의 끝까지 계속 되었다.

이민과 국경 관련된 안건에서 트럼프는 국경 장벽 재건과 이민자 제한 강화를 주장하며 해리스를 향해 무책임한 국경 개방주의자로 비판했다. 아울러 그 문제로 인해 향후 미국이 짊어질 막대한 손실을 문제삼으며 비난을 이어가자 해리스도 그에 질세라 이민 정책의 인도주의적 접근 필요성을 강조하며, 트럼프의 과거 정책이 가족 분리와 인권 문제를 초래했다고 반박했는데, 전반적으로 보다 직설적이고 쉬운 단어를 사용한 트럼프가 그의 기존 지지층은 물론 중도층에서도 의미있는 지지를 이끌어냈다. 반면 해리스는 정책 설명에 있어 차분하고 논리적인 접근 방식을 보였으나, 일부 청중에게는 감정적 호소가 부족하다는 평가를 받았다. 포용을 이야기하려는 사람치고는 그녀의 말투가 공감이 부족하여 인공지능처럼 느껴졌다는 의견도 있었다.

이후 벌어진 다양한 정책 논쟁에서도 두 후보는 큰 문제 없이 자신들의 정책을 설명하고 약점을 공격하고 맞받아치는 과정의 연속이었는데, 트럼프는 바이든 정부의 인플레이션과 세금 문제를 지적함과 동시에, 자신이 집권하면 대대적인 감세와 규제 완화를 단행할 것을 선언하며, 그에 따른 경제 회복을 확신했다. 이것은 어쩌면 유권자들이 가장 원하는 트럼프의 모습이 아니었을까 싶을 정도로 자신감 있는 그의 토론 자세는 다소 믿음직스럽기까지 했다. 물론 해리스도 이에 지지 않고 당당히 응수했는데, 민주당의 인프라 투자와 중산층 지원 정책이 그간 미국 경제의 회복을 이끌어냈다고 주장하며 트럼프의 비판을 정면 반박했다. 또한 부유층과 대기업에 대한 세금 인상이 필요하다고 강조하는 한편, 논리적인 말솜씨로 세금 문제를 자연스럽게 에너지 문제로 이끌어 나가는 모습은 다소 인상적이었다. 하지만 현 정부의 실제 경기 침체에 대한 책임을 경제 회복과 연결 지어 말하는 것이 과연 옳은가에 대한 문제는 결코 설득적인 모습은 아니었다.

한편 트럼프는 석유와 천연가스 생산 확대를 통해 에너지 독립과 비용 절감을 약속하며, 해리스의 확실치 않은 청정에너지 정책이 기존 일자리 생태계를 매우 위협한다고 비판했는데, 해리스를 무너뜨리기에는 다소 역부족이었다. 해리스가 기후 변화 대응의 필요성을 강조하며, 청정에너지가 미래 경제 성장을 이끌 지속 가능한 해결책이라고 다시 한 번 강력히 주장하자, 트럼프는 무슨 영문인지 더 이상 반박을 이어가지는 못했다. 해리스가 기후 변화에 대해 확신에 찬 어조로 이야기한 반면, 트럼프는 처음에 보여준 강경한 태도와는 달리 다소 소극적인 모습을 보였는데, 이는 짐작컨대 해리스의 정책이 잘 들어맞을 수도, 시기상조일 수도 있겠지만, 트럼프 측도 그 방향성만큼은 부정하기 어려웠던 것이다. 이어진 의료 문제에 대해서도 두 사람의 의견은 팽팽했다. 해리스는 민주당의 의료비 절감 정책과 공공 의료 접근성 확대를 강조하며, 공화당의 의료 정책이 저소득층과 소수계에 미치는 부정적 영향을 지적했지만, 트럼프는 오바마 케어로부터 온 현 연방 의료 지원을 사회주의적 의료 체제라고 격하하며 시장 경쟁을 통해 의료비를 낮추겠다는 입장을 재확인했다. 트럼프의 논리대로라면 시장 경쟁이야말로 소비자들이 더 합리적인 보험을 선택할 수 있는 최선의 길인 것이다.

그 외, 외교적 문제에서 트럼프는 우크라이나에 대한 지원을 축소하고, 미국 우선주의를 통해 동맹국과의 관계를 재구성하겠다고 주장했으며, 언제까지 미국이 다른 나라를 위해 퍼주기만 할 수는 없다고 언급했다. 반면 해리스는 우크라이나 지원의 중요성과 동맹국 관계 강화를 강조하며, 트럼프의 외교 정책이 미국에 대한 국제 신뢰를 약화시킬 것이라고 경고했다.

전반적으로 해리스는 감정보다는 이성에 의지하며 의견을 피력했는데, 낙태 문제와 성 소수자 문제에 있어서 만큼은 감정적 호소를 하는 모습을 보였다. 해리스는 한 소수계 유권자의 사연을 언급하며, 낙태와 의료 접근성 문제에서 민주당의 정책이 실제 삶을 바꿀 수 있다며 이것이 얼마나 여성들에게 중요한 문제인지를 언급했는데 이는 소수계와 여성 유권자들에게 강력한 메시지로 작용했으나, 일부 비판자들은 이를 단순히 정치적 퍼포먼스 정도로 평가절하하기도 했다.

마지막까지 해리스를 향한 트럼프의 공격은 계속되었다. 트럼프는 바이든 행정부의 무능을 강조하며, 해리스가 아직 대통령직을 수행할 준비가 되어 있지 않다고 직접적으로 언급했는데, 이는 자신 있는 모습이기는 했지만, 한 편으로는 거만하게 비춰질 수도 있었고, 실제로 그러한 비판을 많이 받았던 장면이기도 했다. 이후에도 두 후보는 경제와 외교 정책 등 구체적인 논의보다는 서로의 도덕성과 과거 행적에 대한 비판으로 논쟁이 격화되면서 토론의 품격에 대한 비판에서는 두 사람 다 자유롭지 못했다.

이처럼 첫 번째 토론은 각 후보가 자신의 강점과 약점을 모두 드러낸 자리였다. 트럼프는 강렬하고 자신감 있는 태도로 기존 지지층의 결속을 강화했지만, 일부 논쟁적인 발언으로 중도층 유권자들에게 부정적인 인상을 남겼다면 해리스는 정책 중심의 차분한 접근으로 신뢰감을 주었으나, 여성 문제를 제외하고는 상대적으로 감정적 호소력이 부족하다는 평가를 받았다.

후보자들의 강점과
약점이 드러난 순간들

사실 두 후보의 장단점을 드러낸 분야는 너무 명확하게 존재한다. 해리스는 자신의 강점인 경제, 의료, 기후 변화와 같은 주요 이슈에서 구체적인 정책을 제시하며 설득력을 높였으며 청정에너지 투자와 관련해서도 기후 변화를 단순히 환경 문제로만 볼 것이 아니라 경제 문제로 인식하게 하여, 중도층에서 공화당 측의 자본주의적 논리에 스며들었던 유권자들을 설득하려 노력했다. 메시지를 떠나 이 전략은 매우 훌륭했다. 더욱이 이를 해결하지 않으면 미래 세대가 큰 대가를 치를 것이라는 발언과 함께 정책의 필요성은 물론 해리스가 논리적이고 장기적인 시각으로 기후 문제를 바라보고 있음을 잘 보여주었다. 또한 한 소수계 여성 유권자의 사연을 언급하며 민주당의 낙태 권리 보장 정책과 의료 접근성 확대의 중요성을 강조했는데, 이 순간은 특히 여성 유권자들과 소수계 유권자들에게 강한 메시지를 전달하며, 감정적 호소력이 돋보인 사례로 평가받았다. 정치적 구호로서 가 아니라 여성 유권자들과 소수자들의 삶에 직접적인 변화를 가져올 거라는 발언은 토론회 전체를 통틀어 가장 인상적인 발언이 아니었을까 싶다.

이처럼 토론회 내내 이성적인 모습을 보였던 해리스는 트럼프의 강도 높은 비판과 공격적인 태도에도 감정적으로 대응하지 않고 차분하게 논리를 펼쳐나갔다. 트럼프가 민주당의 경제 정책을 실패로 규정하며 공세를 펼쳤을 때도, 해리스는 팬데믹 이후 가장 어려운 경제 상황에서 민주당이 얼마나 미국을 정상권으로 돌려놓기 위해 노력했는지, 또한 수백만 개의 일자리를 창출하고, 인플레이션을 억제하기 위한 구체적 조치를 얼마나 발빠르게 취해왔는지를 이야기하며 반박했다. 이런 반박은 공세를 펼친 트럼프가 아무런 이득을 보지 못하게 만들었다.

하지만 앞서 언급한 장면을 제외하고 해리스는 감정적으로 더 큰 호소력을 발휘하지는 못했다. 특히 아쉬웠던 부분은 이민 문제와 관련된 논쟁에서, 그녀는 시종일관 인도주의적 접근만을 강조했는데, 만약 그것에 그치지 않고 트럼프의 비인간적인 정책을 드러내며 그것이 얼마나 잔인한 일인지 언급했다면 어쩌면 시청자들에게 더욱 강하게 어필이 되었을 수 있다. 하지만 해리스는 구체적인 사례를 들지 못했고, 트럼프의 국경 혼란과 관련된 발언에 비해 상대적으로 장점과 단점을 반박 혹은 공격하지 못했다는 비판을 받았다. 그녀의 장점이 단점으로 발현되는 순간이었다.

또한 트럼프가 해리스의 리더십과 준비성을 직접적으로 비판했을 때, 해리스는 강하게 반격하기보다는 팀으로 일하고 있다는 식의 방어적인 입장을 보이며 자신의 리더십을 내보이길 거부했는데, 이것은 매우 아쉬운 부분으로 남는다. 트럼프의 강점이기도 한 능력을 자신도 가지고 있음을 내보일 수 있는 절호의 기회를 놓쳐버린 것이다.

해리스는 진보적 정책을 지지했지만, 이는 중도층 유권자에게 다소 급진적으로 비춰질 가능성이 늘 존재했다. 특히 부유층 증세와 같은 경제 정책은 민주당 지지층에게는 좋은 평가를 받을 수 있겠지만, 중도층, 특히 중산층에게는 매우 부담스러운 정책으로 인식될 여지가 많았다. 해리스는 바로 이런 점을 제대로 방어하지 못했다. 또 우크라이나 지원과 중국 정책을 논의할 때, 해리스는 미국의 기존 동맹 강화와 국제적 신뢰 회복의 필요성을 강조하면서도, 구체적인 실행 방안보다는 매우 추상적인 원칙만을 이야기하며 기존 동맹 강화의 장점을 충분히 열거하지 못했다.

그렇다면 트럼프는 어떨까? 도널드 트럼프의 강점과 약점은 그의 자신감 있는 태도, 대중과의 연결 능력, 그리고 공격적인 논쟁 스타일에서 두드러졌다.

먼저 강점을 살펴보면, 트럼프는 지난 대선에서 당선될 때도 그랬지만, 간결하고 반복적인 메시지를 통해 자신의 핵심 정책과 슬로건을 효과적으로 전달했다. 경제와 관련하여 미국을 다시 위대하게Make America Great Again라는 구호를 다시 강조하며, 자신이 경제 회복과 에너지 독립을 이루겠다는 성과를 부각시켰고 상대를 비판할 때도 아주 간결한 단어를 사용했다. 특히 바이든의 경제는 실패했으며 자신이 돌아오면 다시 번영할 것이라는 단순하고 강렬한 메시지는 경제적 불만을 가진 유권자들에게 큰 호소력으로 다가왔다. 논쟁의 방법에서도 트럼프는 상대 후보인 해리스와 바이든 정부를 지속적으로 공격하며 논쟁의 주도권을 확보했는데, 트럼프는 해리스가 지지하는 환경 규제가 노동자들의 일자리를 죽이고 있다고 비판하며, 규제와 산업 발전을 동시에 이행하는 것이 결정적 모순이라고 지적했다. 더불어 자신의 규제 완화 정책이 더 나은 결과를 가져올 것이라고 주장했으며, 트럼프 만의 자신감 있는 자세는 그를 결단력 있는 리더로 비춰지게 만들었다.

이처럼 트럼프는 자신의 발언을 통해 중산층과 노동 계층 유권자들과의 정서적 연결을 강화하는 전략을 취했다. 그는 자신 스스로가 정치 엘리트가 아니라고 말했는데, 실제 그는 오랫동안 정치계에 머물렀던 사람도 아닌데다, 그것에 더하여 기존 정치 기득권과는 다른 반응을 보인다는 의견이 지배적이었다. 이는 후보와 유권자들을 동일시하게 만드는 전략으로, 그는 자신이 유권자들을 위해 싸우는 사람이라며 자신을 대중의 대표로 포지셔닝했으며 또한 경합주 유권자들이 직면한 구체적인 경제적 어려움을 언급하며 공감을 표했다. 아울러 그는 자신의 외교 정책 경험을 강조하며 강한 미국 이미지를 부각시켰고, 중국을 강하게 다룬 대통령은 본인 밖에 없었다는 주장과 함께, 바이든 행정부의 외교 정책을 매우 약하다고 비판했다. 그의 말은 사실이었다. 트럼프는 이를 통해 국가 안보와 경제 문제에서 자신감을 내비치며 해당 부분에서 큰 목소리를 낼 수 없던 바이든 정부를 강력히 규탄했다.

반대로 트럼프의 약점이라면 강렬한 메시지에 비해, 정책의 구체적인 실행 계획에 대해서는 설명이 부족하다는 점이다. 예를 들어 에너지 독립과 관련해 미국의 에너지 혁명을 이끌겠다고 선언했지만, 구체적인 실행 방안보다는 과거 자신의 업적을 반복하는 데 그쳤으며 이는 비판적인 유권자들에게 설득력을 떨어뜨리는 요소로 작용했다. 이처럼 대부분의 트럼프의 논리들은 공격적 논쟁과 같이 진행되었는데, 이것이 그의 지지층에게는 효과적일지는 몰라도 그 외의 유권자들은 피로감을 느낄 수 있는 부분이었다. 그의 이러한 약점은 해리스와 논쟁 중에도 자주 보였는데 감정적 언사를 사용하거나 상대의 발언을 방해하는 그의 태도는 일부 청중에게 공격적으로 느껴진 것이 사실이다. 재밌는 것은 상대를 비판할 때는 매우 공격적이던 그가 자신을 방어할 때는 다소 소극적인 태도를 보였는데 이는 겉만 그럴 듯하고 알맹이가 없을 때 나오는 현상으로, 이런 모습은 트럼프가 자신의 경제 정책과 팬데믹 대응 성과를 변호하는 과정에서도 나타났다. 해리스가 그의 팬데믹 초기 대응을 지적하며 강하게 몰아붙이자 트럼프는 누구보다 잘 대처했다고 주장하면서도, 이를 뒷받침할 구체적인 데이터 없이 수세적인 자세로 일관하는 모습을 보였는데, 이는 당연히 설득력이 없었다.

이런 경우를 제외하면 트럼프의 발언과 태도는 전반적으로 자신감이 넘쳐 오만하다는 느낌마저 주는데, 이러한 자세는 여전히 여성 유권자와 소수계 유권자들에게는 반감으로 작용했다. 트럼프는 낙태 문제에 있어서도 앞에서는 주

정부가 결정할 문제라고 강하게 주장하면서도 뒤로는 연방 차원의 책임을 회피하는 듯한 이중적인 모습을 보임으로써 유권자들의 공감대를 이끌어내지 못했다. 결국 자신만의 강점인 카리스마와 공격성을 활용해 지지층은 결속했지만, 중도층을 확장하는 데 필요한 정책적 설득력과 유연한 접근법에서는 한계를 보인 것이다.

사실 토론회가 얼마나 그 후보의 이미지를 바꿀 수 있는 지는 이견이 있다. 이러한 관점에서 볼 때 1차 토론회는 트럼프와 해리스가 크게 변별력을 보일 만큼의 결과를 보이지는 못했던 것이 사실이다.

물론 토론회를 통해 바이든처럼 약점을 그대로 노출하면 그것이 큰 부작용을 불러오기도 하고, 해리스처럼 논리적이고 진실된 모습을 보이며 박수를 받기도 하지만 기본적으로 지지 후보를 가지고 있는 유권자들은 스스로의 확증편향을 증명하기 위해 토론회를 보기도 하고, 상대방을 비판하기 위해 토론회를 보기도 한다. 따라서 성숙한 선거 문화를 위해서라도 유권자들을 향한 긍정적인 모습도 좋지만 부정적인 모습을 보이지 않기 위해 더 노력해야 할 것이다.

결정적 순간들; 주요 사건과 논쟁

02. 위기와 대처

**선거 기간 동안 발생한
국내외 위기와 대응 방식**

　팬데믹 이후 지속적인 인플레이션과 고금리가 미국 경제에 큰 부담으로 작용했으며, 주택 비용 상승, 의료비 부담 그리고 생활비 증가로 인해 중산층과 저소득층의 경제적 압박이 심화되었다. 이에 대해 바이든-해리스는 대규모 인프라 투자와 청정에너지 프로젝트를 통해 새로운 일자리를 창출하고, 중산층의 경제적 안정을 도모하겠다는 계획을 제시했다. 또한 주택 문제를 해결하기 위해 저렴한 공공 주택 건설과 세입자 보호 정책을 강화하겠다고 약속했다. 이것이 실현될 수 있을지에 대한 부분을 따져 보았을 때 현실성이 높은 것으로 판단되어, 대중에게 긍정적인 영향을 주기도 했다.
　이런 정책적 방향이 해리스의 역량이자, 사람들을 위로하는 방법에 가장 가까운 것이었다. 현실적인 접근. 진심이 담긴 마음. 반대로 그렇지 못한 이상적이고 구체적이지 않은 정책 제시는 진보 정당에게는 독이었다. 선거 기간 동안 미국 내 총기 난사 사건이 증가하면서 총기 규제에 대한 논의가 뜨거워지자, 해리스는 AR-15와 같은 공격용 무기의 금지와 전국적인 배경 조사 강화를 제안했다. 이와 더불어 주요 총기 사건이 발생한 지역을 직접 방문해 피해자와 유가족을 위로하며, 총기 폭력 문제에 대한 강력한 의지를 보여주었는데 이러한 모습으로 인해 사람들은 해리스가 어떤 행동을 직접 보여준다는 것에 안심을 표하고 그녀를 신뢰하는 계기가 되었다. 이뿐 아니라 선거 기간 중 대규모 허리케인과 산불 같은 자연재해가 여러 주에서 발생하면서 기후 변화의 심각성이 다시 부각되었는데 이에 대해 해리스는 자연재해로 피해를 입은 지역에 연방 지원을 신속히 제공하고, 피해 복구를 위해 FEMA(연방 재난 관리청)와 협력하여 실질적인 지원을 만들어 냈다. 또 이러한 재해를 기후 변화와 연결시키며, 청정에너지 전환과 탄소 배출 감축 정책의 중요성을 강조함으로써, 공약 – 계획 – 실행 제시의 연결이 매우 자연스럽게 움직일 수 있도록 했던 것이다.

　해리스의 경우, 외교적인 부분에서는 다소 아쉽다는 평가를 받고 있다. 중국과의 무역 갈등과 대만 문제로 인해 미중 간의 긴장이 고조되고, 중국이 대만 해협에서 군사적 활동을 강화하며 국제사회의 우려를 불러일으켰을 때도 해리스는 실질적인 해결책을 내놓기보다는 동맹국과 협력하여 중국에 대해 다소 강경한 메시지를 전달하며 외교적 대화의 중요성을 강조했을 뿐이었다. 또한 중국 의존도를 줄이기 위해 첨단 기술 분야에서 미국 제조업을 강화하겠다는 구체적이지 않은 계획을 발표한 것도 상당히 아쉬운 부분으로 남는다. 이 외에도 우크라이나 전쟁이 지속되면서, 미국의 군사적 및 재정적 지원에 대한 국내외 논쟁이 일었을 때, 해리스는 우크라이나에 대한 군사적, 인도적 지원을 유지하겠다고 약속하며 민주주의와 국제법 수호를 강조했지만, 실질적으로 중국이나 우크라이나 사태와 관련하여 대안을 제시하거나 더 나은 상황을 만들어 내지는 못했다.

반면 이민 문제에 있어서는 다른 양상을 보였다. 남부 국경 지역에서 불법 이민자 유입이 증가하면서, 이민자 수용과 국경 관리 정책이 뜨거운 논쟁거리로 부상했는데 해리스는 국경 보안을 강화하는 동시에, 합법적 이민 절차를 확대하고, 중남미 국가들의 경제적 지원을 통해 이민의 근본적 원인을 해결하겠다고 주장했다. 이에 따라 국경 지역을 방문해 현장 상황을 점검하고, 지역 사회 지도자 및 연방 요원들과 소통하며 실질적인 해결 방안을 모색했다. 이처럼 해리스는 위기 상황에서는 신속하고 결단력 있는 대응을 통해 지도자로서의 이미지를 강화했으며 특히 경제와 기후 변화 문제를 해결하려는 장기적 비전을 제시한 점은 유권자들에게 긍정적으로 작용했다. 그녀는 항상 기동력 있게 피해 지역을 직접 방문하고, 국민의 목소리에 귀 기울이는 모습을 보여주며 유권자들과의 정서적 연결을 강화했다. 물론 일부 보수층에서는 해리스의 강경한 총기 규제와 이민 정책을 두고 과도한 정부 개입이라는 비판을 하기도 했지만, 직접 발로 뛰며 위로하고 관련 부처들을 연결시키는 행위는 매우 뛰어난 행동 위주의 리더십을 보여주게 만들었다. 더불어 자신의 정책적 우선순위와 리더십 스타일을 부각하며, 이를 선거 전략의 핵심 요소로 활용했다. 이러한 대응은 확실히 행동하는 정치인으로서의 이미지를 해리스에게 부여했으며, 그녀의 정책적 비전과 실천 가능성을 전달하는 데 중요한 역할을 했다.

반면 도널드 트럼프의 대응 방식은 조금 달랐다. 그는 늘 언론플레이를 즐겼으며, 이미지 메이킹을 통해 훨씬 더 효율적인 반응을 이끌어 냈다. 이러한 방식은 그의 정치적 비전과 정책 우선순위를 이해하는 데 중요한 통찰을 제공하는데 트럼프는 위기 상황을 자신의 정치적 전략에 통합하여, 기존의 강경한 입장을 더욱 강조하거나 새로운 접근을 시도하며 지지층 결집을 꾀했다. 이러한 방법은 매우 영민하면서도 창의적인 방법이었다.

팬데믹 이후의 인플레이션과 금리 상승은 가계 경제에 큰 부담을 주었으며, 경제 안정에 대한 유권자들의 관심을 높였는데, 이에 대해 트럼프는 연방준비제도의 금리 인상 정책을 강력히 비판하며, 경제 성장을 억제하는 정책 대신 친성장적 통화 정책을 요구했다. 그 결과 당연히 공개적으로 비판을 받은 연방준비제도에 압박이 가해지고 이를 통해 금리 상승이 늦춰지는 영향이 발생했다. 또한 주요 도시에서의 범죄율 상승과 사회적 불안이 유권자들에게 큰 우려로 다가왔을 때에도, 트럼프는 민주당이 차지하고 있는 주요 도시에서의 범죄율 상승을 들어 민주당의 범죄 정책 실패를 공격하면서 반대급부로 공화당의 안정적이고 안전한 미국의 모습을 부각시켜 반사이익을 꾀했다. 물론 이러한 그의 반응이 2020년 트럼프 지지자들의 시위 등과 오버랩 되며 재공격을 받기도 했지만, 결국 움직이지 않고 여론을 이용해 압박하는 그의 대응 방법이 굉장히 효율적이라는 사실은 변함이 없었다.

한편 대규모 허리케인과 산불 같은 자연재해가 발생하면서 연방정부의 대응 역량과 기후 변화 논쟁이 다시 떠올랐을 때, 트럼프는 기후 변화 문제를 과장된 위기라고 일축했다. 실제로 기후변화는 여러 논문에서 증명되기도 했지만 아직은 그 위협이 과장되었다는 의견이 존재하기도 하는 사안이어서 자연재해 피해 지역에 연방 지원을 약속하면서도, 청정에너지로의 전환 대신 기존 에너지 산업의 보호를 강조했던 것이다. 덧붙여 독일의 경험에 비추어, 에너지 독립이 이루어지지 않은 상태에서의 청정에너지 전환은 매우 위험할 수 있다고 강조했다. 이러한 그의 발언은 매우 강력하게 작용했지만, 반대로 기후 변화가 과장된 위기인지에 대한 검증 역시 존재하지 않았다.

트럼프는 중국과의 갈등 앞에서는 시종일관 강경한 입장을 고수했다. 그는 대중 관세를 강화하고, 미국 우선주의를 앞세워 중국과의 경제 및 군사적 대결에서 강경한 태도를 유지했으며, 중국으로부터 국빈 초청을 받고 온 다음에도 중국에게 관세를 매기는 등 다소 기행적인 행태를 보여 중국을 당황스럽게 만들기도 했다. 또한 우크라이나 전쟁에 대해서도 트럼프는 우크라이나 지원이 과도하다고 주장하며, 본인이 당선될 경우 미국 우선주의 원칙에 따라 자국의 경제와 안보 문제를 우선시해야 한다고 강조했다. 뿐만 아니라 하루 만에 모든 병력을 다 철수 시키겠다는 등의 자극적 발언을 통해 실제로 그렇게 된다는 것과는 별개로 대중들이 트럼프가 얼마나 추진력 있는 사람인지를 분명히 인지하도록 만들었다. 이러한 방법은 매우 효과적인 이미지메이킹이었다. 가장 효과적인 이미지메이킹을 선보인 분야는 단연코 트럼프의 국경 관리를 꼽을 수 있다. 남부 국경 지역에서 불법 이민자 유입이 증가하며 국경 관리 정책이 선거의 핵심 이슈로 부상했을 때에도, 트럼프는 대통령 복귀 시 미-멕시코 국경 장벽 건설을 재개하고, 국경 보안을 강화하겠다고 약속했는데, 실질적으로 그는 약속한 대로 즉시 대응했다.

트럼프는 항상 자신의 주장에 대한 강경한 입장을 유지하며 보수층과 농촌 지역, 가난한 백인 유권자들의 결속을 강화했다. 물론 그의 일부 발언과 정책은 논란을 불러일으키며 중도층과 젊은 유권자들의 반발을 사기도 했지만, 자신의 메시지를 전달하기 위해 전통 미디어는 물론 다양한 소셜 미디어와 대규모 집회를 적극 활용하며, 대중과의 직접적인 소통을 강화했다. 사실 이런 정치인은 보기 어렵다. 그도 그럴 것이 전반적으로 그의 언행 자체가 전통적인 정치인의 행태가 아니었기 때문이다. 자신을 포장하는 신비주의도 없었고, 고고한 척 하지도 않았다. 그럼에도 불구하고 그가 가진 정책적, 행위적 일관성은 그에게 신뢰라는 형태로 돌아왔다. 그리하여 그는 2016년과 2020년 대선에서 강조했던 미국 우선주의와 경제 정책을 유지하며, 자신의 정치적 브랜드를 더욱 확립할 수 있었는데 이러한 트럼프의 대응 방식은 강한 리더십을 강조하고, 행동으로써 실질적인 정책이 실현됨을 보여주는데 매우 효과적이었다고 평가할 수 있다.

위기 관리 능력이
바꾸는 선거 판도

위기 관리 능력이 유권자들에게 미치는 영향은 선거의 결과를 결정짓는 중요한 요소 중 하나이다. 위기 상황에서 후보자의 대응은 그들의 리더십, 문제 해결 능력, 공감력 등을 평가할 수 있는 기회로 여겨지며, 이는 유권자들의 지지 여부에 강력한 영향을 미친다.

자연재해, 경제적 불황, 국제 갈등, 사회적 분열과 같은 위기는 후보자의 지도력을 직접적으로 시험하는 순간이 된다. 유권자들은 위기 상황에서의 리더십을 후보자의 대통령직 수행 능력의 대표적인 척도로 보고 있는데, 빠르고 효과적인 대응을 통해 신뢰를 구축한 후보는 위기 후에 지지율 상승을 경험할 수 있지만, 부적절하거나 미흡한 대응은 비판과 지지율 하락을 초래할 수 있다.

도널드 트럼프는 COVID-19 팬데믹 대응에서 연방정부의 역할을 축소하고 주 정부에 많은 권한을 위임했었다. 이는 소극적인 행동인 것처럼 인식되어 팬데믹 확산을 효과적으로 막지 못했다는 비판을 받은 반면 조 바이든은 백신 배포와 국가적 조정을 강조하며 대조적인 접근법을 보였고, 이러한 정책은 그의 지지율 상승에 기여했다.

물론 위기 대응이라는 것이 단순히 해결책을 빠르게 제시하는 것 외에 위로와 공감에도 존재한다. 위기 속에서 피해를 입은 사람들과 공감하고 그들의 고통을 인정하는 태도는 유권자들에게 중요한 신호로 작용한다. 감정적으로 공감할 수 있는 후보는 대중과의 정서적 연결을 강화할 수 있으며 소통이라는 것이 이런 대중 매체의 홍수 시장에서 얼마나 중요한 것인지는 더 말하지 않아도 잘 알 수 있다. 그렇기 때문에 대중과의 소통은 위기 상황에서 후보자의 대응을 평가하는 데 중요한 요소가 된다. 명확하고 일관된 메시지는 유권자들에게 신뢰를 심어줄 수 있으니 말이다.

2001년 9-11 테러 직후, 부시는 위기 대응과 대중 연설을 통해 리더십을 발휘하며 국민적 지지를 확보했다. 그의 강경한 테러 대응 정책과 연설은 당시 유권자들에게 안정감을 제공했는데 지금 벌써 20년이 넘는 시간이 흘렀지만 부시가 해왔던 다른 어떤 것보다 해당 연설이 대중들의 기억 속에 확고히 자리잡고 있는 것은 그가 강력한 메시지를 통해 대중들과 공감하고 실질적인 움직임을 만들어 냈기 때문이다.

어찌 보면 이번 대선 레이스에서도 비슷한 상황이 펼쳐졌다. 2024년 7월 13일 미국 펜실베이니아에서 유세 연설 중이던 트럼프에 대한 암살 시도가 있었는데 20세 백인 남성인 토머스 매튜 크룩스가 130여 미터 떨어진 곳에서 트럼프를 저격하려 한 것이다. 트럼프를 향한 총탄은 트럼프의 귀에 1cm 정도 상처를 냈고, 트럼프는 곧장 연단 아래로 몸을 수그렸다. 잠시 뒤 트럼프는 일어나 귀에 피가 흐르는 것은 뒤로한 채 손을 치켜 들고 파이팅을 외치며 나는 건재하다는 모습을 비췄는데, 마침 이 모습은 퓰리쳐 상을 탄 어느 사진기자에게 찍히며 전 세계적으로 유명한 사진이 되었다. 사진 속 트럼프의 모습은 위기에 맞닥뜨린 리더가 어떤 모습을 보여야 하는지에 대해 극명히 잘 보여준 상징적 장면이 되었는데, 재밌는 것은 트럼프가 손을 치켜들고 있는 사진의 배경에 공교롭게도 미국 국기가 자리하고 있어, 이를 두고 일각에서는 자작극이 아니냐는 이야기가 나올 정도로 누가 기획이나 한 듯 강한 임팩트를 주었다. 이 사건은 그만큼 인상적이었고, 지지자 뿐 아니라 지지를 망설이고 있던 사람들에게도 트럼프가 이끄는 미국이 다시 강한 미국으로 되돌아올 것임을 확신할 수 있는 장면이 되었다. 이 사진은 그 당시까지 치열한 접전을 펼치고 있던 트럼프와 해리스의 난타전에 획을 그었으며 어디선가 다시 날아올 지 모를 총탄을 앞에 두고, 다시 일어난 트럼프가 건재한 모습으로 이렇게 미국을 이끌어 나갈 것이라는 메시지를 유권자들에게 각인시켜 준 중요한 매개체가 되었다. 그도 그럴 것이 대부분 이러한 상황에 놓이게 되면, 먼저 자신의 생명을 지키기 위해 경호원들에 둘러싸여 바쁘게 그 자리를 피하는 것이 사실이며, 경호 차원에서도 주요 인원의 신변 확보가 가장 먼저인 것이 맞기 때문에 그러한 모습이 잘못됐다고 볼 수도 없다. 하지만 트럼프는 그러한 상황에서도 본능적으로 자리에서 일어나 손을 치켜 들며 위험하지만 담대하고 용기 있는 모습을 보여줌으로써 유권자들로부터 더 큰 신뢰와 공감을 얻어냈다. 이처럼 위기 관리 능력이라는 것은 유권자들에게 후보자의 리더십, 공감 능력, 문제 해결 능력을 보여줄 수 있는 기회이자 도전이며 위기 관리를 효과적으로 잘한 후보는 신뢰를 얻고, 지지층을 확대할 수 있지만, 실패한 후보는 정치적 비판과 신뢰 상실로 이어진다. 어쩌면 앞서 말했던 좋은 정책을 내고 실행하는 것보다 위기관리 능력이 훨씬 더 강력한 인상을 줄 수 있는 방법이며, 이로 인해 가장 빠른 지지율 상승으로 이어질 수 있다.

결정적 순간들; 주요 사건과 논쟁

03. 가장 뜨거운 쟁점

대중의 관심을 모은 토론 주제 :
이민, 교육, 헬스케어

이민, 교육, 헬스케어와 같은 중요한 사회적 이슈는 국민의 생활과 직접적으로 연결되는 문제이다. 기후 변화도 좋고 국제 외교도 좋지만, 직접 부딪히며 이를 가장 먼저 느낄 수 있는 주제가 바로 이민, 교육, 헬스케어라고 볼 수 있기 때문이다. 당연히 해리스의 입장은 민주당의 가치와 방향을 대변하며, 특히 중산층, 노동 계층 그리고 소외된 커뮤니티에 초점을 맞추고 있었다.

민주당이 주장하는 이민 정책의 근본적인 방향은 불법 체류자들에게 시민권 획득의 길을 제공하는 법안을 제안하며, 수백만 명의 이민자가 합법적으로 경제와 사회에 참여할 수 있도록 지원하는 것이다. 굳이 국경에 구시대적인 장벽을 설치하지 않아도 될 만한 최신 기술(드론, 센서, AI)이 존재하기에, 이를 활용해 국경 보안을 강화하면서, 가족 분리와 같은 비인도적 관행은 철폐하자는 것이 민주당의 입장이다. 더불어 난민과 망명 신청자에 대한 더 나은 처우와 지원을 약속하고, 미국에서 자란 이민 청년들이 지속적으로 미국 사회에 기여할 수 있도록 보호하는 등의 행보를 보이며 결국 미국은 이민자들의 기여로 성장한 나라라는 메시지를 반복적으로 강조했다. 특히 히스패닉 및 아시아계 커뮤니티에 직접 다가가 그들의 요구를 정책에 반영하려고 노력하는 모습은 그들로 하여금 희망적인 앞날을 기대하게 만들었다. 물론 공화당 측에서는 해리스의 이러한 이민 정책이 국경 안보를 약화시키고 불법 이민을 조장할 수 있다는 날 선 비판을 제기했다.

트럼프는 멕시코 국경에 추가적인 장벽 건설을 약속하며, 국경 보안을 대폭 강화하는 것을 주요 공약으로 내세웠는데 이는 국경 순찰 인력 및 첨단 감시 장비의 확대와 불법 체류자에 대한 엄격한 단속과 추방 정책을 지속적으로 추진하겠다는 것이었으며, 아울러 범죄 기록이 있는 불법 체류자에 대한 즉각적인 추방을 강조했다. 또한 망명 신청 과정을 더 까다롭게 하고, 신청자들이 국경에서 대기하도록 하는 정책을 유지하며, 합법적 이민 허용 범위를 줄여, 숙련 기술자를 우선적으로 받아들이는 이민 시스템으로 개편하겠다는 것이었다. 이러한 정책은 불법 이민이 미국 경제와 안전에 큰 위협이 된다는 점을 강조하는 것인데, 실제로 이민국으로부터 발생하는 범죄율은 그리 높지 않았지만, 밀입국을 시도하는 사람들을 대상으로 한 인신매매나 착취 범죄, 전 세계에서 가장 활발한 마약 밀수 루트인 멕시코와의 국경 지역과 미국에서 멕시코로 불법 무기가 유입되며 발생할 수 있는 강력 범죄 등은 매우 큰 문제로 작용했다. 특히 국경 지역은 빈곤율이 높고, 경제적으로 취약한 커뮤니티가 많아 범죄 발생을 부추겼으며, 더욱 심각한 것은 국경 범죄는 국제적 요소가 더 강해 풀어내기가 훨씬 복잡하다는 것이다. 해리스 및 민주당이 트럼프의 이민 정책이 비인도적이며 미국의 다양성과 개방성을 훼손한다고 비판했음에도 불구하고 오히려 이미 이민을 완료한 이민자들 층에서 이 부분에 대한 트럼프의 정책을 지지하고 나섰던 것에는 이러한 이유도 있었다. 또한 합법적인 이민자들에게 가장 위협적일 수 있는 것이 바로 새로운 이민자들이라는 사실을 떠올린다면, 그들이 트럼프 정책을 지지하는 것이 당연한 것으로 이해된다.

다음으로 교육에 대한 부분을 한 번 살펴 보자. 해리스의 경우, 공립학교 교사들의 급여를 인상하고, 학교 시설 개선 및 저소득 지역 학생들에게 더 나은 교육 기회를 제공하자는 취지의 정책들을 내놓았는데, 이는 무료 유아교육 프로그램을 확대하여 모든 가정이 고품질 유아교육을 이용할 수 있도록 보조금을 시원함으로써 평등한 출발선을 제공하겠다는 것이다. 더불어 고등교육 접근성을 강화하고, 중산층 및 저소득층 가정의 학생들에게 공립대학 학비를 면제하는 프로그램을 도입하겠다는 정책도 선보였는데 사실 해리스의 교육 정책 중 가장 많은 이슈를 불러온 정책은 학자금 대출 부담을 완화하고 대출 탕감 프로그램을 강화하겠다는 부분이었다. 사실 이 정책의 경우 대법원에 올라간 기존의 탕감 계획을 기각한 이후 나온 조치였기 때문에 문제의 소지가 있었고 대법원에서 기각된 사안을 다시 정책으로 내놓았다는 것은 법원의 판단을 믿지 못한다는 것이었기에 이는 도리어 공화당 측에 공격의 빌미를 주고 말았다. 아니나 다를까 공화당은 기다렸다는 듯 이를 두고 부채를 책임감 있게 갚은 사람들에게 오히려 불공정한 정책이라는 의견을 내놓았는데 이것은 완전한 사실이었다. 학비를 면제해 준다는 것은 좋은 취지이겠지만, 공화당의 주장처럼 이미 부채를 갚은 사람들에겐 상대적 박탈감만 안겨줄 뿐이었다. 물론 부채를 채 갚지 못한 사람이 더 어려운 소득층일 거라는 추론도 가능하겠지만 반드시 그런 것만은 아니었다. 이렇듯 논란이 컸던 만큼 이 정책은 젊은 세대와 진보층에서는 열렬한 지지를 받았지만, 보수층과 중도층에서는 재정적 책임에 대한 논쟁이 벌어졌다. 논쟁의 발단은 이런 방식이라면 과연 누가 부채를 상환하려고 하겠는가 하는 부분이었다.

　부의 대물림은 아무래도 교육의 불평등으로부터 나오는 경우가 많다. 우리나라의 경우에도 서울 및 강남권의 대학진학율이 더 높다는 것은 이미 알려진 사실이다. 해리스의 민주당은 그렇게 교육의 평등을 강조하며, 교육 기회 격차를 줄이는 것을 주요 과제로 삼았고 트럼프의 공화당은 이를 두고 과도한 연방정부 개입과 교육 예산 확대가 재정 적자를 초래할 수 있다고 주장했다.

　아울러 트럼프는 기회의 평등을 주장하며 학부모들이 공립학교, 사립학교, 차터스쿨, 홈스쿨 중에서 자유롭게 선택할 수 있도록 학교 바우처 제도를 확대하겠다는 의견을 냈다. 이는 교육 시장의 경쟁력을 높여 학생들에게 더 나은 교육 기회를 제공하겠다는 계획이었다. 이와 더불어 성별이나 인종적 교육 부분에서도 기본적인 교육만을 이행할 것을 언급했다.

　예를 들면, CRTCritical race theory(비판적 인종 이론)이라는 개념이 있는데, 인종이라는 개념이 생물학적인 근거가 있는 자연적 개념이 아니라 사회의 기득권이 현상 유지 및 이득을 위해 만들어낸 사회적으로 구성된 개념이라는 것이다. 트럼프는 이러한 부분을 공립학교에서 가르치지 말아야 한다는 주장과 함께 CRT를 포함한 "급진적 진보주의 교육"을 금지하고, 미국의 전통적 가치를 중시하는 교육을 강조했다. 더불어 연방 정부의 역할을 줄이고, 교육 정책을 주state와 지역 사회에 더 많은 권한을 위임하여 개별적인 교육이 가능하게끔 하는 것이 교육에 관한 트럼프와 공화당의 주요 정책이며, 전통적인 미국 가치와 교육의 질 개선을 통해 가정과 지역사회가 더 큰 역할을 하도록 격려하자는 것이 이러한 정책의 최고 지향점인 셈이다.

　마지막으로 헬스 케어에 대한 부분은 정말로 국민들의 삶과 직결되는 부분이었다. 민주당에서는 최소한 돈이 없어 병들어 죽는 건 막아야겠다는 의견이 강했는데, 우리나라의 의료보험 제도와 비슷한 모양새인 오바마 케어ACA라고 불리는 의료보험 제도는 의료 취약층인 노년층과 차상위 계층에겐 정부가 기존에 제공하던 무상 의료보험 제공 대상을 다양한 방식으로 확대하고, 그 이외의 국민에겐 사보험 의무 가입으로 전 국민 의료보험을 시행하려는 제도이다. 민주당은 이 오바마 케어를 더 확대하고 더 많은 미국인이 의료보험에 접근할 수 있도록 보조금을 늘려 의료 서비스의 질을 개선하겠다는 것이며, 나아가 국민이 기존 민간 보험과 함께 정부가 제공하는 공공 보험을 선택할 수 있도록 하는 옵션을 제공하고 제약 회사에 대한 규제를 강화하여 연방정부가 약값 협상을 통해 의료 비용을 줄이는 방안을 추진하였다. 민주당에서는 다른 것은 몰라도 의료는 특권이 아니라 기본적인 권리라는 메시지를 강조하며 특히 의료비 부담으로 고통받는 중산층과 저소득층 유권자들에게 강력히 어필하였다.

반면 트럼프는 여전히 오바마 케어ACA를 재앙적 정책으로 규정하며, 이를 대체할 더 간단하고 저렴한 시스템을 추진하고자 했다. 결국 이는 민간 보험 중심의 시스템을 유지하자는 것인데 정부 주도보다는 민간 보험회사를 통한 경쟁을 촉진하며 의료비를 낮추는 방안이 훨씬 더 효율적이라는 것이다. 만약 정부에서 사기업을 어느 정도 압박하여 제한선을 두게 된다면 보험의 질은 높으면서도 가격이 저렴한 보험 시스템이 만들어질 수 있다는 주장이다. 처방약의 경우도 제약회사와 협상을 통해 약값을 낮추겠다며, 2020년 행정부에서 이미 추진했던 정책의 확장을 시도했다. 더불어 의료비용에 대한 사전 고지 시스템을 의무화하여 소비자들이 더 나은 선택을 할 수 있도록 지원하기도 했는데, 이는 경쟁 없이는 자본주의 사회에서의 모든 산업은 소비자 위주로 돌아가지 않는다는 취지에서였다. 한편 의료보험제도는 사회주의로부터 출발한 의료 시스템이므로 정부 주도의 헬스케어 정책이 결국은 의료 서비스의 질을 떨어뜨린다는 의견도 내놓았다. 아무튼 이러한 정책 실현을 위해 어떤 방식으로 프로세스를 가지고 갈 지는 아직 확정되지 않았지만, 확실히 이전보다 비용이 더 많이 들 것은 명확했다.

이토록 민감한 이민, 교육, 헬스케어 분야에서 카멀라 해리스는 포괄적이고 진보적인 비전을 통해 유권자들에게 다가갔다. 그녀의 정책들은 특히 소외된 계층과 중산층을 중심으로 한 광범위한 지지를 얻으려는 전략으로, 공화당과의 뚜렷한 차이를 보여주는 대목이었다. 비록 이러한 정책들이 공화당의 비판을 받기도 했지만, 해리스는 꾸준히 진보적이고 인도적인 접근법을 통해 자신의 정치적 입지를 강화하려 노력했다.

반면 트럼프는 이민, 교육, 헬스케어 분야에서 강경하고 보수적인 접근을 지향했다. 그의 정책은 전통적 가치와 시장 중심의 철학에 초점을 맞추고 있으며, 미국의 정체성을 강조하면서도 글로벌화에 대한 경계심을 드러냈다. 미국적 특징을 가진 미국적인 경쟁 시스템과 제도를 만드는 것이 미국인들을 위한 가장 좋은 정책이라는 의미였다.

햇빛과 쇳물 사이 :
선 벨트와 러스트 벨트의 선택

2024년 미국 대선에서 선 벨트Sun Belt와 러스트 벨트Rust Belt는 각기 다른 정치적, 경제적, 그리고 문화적 특성을 바탕으로 미국의 미래를 결정짓는 중요한 전장이 되었다. 이 두 지역은 각각 성장과 쇠퇴의 상징처럼 보이지만, 그 안에는 복잡하고 다양한 유권자들의 목소리가 깃들어 있다. 후보들은 이 지역의 특성에 맞는 맞춤형 전략을 펼치며 표심을 얻기 위해 치열한 경쟁을 벌였다. 먼저 해당 지역이 어디를 나타내고 어떤 특징을 가지고 있는지를 살펴보는 것이 필요할 것이다.

선 벨트Sun Belt는 미국 남부와 서남부 지역을 아우르는 지리적 구역으로, 일반적으로 다음과 같은 주들을 포함한다.

- 남동부: 플로리다, 조지아, 노스캐롤라이나, 사우스캐롤라이나

- 남중부: 텍사스, 루이지애나, 미시시피, 앨라배마

- 남서부: 애리조나, 네바다, 뉴멕시코

- 서부: 캘리포니아

이 지역은 온화한 기후와 급속한 경제 성장으로 인해 "태양이 빛나는 지역"이라는 의미에서 선벨트라 불리게 되었다. 선 벨트는 최근 들어 그 중요성이 대두된 지역으로 20세기 중반 이전에는 농업의 중심지로서 각광 받았던 지역들이다. 특히 좋은 기후를 바탕으로 목화나 담배 농사가 주요 산업이었기에 인구는 비교적 적었고, 산업화가 느리게 진행되었다. 하지만 2차 세계대전 이후 넓

은 대지를 사용하기 좋은 군사 산업, 우주 항공 산업, 자동차 산업 등이 급속히 성장하고 자리잡게 되면서 선 벨트 지역의 경제는 크게 확장되었다. 익히 알려진대로 텍사스와 휴스턴은 국방이나 항공 산업의 요지가 되는 주로 알려져 있으며, 케이프 커내버럴 우주군 기지가 위치한 플로리다 역시 매우 중요한 공군의 요지로 주목받고 있다. 피닉스가 위치한 애리조나도 마찬가지이다. 이 지방은 지역적으로 멕시코나 라틴 아메리카가 가까운 장점이 있어 이민자들의 유입을 통해 곧바로 노동시장의 확대를 가지고 왔으며, 80년대 이후부터는 IT 및 첨단 산업의 중심이 되어 테크 산업이 성장해 나갔다. 대표적으로 실리콘밸리가 캘리포니아에 위치하며, 삼성전자 반도체 공장이 위치한 오스틴 지구가 텍사스에 있다. 이와 더불어 대기업 제조업들이 값 싼 노동인구 유입을 위해 조지아나 앨라배마로 이동했고, 노스캐롤라이나의 경우 금융의 중심지로 부상했다. 한때 북동부나 중서부 지역이 제조업으로 각광 받았으나 현재는 넓은 남부로 이동하여 러스트 벨트로부터 선 벨트로 인구 유입이 꾸준히 진행되었던 것이다. 한편 텍사스와 애리조나에서는 이민 문제가 가장 큰 쟁점이었는데 트럼프는 국경 장벽 강화와 이민 규제 확대를 강조하며 보수적 유권자들에게 호소한 반면, 해리스는 이민자들의 권리를 보호하고 합법적 이민 과정을 간소화하겠다고 약속하며 다양한 유권자 층의 지지를 얻으려 했다. 특히 이 지역에서는 경제 성장과 기술 중심의 일자리 창출이 주요 관심사였는데 두 후보는 모두 이 지역에서 더 나은 경제적 기회를 약속하며 맞서고 있다.

2024년 대선에서 선 벨트가 중요한 이유는 선 벨트가 미국에서 가장 빠르게 성장하는 지역 중 하나이기 때문이다. 플로리다, 텍사스, 애리조나 등은 선거인단 수가 계속 증가하는 곳으로서, 2020년 인구조사 결과에 따라 텍사스는 선거인단이 2명, 플로리다도 1명 증가한 반면 러스트 벨트 지역(오하이오, 미시간, 펜실베이니아)에서는 선거인단이 줄어드는 경향을 보이고 있다. 하지만 단순히 선거인단이 늘어나는 추세에 있다고 해서 중요한 것이 아니라 선거에 중요한 변수가 되는 다수의 경합주를 포함하고 있기 때문이다. 선 벨트에 포함된 경합주로 꼽힐 가능성이 있는 곳은 무려 여섯 곳인데(애리조나, 조지아, 노스캐롤라이나, 플로리다, 네바다, 텍사스), 이 중 이번 대선에서 최대 경합주로 알려진 일곱 주 안에 네 곳이나 포함되어 있다. 2020년 대선에서는 조 바이든이 조지아와 애리조나를 뒤집으며 승리했지만, 2024년에는 이 지역의 표심이 다시 공화낭으로 돌아갔다. 특히 선 벨트 지역은 최근 유입된 히스패닉 유권자 비중이 높으며, 이들은 전통적으로 민주당 지지 성향을 보였으나 최근에는 공화당으로 이동하는 경향을 보이고 있어 훨씬 더 중요한 격전지로 꼽히는 것이다. 한편 캘리포니아, 애리조나, 플로리다 등의 집값 상승이 최근 유권자들의 경제적 불만을 키워오고 있는 상황에서 민주당에서는 이를 방어하기 위해 애쓰고 있는 반면, 공화당은 바이든 행정부의 경제 정책이 물가 상승을 초래했다고 비판하며, 보수적 경제 정책인 세금 감면 규제 완화를 강조했다.

 러스트 벨트Rust Belt는 미국 북동부와 중서부 지역을 포함하는 공업지대로, 과거에는 제조업과 중공업이 번성했지만 현재는 쇠퇴한 지역을 의미한다. 미시간 (디트로이트, 플린트), 오하이오 (클리블랜드, 톨레도, 신시내티), 펜실베이니아 (피츠버그, 필라델피아), 위스콘신 (밀워키, 매디슨), 일리노이 (시카고), 인디애나 (게리, 포트웨인) 등이 이 지역에 포함되는데 도시명을 보면 쉽게 알 수 있듯, 이 지역은 과거 미국 경제의 핵심 엔진 역할을 했던 곳이다. 하지만 그 명성도 이젠 옛말이 되어버렸는데 예를 들어, 디트로이트는 전통의 자동차 공장이 위치한 곳이었지만, 산업 내에서의 인공지능과 빅데이터 활용이 더욱 중요해지고 있는 상황에서 이에 대한 전문가 부족 문제, 환경 문제와 관련하여 전기차와 같은 친환경 차량 생산에서는 매우 뒤쳐지고 있는 도시로 전락해버렸다. 그러나 고무적인 것은 비록 1970년대 이후 제조업 쇠퇴로 인해 경제가 침체되어 외면 받던 도시였지만, 최근 들어 러스트 벨트의 노동자 계층이 정치적 변화를 이끄는 중요한 유권자 집단으로 떠오르고 있다는 사실이다.

러스트 벨트는 선 벨트와 달리 19세기~20세기 중반까지 미국 산업의 중심이 되었던 곳이었다. 그 명성대로 철강, 자동차, 중공업의 메카로서 피츠버그는 철강 생산 중심지, 디트로이트는 자동차 산업의 중심지로 번성했으며, 당시만 하더라도 현재의 선 벨트처럼 이민자와 노동자 계층의 증가로 유럽 이민자들이 대거 유입되어 제조업과 노동조합을 형성했던 것이다. 이를 바탕으로 1940~1960년대, 미국이 세계 경제를 주도하며 중산층 노동자 계층이 강력한 정치적 세력이 되었다 하지만 1970~1990년대부터 제조업의 쇠퇴로 인해 러스트 벨트는 몰락하게 되는데 이는 백인 전통을 고수하고는 있지만, 현실은 공장 폐쇄와 해외 이전으로 인해 낙후되었고, 기업들이 생산비 절감을 위해 중국, 멕시코 등 해외로 생산시설을 이전하며 산업 시설이 없어져 버리고 만 것이다. 더불어 로봇과 자동화 기술의 발전으로 기존 노동자들의 실직이 증가하였으며, 대량 실업으로 인한 인구 감소, 주택 가격 하락, 빈곤층이 증가하게 되었다. 러스트라는 단어는 '녹슨'이라는 뜻을 가지고 있는데, 공장과 철강 시설이 방치되며 지역 경제가 쇠퇴함을 상징적으로 표현한 곳이 바로 러스트 벨트인 것이다. 따라서 중산층 노동자 계층이 경제적 불안에 직면하며 기존 정치 엘리트에 대한 불신이 증가하였고 이것을 빌미로 2016년 트럼프가 미국 내 제조업의 부활을 공약하며 민주당의 텃밭이었던 러스트 벨트에서 돌풍을 일으켰던 것이다. 물론 조 바이든이 노동자를 위한 경제를 강조하며 펜실베이니아, 미시간, 위스콘신을 되찾아 승리하긴 했지만, 이 지역은 2024년 다시 경합주로 자리매김 하게 되었다.

러스트 벨트 중 펜실베이니아(20명), 미시간(15명), 위스콘신(10명), 오하이오(17명)가 주요 경합지로 포함 되었으며 이 지역은 특히나 민주당과 공화당이 박빙의 승부를 펼치는 지역이라, 어느 후보가 이 지역을 차지하느냐에 따라 대선 결과가 바뀔 수 있다. 특히 노동자 계층의 표심 변화를 주목해 봐야 하는데 앞서 언급했듯, 전통적으로 민주당을 지지해온 노동자 계층은 그동안 노동조합을 통해 강력한 영향력을 행사하며 민주당을 지지해 왔으나 그들의 염원과는 달리 민주당의 관심은 낙후된 이 지역이 아니라 실리콘밸리를 포함한 IT 신흥 테크놀로지 기업들이었다. 결국 이를 틈타 미국 제조업 부활과 일자리 되찾기 등의 구호로 러스트 벨트의 백인 노동자 계층을 트럼프가 대거 흡수하기에 이르렀고 2020년 바이 아메리칸Buy American 정책과 인프라 투자 확대 공약으로 바이든이 일부 표심을 회복하기는 했지만, 2024년에는 그 누구도 알 수 없는 지역이 되어버렸다. 이는 물가 상승, 이민 정책 등으로 인해 러스트 벨트 노동자들의 표심이 다시 흔들릴 가능성이 높다고 판단되었기 때문이다. 앞에서도 여러 번 이야기했지만, 이번 대선에서 첫 번째로 꼽히는 것이 바로 경제 이슈이다. 바이든과 해리스는 반도체 산업 투자, 친환경 제조업을 강조하며 제조업에 재투자할 것을 천명한 반면, 트럼프는 중국과의 무역전쟁 강화와 철강 및 석탄 산업 부활을 주장했는데 이러한 양당의 경제 정책은 러스트 벨트에 속한 백인 노동자 계층으로선 갈등이 될 수밖에 없는 선택지였다. 그 결과 선거 직전까지는 러스트 벨트 지역에서 트럼프가 한 발 앞서 나가는 듯한 모습을 보였는데, 이는 물가 상승(특히 식료품, 주거비, 의료비)이 유권자들의 불만을 초래했기 때문이었다.

이에 따라 대도시(디트로이트, 피츠버그, 밀워키)에서는 진보적 성향의 젊은층이 민주당을 지지하는 경향이 두드러진 반면 공업도시 외곽에서는 보수적인 백인 노동자가 공화당을 지지하는 경향을 보임으로써, 이 두 그룹의 투표율 차이가 선거 결과를 좌우할 가능성이 컸다. 이제 러스트 벨트는 단순히 쇠퇴한 공업지대가 아니라, 미국 대선의 승패를 결정짓는 전략적 요충지이며, 2024년 대선에서도 가장 치열한 경쟁이 펼쳐진 지역 중 하나인 것이다.

이처럼 선 벨트와 러스트 벨트는 각기 다른 정치적 정체성과 경제적 상황을 반영하며 이번 선거에서 상반된 선택을 보여주었다. 선 벨트에서는 젊은 세대와 이민자들의 지지가 중요한 변수가 되었으며, 러스트 벨트에서는 전통적 노동 계층의 표심이 승패를 좌우했다. 특히 선 벨트는 점차 더 다양한 정치적 색채를 띠며 민주당에 유리한 지형으로 변화하고 있는 가운데 예외적으로 텍사스와 같은 지역은 변함없이 보수적 기반을 유지하며 공화당의 견고한 지지 기반으로 남아 있다. 한편 러스트 벨트는 여전히 제조업과 노동계층의 지지를 얻는 후보가 승리하는 경향을 보이며 이번 선거에서도 이 지역의 선택은 대선 결과에 결정적인 역할을 했다. 이처럼 선 벨트와 러스트 벨트의 표심은 미국의 분열된 정치 지형을 확연히 반영하면서도, 동시에 통합과 변화의 가능성을 내포하고 있다. 이 지역에서 벌어진 치열한 경쟁은 단순히 대선 결과 이상의 의미를 지니고 있는데 이는 미국이 직면한 경제적, 사회적 갈등을 어떻게 해결할 것인가에 대한 근본적인 질문을 던지고 있기 때문이다. 따라서 이 두 지역의 선택은 미국의 미래를 결정하는 데 있어 매우 중요한 이정표가 되는 것이다.

PART.5

결정의 시간
선거일과 결과의 파장

결정의 시간; 선거일과 결과의 파장

01. 투표율과 민심의 판도

투표율, 각 후보의 지지층 분석

투표율은 선거 결과를 결정짓는 중요한 요인이며, 후보와 지지층 간의 관계는 투표율의 변화와 밀접하게 연결되어 있다. 카멀라 해리스는 자신의 정책과 캠페인을 통해 다양한 지지층을 겨냥하며, 투표율을 높이기 위한 전략을 적극적으로 펼쳤다. 왜냐하면 투표율의 증가가 일반적으로 해리스에게 유리할 것이라 판단되기 때문이었다. 2024년 대선에서 투표율은 팬데믹 이후 변화된 유권자 행동, 사회적 불안, 경제적 우려 등 복합적인 요인의 영향을 받았다. 특히, 젊은 세대와 소수 민족 집단의 투표 참여가 해리스 캠페인의 성공 여부를 좌우할 중요한 변수로 작용했다.

2020년 대선에서는 약 66.8%라는 높은 투표율이 집계 되었다. 2024년에는 투표율 증가를 위해 민주당과 공화당 모두 동원 전략에 집중했지만 그 모양새는 완전히 달랐다. 그것은 지지층이 다르게 분포하고 있기 때문이었다. 여성, 흑인 및 히스패닉 유권자, 젊은 세대, 도시 지역 거주자들이 해리스의 주요 지지 기반으로 지목되었는데, 특히 해리스는 젊은 세대의 참여를 촉진하기 위해 기후 변화, 교육비 부담 완화, 학생 대출 탕감과 같은 주제를 강조했다. 젊은 세대의 투표율이 중요한 이유는 이들의 투표율이 전통적으로 낮기 때문이며, 따라서 상대적으로 투표에 성실한 노년층에 비해 올라갈 투표율이 더 많은 쪽인 젊은층을 겨냥하는 것은 좋은 선거 전략이 될 수 있다. 그렇게라도 전체적인 투표율을 끌어올릴 수 있다면 해리스에게 유리하게 작용될 확률이 높아지기 때문에 해리스 캠페인은 소셜 미디어와 대중문화적 접근을 통해 젊은층의 투표 참여를 독려했다. 실질적으로 유명 인플루언서와의 협업, 온라인 캠페인, 캠퍼스 투어를 통해 젊은 층을 타깃으로 한 맞춤형 메시지를 전달하려는 전략이 해리스 캠페인에서 지속적으로 나왔다.

한편, 해리스는 여성 유권자, 특히 유색인종 여성의 지지를 받으며 여성 권리 및 재생산권 문제를 주요 캠페인 의제로 내세웠다. 여성 유권자들은 꾸준히 높은 투표율을 보였으며, 낙태권 보호와 평등 임금과 같은 주제는 해리스 캠페인의 핵심 메시지였다. 해리스는 여성 단체와 협력하고, 정책 토론에서 트럼프의 낙태 반대 입장을 공격하며 차별화된 이미지를 부각시켰으며, 낙태권 투표를 대선 투표와 동일한 시각에 진행시켜 여성이 좀 더 많은 투표를 할 수 있는 환경을 만들었다. 해리스의 정치적 배경은 흑인과 남아시아계 유권자들에게 상징적인 존재감을 부여하며 이들의 지지를 강화했는데, 흑인 유권자들은 민주당의 전통적인 지지층으로, 해리스는 투표 참여를 촉진하기 위해 흑인 커뮤니티 중심의 행사와 메시지를 강화했으며, 경찰 개혁, 형사 사법 제도 개선, 경제적 평등 문제를 통해 소수 민족 커뮤니티와의 연결을 공고히 하였다. 또한 지역별로 살펴보면 대도시 지역 유권자들 또한 민주당의 강력한 지지 기반이었다. 물론 해리스의 노력에도 불구하고 일부 지역에서는 대도시 젊은 층의 투표율이 기대에 못 미치기는 했지만, 젊은 세대와 소수 민족 유권자를 대상으로 한 접근은 그녀의 캠페인에서 중요한 부분을 차지했다. 투표율은 단순한 숫자가 아닌, 후보가 유권자와 얼마나 깊이 공감하고 그들의 요구에 부응했는지 보여주는 척도이며, 해리스의 캠페인은 이를 통해 민주당의 전통적 가치를 강화하는 동시에 새로운 지지층을 발굴하려는 시도를 이어나갔다.

트럼프는 해리스와 반대로 공화당의 전통적 기반인 농촌 지역과 보수적 주에서 강력한 지지를 받았기 때문에 이 지역의 투표율이 높아질 경우 트럼프에게 유리하게 작용할 수 있었다. 하지만, 상대적으로 도시 지역보다 농촌 지역이, 젊은 층보다 노령 층에서 투표율이 더 높게 나오는 경향이 짙으므로 투표율 자체를 높이는 것이 쉽지 않았다. 70%에서 80%로 올리는 것이 50%에서 60%로 끌어올리는 것 보다 더 어려운 건 너무나 당연한 이치였다.

전체 투표율이 높다고 해서 무조건 유리하다는 말을 하기가 어려운 또 다른 이유는 경합주에서 일반적으로 난전이 벌어지기 때문이다. 플로리다, 펜실베이니아, 미시간과 같은 경합주에서는 투표율 증가가 어느 후보에게 유리하게 작용할지 예측하기가 매우 어렵다. 이 지역에서는 경제, 이민, 교육 등 특정 쟁점에 대한 유권자 반응에 따라 중도층이 시시각각으로 변하기 때문에 투표율 증가가 해리스 또는 트럼프에게 모두 유리할 가능성이 있었다.

미국에서는 대선에 참여하기 위해 유권자 등록이 가장 먼저 필요하다. 그래서 투표율을 높이기 위해서 유권자 등록을 할 수 있도록 분위기를 형성해야 하는데, 이에 따라 민주당은 새로운 유권자 등록 캠페인에 집중하며 투표율 증가를 유도했지만, 등록된 유권자들이 실제로 투표하지 않기도 하고, 유권자로 등록하더라도 공화당의 후보를 지지해버릴 가능성도 배제할 수 없었다. 하지만 이러한 우려에도 불구하고 투표율이 낮은 젊은 층과 도시 지역 공략을 위해서 민주당은 어떻게든 투표율을 올려야만 했다.

결론부터 말하면, 최종 투표율은 64.5%를 얻었다. 이 투표율은 역대 대선 중에서는 높은 편에 속하는 투표율이었지만, 투표율에 비해 민주당에 만족스러운 결과를 가져오지 못했다. 그것은 단순히 민주당에 유리할 것이라 생각했던 도시 지역의 유권자들이 생각만큼 해리스를 지지하지 않았음을 의미했다. 단순히 투표 장려가 힘이 될 것이라고 생각했던 민주당으로서는 당혹스러울 수밖에 없는 결과였다.

2024 미국대선 결과

민주당 — 카멀라 해리스: 226명

공화당 — 도널드 트럼프: 312명

주	선거인단
알래스카	3
메인	3 / 1
버몬트	3
뉴햄프셔	4
워싱턴	12
몬태나	4
노스다코타	3
미네소타	10
위스콘신	10
미시간	15
뉴욕	28
매사추세츠	11
로드아일랜드	4
아이다호	4
와이오밍	3
사우스다코타	3
아이오와	6
일리노이	19
인디애나	11
오하이오	17
펜실베이니아	19
뉴저지	14
코네티컷	7
오리건	8
네바다	6
콜로라도	10
네브래스카	4 / 1
미주리	10
켄터키	8
웨스트버지니아	4
버지니아	13
메릴랜드	10
델라웨어	3
캘리포니아	54
유타	6
뉴멕시코	5
캔자스	6
아칸소	6
테네시	11
노스캐롤라이나	16
사우스캐롤라이나	9
워싱턴 D.C.	3
애리조나	11
오클라호마	7
루이지애나	8
미시시피	6
앨라배마	9
조지아	16
텍사스	40
플로리다	30
하와이	4

승자독식제로 해당 주에서 가장 많은 선거인단의 표를 얻은 후보가 해당 주의 모든 표를 획득.
(메인, 네브래스카주 제외. 메인은 2개 선거구에서 각 1명, 네브래스카는 3개 선거구에서 각 1명 배정.
각 주 전체 1위 후보에게 선거인단 2명씩 배정)

이번 선거에서 드러난
새로운 유권자 트렌드

　2024년 미국 대선은 여러 가지 전통적인 판단들이 많이 어긋났던 대선이었다. 기본적으로 보수와 진보를 나눌 때 기득권층이 보수를, 개혁과 변화를 이야기하는 세력이 진보 진영으로 분류되는데 기득권층은 무언가를 바꾸기 보다는 그들이 지켜왔던 것을 계속해서 지켜 나가자는 경향이 강하다. 그도 그럴 것이 환경의 변화는 기득권을 잃기 좋은 상태가 되기 때문이다. 하지만 이번 대선에서 매우 뚜렷하게 드러났던 것은 고학력 민주당 선호 세력이었다. 우리나라에서 소위 말하는 강남 좌파와 비슷한 느낌이라고 볼 수 있을 것 같은데, 대졸 이상 학력을 가진 유권자들이 민주당 후보를 지지하는 경향이 점점 더 강화되고 있으며 특히 도시 및 교외 지역에서 고학력 여성 유권자들이 민주당을 선호하는 경향이 발견되고 있었다. 이들은 낙태권, 기후 정책 등에서 공화당과 차별화된 입장을 지지하는 것이다.

　반면 상대적 저학력 유권자들은 경제적 불안정과 글로벌화로 인한 일자리 상실 우려로 공화당과 트럼프를 지지하는 경향이 강해졌다. 환경의 변화가 급격히 일어나기 원하지 않는 것이다. 그렇기에 미국 우선주의와 같은 경제 민족주의 메시지가 이들에게 어필되었고, 공화당은 이들의 지지를 유지하기 위해 노동 시장 및 이민 정책에서 강경한 입장을 취하고 있는 것이다.

　도시를 벗어난 교외 지역들은 과거 공화당의 핵심 지지 기반이었으나, 최근에는 더 중립적이고 유동적인 지역으로 변하고 있다. 교육 수준이 높은 교외 유권자들은 뜬구름을 잡는 것 같은 민주당의 접근 방식과 공화당의 극단적인 이슈 접근 방식에 대해 모두 비판적인 시각이며 이러한 변화는 특히 조지아, 애리조나, 펜실베이니아와 같은 경합주에서 선거 결과를 결정짓는 중요한 요인으로 작용했다.

가장 인상적이었던 부분은 이민자들의 선택이었다. 이민자들 중에서 가장 높은 비율을 차지하고 있는 히스패닉 유권자들은 가장 빠르게 성장하는 유권자 집단으로, 선거에서 점점 더 큰 영향력을 발휘하고 있다. 이들은 전통적으로 자신들의 이익을 대변하는 민주당을 주로 지지했으나, 최근 공화당으로의 이동이 관찰되고 있는데, 이는 트럼프와 공화당이 경제적 기회와 사회적 보수주의를 통해 히스패닉 유권자를 겨냥한 캠페인을 펼쳐왔기 때문이다. 앞서 언급했듯, 기 정착한 이민자들의 경우, 새로운 이민자를 받아들이자는 민주당의 정책 보다, 엄격한 심사를 거쳐 이민자를 받자는 공화당의 정책에 동조하는 사람들이 늘어나고 있는데 그것은 자신들의 이익을 대변하는 것이 이민자들이 늘어나는 쪽이 아니라 줄어드는 쪽이라는 판단 때문이었다. 새로운 이민자들이 생겨나면 그들은 대부분 기존 이민자들이 구축해 놓은 시스템에 들어오게 될 것이고, 기존 이민자들의 경쟁자가 될 수 있으므로 이미 합법적으로 미국의 시민이 된 이들은 다른 경쟁자가 생기는 것을 원하지 않게 되는 것이다. 한마디로 생존의 영역이라고 할 수 있다.

한편, 기존 정당에 대한 불신이 증가하면서 제3후보와 독립 유권자들의 중요성 역시 커지고 있다. 제3후보는 양당 체제에 불만을 품은 유권자들의 대안의 형태로 나타나는데, 특히 젊은 세대와 교육 수준이 높은 유권자들 사이에서 독립적인 행태를 취하는 케네디와 같은 후보들이 지지를 얻었다. 유권자들은 점점 더 소셜 미디어, 지역사회 운동, 시민 단체 등을 통해 정치에 참여하고 있으며 이는 전통적인 캠페인 방식보다 새로운 참여 형태가 선거에 영향을 점점 더 많이 미치고 있다는 것을 보여주었다. 이번 대선에서는 유권자들의 변화와 다원화된 선택이 선명하게 드러났으며, 이민자들의 모습처럼, 보다 자신의 이익에 맞게 움직이는 모습도 있었던 반면, 이율배반적인 투표 형태도 증가하고 있는 것을 찾아볼 수 있었다. 주로 중서부와 남부의 농촌 지역에 거주하며 제조업, 건설업, 서비스업에 종사하는 백인 블루 칼라 유권자들은 전통적으로 투표율이 낮은 경향을 보였었는데, 최근 들어 적극적인 정치 성향을 드러내고 있다. 과거에 미국의 중심에 있었던 백인의 정체성을 가지고 있음에도, 변방으로 밀려난 자신들은 국가의 중심이 되지 못했고, 그것이 트럼프의 미국 우선주의 America First와 경제적 민족주의 메시지를 통해 이들의 가슴을 뜨겁게 한 것이다.

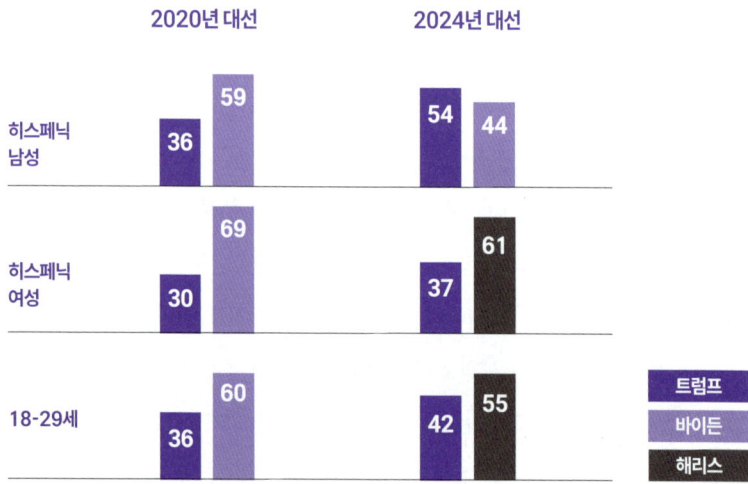

미국 대선 승부를 가른 집단별 지지율 변화
(단위:%)

결정의 시간; 선거일과 결과의 파장

02. 결과 발표의 순간

결과가 미친 즉각적인 반응과 사회적 분위기

2024년 미국 대선에서 도널드 트럼프가 승리를 거두면서 미국 내 반응과 사회적 분위기는 다소 뒤숭숭한 형태로 바뀌었다. 트럼프는 312명의 선거인단을 확보하며 해리스의 226명을 크게 앞섰다. 그는 2020년 민주당이 승리했던 6개 주요 경합주에서 모두 승리하며 압도적인 결과를 얻었고 트럼프의 본거지인 플로리다 마러라고 리조트에서는 축제 분위기가 연출되었다.

그러나 미국 사회 전반에 걸쳐 분열 양상도 동시에 나타났다. 보수 언론인 폭스뉴스는 트럼프의 당선을 인정하면서도 이번 선거로 미국 사회가 극심하게 분열되었다고 진단했다. 트럼프는 승리 연설에서 "미국 국민을 위한 장대한 승리"라고 선언했지만, 일각에서는 사회 통합의 필요성을 보다 강조하고 있다. 러시아, 중국, 북한의 위협이 고조되는 상황에서 미국의 단합이 시급하다는 목소리가 높아지고 있는 것이다. 전반적으로 트럼프의 승리는 미국 유권자들이 경제와 문화 측면에서 중용을 회복하려는 욕구를 반영한 것으로 분석되고 있다. 그러나 이번 선거 결과로 인해 미국 사회의 분열이 더욱 심화될 수 있다는 우려도 제기되고 있다.

트럼프의 승리는 미국 우선주의와 연관된 민족주의적 메시지가 재차 유효했음을 보여주며, 공화당 지지층이 정치적 복귀를 크게 기념하고는 있지만 민주당을 지지하는 쪽도 결코 적지 않다는 것이 문제이다. 이것은 마치 대한민국에서 2022년 대통령선거 때와 비슷한 모습을 보여주었다. 윤석열 대통령은 48.56%의 득표율로 2위인 이재명 후보의 47.83%보다 약 0.7%P 앞선 차이로 당선이 되었다. 절반의 국민들은 윤석열 대통령보다 이재명 후보를 더 원하고 있었다는 의미가 된다. 다시 본론으로 돌아와, 결과적으로 트럼프와 해리스가 선거인단에서 90여 명의 차이를 보이고 있기는 했지만, 이는 미국 선거제도의 특성상, 한 선거구에서 승리한 정당이 해당 선거구의 선거인단의 수를 전부 가져가기 때문이다. 즉, 전체 개표 결과 총 득표수에서 더 많은 득표를 얻었더라도 경합주 및 선거인단의 수가 많은 선거구에서 패한다면 선거에서는 질 수 있는 것이다. 선거 직전까지도 두 후보의 행방은 미지수였다. 미국 전체적인 분위기에서는 비슷한 정도의 지지율이 나타났었기 때문에 미국도 분열의 심화를 맛보고 있는 것으로 분석된다.

2024년 대선의 결과를 놓고 일부 지역에서는 항의 시위가 벌어졌고, 일부 단체에서는 선거 과정의 공정성에 의문을 제기하며 재검표를 요구하거나, 법적 소송 가능성을 언급하기도 했다. 특히 격차가 적은 경합주에서는 긴장감이 더 높아졌는데, 이렇듯 대선 결과가 미국 사회의 정치적 양극화를 더욱 부각시키고 있는 것이다. 이는 단순히 견해 차이 정도로 보는 것이 아니라 트럼프와 해리스 지지자들은 상대 진영을 민주주의에 대한 위협으로 간주하는 경향까지 생겼다. 트럼프는 농촌 지역 유권자(75%), 백인 유권자(56%), 대학 학위가 없는 백인 유권자(64%)에서 큰 지지를 얻은 반면, 해리스는 흑인 유권자(78%), 30세 이하 젊은 유권자(57%), 대학 학위를 가진 백인 유권자(55%)에서 큰 지지를 얻어 세대, 인종, 학력, 지리적 위치에 따라 완전히 양분된 것을 쉽게 파악할 수 있다. 또한 선거 과정에서 나타난 극단적 언행과 폭력 사태는 미국 사회의 분열 상태를 상징적으로 보여주는데, 이는 앞으로도 지속될 가능성이 높아 보이며 트럼프가 대통령이 된 이상, 이민, 총기 규제, 인종 문제 등 주요 사회 현안에 대한 정책 방향이 더욱 양극화 될 것으로 예상된다.

국외적으로도 무역 협상에 대한 재검토와 미국 우선주의로 인한 국제적 불확실성이 재 부각되면서 중동지역에서의 판세는 이란에게 불편하게 흘러가고 있고, 중국 및 동아시아의 기류 또한 이전과는 완전히 다르게 흐르고 있다. 특히 가장 큰 불편을 느끼는 것은 중국일 것이다. 수입 상대국 전반을 대상으로 10% 수준의 보편 관세 도입, 중국에 대한 추가 고율관세 부과 및 최혜국대우 MFN 철폐, 상호무역법Trump Reciprocal Trade Act 등이 실제 시행되면 훨씬 더 큰 혼란이 가중될 것으로 보인다. 전쟁 중인 우크라이나 역시 그렇다. 취임 열흘 만에 24시간 내에 전쟁을 끝내겠다는 트럼프의 말이 어떤 방식으로 진행될지는 모르지만, 아무래도 세계적 경찰국가로서 우크라이나에 지금까지 했던 대로 지원이 지속되지는 않을 것으로 판단되기 때문이다.

전문가들은 새 대통령이 단합과 통합의 비전을 제시하여 분열된 미국을 하나로 만드는 데 주력해야 한다고 강조하고 있다. 이러한 양극화 현상은 미국 사회의 안정과 민주주의의 건강성에 대한 우려를 낳고 있으며, 향후 정치적 갈등과 사회적 긴장이 지속될 가능성을 계속 높여 나갈 것으로 보인다.

트럼프의 승리 선언

트럼프의 2024년 대선 승리 연설은 그의 핵심 지지층과 보수적 아젠다를 강조하는 동시에, 자신을 반대하는 세력들에게도 일종의 화합의 메시지를 던지려는 노력이 담겼다.

트럼프는 플로리다주 팜비치 컨벤션센터에서 지지자들 앞에 등장해 제45대 그리고 제47대 대통령으로 당선되는 영광을 누리게 해준 국민들에게 감사하다고 말했다. 트럼프는 연설 시작부터 위대한 미국의 승리라며 자신의 지지자들과 선거 운동에 참여한 모든 사람들에게 감사를 표했으며, 그러면서도 자신의 슬로건인 "America First"를 다시 강조했다. 경제, 국방, 외교에서 미국 우선주의를 통해 국가를 더욱 강하게 만들겠다고 선언하면서 크게 세 가지 중점 사항들을 이야기 했는데, 첫째는 바로 국가 치유였다. 분열로 얼룩진 미국이 치유되도록 도울 것이라며 국경 문제 등 국가의 모든 문제를 해결하겠다고 약속했다. 둘째는 바로 미국의 번영이었다. 미국의 진정한 황금기가 도래할 것이라고 선언하며 강하고 안전하며 번영하는 미국을 만들겠다고 강조했다. 셋째는 국민에 대한 헌신이었는데 스스로 목숨이 다할 때까지 미국을 위해 최선을 다하겠다고 한 트럼프는, 미국과 미국민들의 가족, 미국의 미래를 위해 싸우겠다며 국민을 위해 전력을 다하겠다고 약속했다.

또한 트럼프는 이번 승리를 "미국 역사상 한 번도 경험하지 못한 정치적 승리"라고 표현하며, 공화당이 상원과 하원 모두에서 다수당이 될 것이라는 자신감을 드러냈다. 더불어 "약속한 것은 지킨다"는 좌우명을 언급하며, 미국을 다시 안전하고 강하고 번영하고 자유롭게 만들겠다고 강조했다. 이러한 트럼프의 승리 연설은 미국의 새로운 시대를 열겠다는 포부와 함께 국가 통합의 메시지도 담고 있었지만 그것이 현실에서 온전히 지켜질 지는 지켜봐야 할 문제이다.

트럼프는 자신의 논란 많은 정치 스타일에도 불구하고, 모든 미국인을 위한 대통령이 될 것을 약속했는데, 이는 자신을 지지하는 보수층 결집을 공고히 하며, 향후 강경한 정책 추진을 예고한 것으로 해석된다. 더불어 중도층과 반대층의 불안을 해소하기 위해 화합을 언급했지만, 이를 어떻게 극복해 나갈지에 대한 방법은 아직 밝히지 않았다. 또한 그의 정치적 신념과 리더십 스타일을 명확히 보여주며 미래의 도전에 대한 의지를 강조했으나, 과연 그의 메시지가 미국 사회의 분열을 완화하는 데 얼마나 효과적일지는 시간이 지나야 평가할 수 있을 것으로 보인다.

한편, 해리스 부통령은 모교인 워싱턴 DC의 하워드 대학교에서 연설을 통해 선거 결과를 공식적으로 인정했다. 그녀는 "우리는 선거 결과를 받아들여야 한다"는 말과 함께 도널드 트럼프 대통령에게 축하 전화를 했다고 밝히면서도 "미국 민주주의의 기본 원칙은 선거에서 지면 결과를 인정하는 것"이라며 과거 선거 조작을 언급했던 트럼프를 저격하는 듯한 발언도 잊지 않았다. 패배에도 불구하고 해리스는 "자유와 기회, 공정, 존엄을 위한 싸움, 이 나라의 중심에서 이 나라의 이상들을 위한 싸움, 미국을 대변하는 이상을 위한 싸움은 내가 결코 포기하지 않을 것"이라고 강조했으며, 트럼프 당선인과의 통화에서 평화로운 권력 이양과 모든 미국인을 위한 대통령이 되는 것의 중요성에 대해 논의했다고 밝혔다.

해리스의 승복 연설은 민주주의의 원칙을 존중하면서도, 향후 정치 활동에 대한 의지를 보여주는 대목으로 읽힌다. 이처럼 트럼프나 해리스 모두 미국의 화합을 원하는 모양새라는 것은 분명하나 실질적인 민심은 좁혀지지 않은 상태이며 이를 어떻게 수습하느냐에 따라 향후 미국의 정국이 갈릴 것으로 판단된다.

결정의 시간; 선거일과 결과의 파장

03. 미래를 향한 질문

새로운 대통령의
과제와 기대

　미국은 현재 당면한 다양한 과제들이 산적해 있다. 가장 시급한 문제라면 여전히 기승을 부리고 있는 인플레이션을 들 수 있는데 트럼프는 무엇보다도 경제 성장을 지속적으로 추진하며 물가 안정을 꾀해야 한다. 트럼프의 이와 관련된 정책에 따르면, 대규모 세금 감면 정책 확대와 규제 완화를 통해 경제 활력을 제고하는 것과 아울러 제조업 부흥을 위해 캠페인 '다시 위대한 미국' MAGA에 담긴 기조를 유지하면서 기존에 주장했던 화석 연료 산업 육성과 친환경 규제 완화를 먼저 실행할 것으로 보인다. 또한 현행 21%에서 최대 15%까지 법인세를 인하하고, 최고 소득세율을 37%로 유지하는 등 개인 소득세를 감면하며, 상속세 면제 한도 역시 1인당 1,361만 달러로 유지할 것으로 보인다. 그 결과 개인과 기업의 소득이 늘고 소비가 증진되며 투자가 활성화 될 것으로 기대하고 있다. 다만 인플레이션감축법 IRA의 경우 축소 또는 폐지 가능성이 엿보이는데, 그것의 해결 방안으로 화석연료 및 원자력 발전을 확대하고 신재생에너지 지원을 축소하며, 전략 석유 비축량SPR을 크게 보충할 것으로 알려졌다. 트럼프의 이러한 정책들은 미국의 국내 산업을 육성하는 방법이며, 미국 성장을 위한 사다리 역할을 할 것으로 판단된다. 물론 장기적인 방편이기보다 단기적 고육책에 가까울 수도 있겠지만, 이는 미국이 현재 당면하고 있는 글로벌한 불황의 시기를 어떻게 타개하려는 것인지가 명확히 드러나는 부분이며 미래의 먹거리를 걱정하기 보다는 당장의 밥벌이에 보다 집중하고, 그 탄력을 매개로 점프하겠다는 것이다. 다만 우려되는 것은 대규모 감세로 인한 재정적자가 확대될 것으로 예상되는데, 트럼프의 주장대로 이러한 감세가 성장을 통해 그 이상으로 돌아올 수 있다면 아주 만족스러운 결과를 얻을 수 있겠지만, 만약 생각만큼 경기부양책이 시장에서 먹혀 들지 않을 경우에는 미국의 윈나우Win-now 정책은 현재는 물론 미래도 잃게 되는 상황에 직면할 수도 있다.

또 다른 과제인 트럼프의 이민 정책은 다양한 계층에서 찬반 논란을 일으켰던 제법 핫한 이슈였다. 트럼프는 정책의 핵심인 국경 안보 강화를 공약으로 내세웠던 만큼 이를 보다 구체적으로 실행해야 할 필요가 있다. 기본적으로 트럼프 2기 행정부는 국경 장벽 건설 확대 및 국경 순찰을 강화하고 합법적 이민 절차 간소화와 불법 이민 단속 강화를 동시에 진행할 것으로 보이며, 더불어 그가 공언했던 대규모 추방 작전 또한 함께 실시할 것으로 예상된다. 이미 미국 역사상 가장 큰 규모의 추방을 실시하겠다고 언급한 만큼 대대적인 불법 이민자 속출에 들어갈 것으로 보이며, 이에 더해 불법 이민자 가족을 함께 구금하는 정책까지 재개할 예정이어서, 자녀가 미국 시민권이 있더라도 불법 이민자는 추방의 대상이 될 수 있기 때문에 이 부분은 인도주의적 관점에서 볼 때 다시 논란이 될 소지가 다분하다. 또한 트럼프는 불법 이민자가 아니더라도 미국에 거주하는 외국인에 대해서도 까다로운 절차를 거치게 만들 것이라고 했는데, 이는 유학생들의 미국 취업에 필수적인 H-1B 비자 발급이 축소될 것으로 예상되어 유학에서 선진을 달렸던 미국으로의 유학에 일부 제동이 걸릴 것으로 보인다. 그가 이런 정책을 실시하려는 이유는 미국 우선주의에 입각한 것인데 외국인 유학생 때문에 미국 내 대학생의 혜택이 줄어들고 있다는 판단 때문이다. 따라서 이와 같은 이민 정책이 실현될 가능성은 매우 크며, 이미 트럼프 1기 때 강경한 이민 정책을 주도했던 스티브 밀러가 백악관 정책 담당 부비서실장으로 발탁된 데다, 강경파 팀 호먼이 '국경 차르'로 지명되었기 때문에 강화된 법 집행을 통한 공공 안전과 국경 안보 개선에 초점이 맞춰질 것은 기정사실로 받아들여지고 있다.

이민에 관한 문제 외에 국제 무대에 대한 의견도 분분하다. 트럼프는 이미 규칙 기반 국제질서보다는 미국의 국익을 최우선으로 고려하는 정책을 펼칠 것이라고 밝힌 바 있다. 물론 트럼프 1기 때의 미국 우선주의는 동맹국과의 긴장을 초래한 면도 있지만, 기존과 같이 미국의 글로벌 리더십을 유지할 명분과 필요성도 분명 존재한다. 이에 따라 트럼프 2기에서는 트럼프 1기의 기조를 유지한 채 바이든 정부의 정책을 일부 혼합하여 밸런스가 잡힌 국제 역량을 펼칠 것으로 보인다. 또한 무역 협정 재협상을 통해 미국 경제에 유리한 환경을 조성하고 중국과의 관계에서도 경제 및 안보 문제를 중심으로 강경한 태도를 유지할 것이다. 언론에 노출된 바로는, 중국을 실존적 위협으로 규정하고 강도 높은 대중국 압박정책을 전개할 것이라는 의견을 피력했고, 모든 중국산 수입품에 최소 60% 관세를 부과하는 등 경제적 압박을 강화할 예정이라고 밝혔다. 군사적으로도 중국과의 충돌에 대비해 아시아 지역으로의 군사력 집중이 예상되는데, 이와 연관 지어 NATO 및 동맹국과의 관계를 재조정하여 방위비 분담금 문제를 재 논의할 것으로 보이며, 이 문제에는 분명 우리나라 역시 포함되어 있을 것으로 판단되기에 그 귀추가 주목되는 부분이다.

트럼프는 무엇보다도 미국 내 극심한 정치적, 사회적 양극화를 완화해야 하는 도전에 직면해 있다. 그는 승리 연설에서 국민적 통합의 필요성을 강조했고, 인종, 종교, 피부색, 신념과 관계없이 모든 시민을 위한 안전, 번영, 자유의 새 시대를 함께 열어갈 것이라고 밝혔다. 이는 분명한 사회 통합의 메시지임에는 분명하다. 그는 분명 미국의 절반에서만 이기는 것은 승리가 아니라고 말하며 함께 일어서지 않으면 무너진다고 언급했으며, 반대 의견을 범죄화하거나 정치적 의견 차이를 악마화해서는 안 된다고 강조했다. 하지만 트럼프의 이러한 발언에도 불구하고, 실제로 사회 통합이 쉽게 이루어질지에 대해서는 의문이 제기되고 있다. 특히 이민 정책 강화와 같은 일부 정책들은 오히려 사회적 분열을 심화시킬 수 있다는 우려가 있기 때문이다.

한편, 대통령 선거와 동시에 치뤄진 상하원 선거를 통해 상원에서는 공화당이 53석, 민주당이 47석으로 공화당이 과반을 차지한 상태이며 하원의 경우에도 공화당이 220석, 민주당이 215석을 차지하여 공화당이 의석수 과반을 가져간 상태. 이로써 공화당은 상원과 하원 모두에서 다수당이 되었고, 백악관까지 장악하여 '레드스윕' Red Sweep 을 달성한 상황이 되었다. 이는 트럼프 대통령 당선인의 정책 추진에 유리한 환경이 조성되었다는 의미이기도 하지만 의석수에서도 알 수 있듯, 공화당과 민주당의 차이가 그리 크지 않기 때문에 만약 트럼프의 정책이 진보적 가치와 충돌할 경우, 미국 내 반대 세력과의 갈등이 심화될 가능성이 충분히 높은 것이다.

이러한 숙제를 떠안은 트럼프 2기 정부는 2025년 초 기준으로 미국 내외의 다양한 과제를 해결해 나가며 그의 정치적 유산을 확립할 기회를 조성했다. 그는 미국 국민들 앞에서 경제적 안정과 국가 안보 강화를 약속했으며, 이를 실현하는 과정에서 미국의 미래를 결정짓는 중요한 국면에 서 있다. 그러나 양극화된 사회에서 그의 정책이 통합보다는 추가적인 분열을 초래할 가능성도 배제할 수 없으며, 그의 리더십이 이러한 도전을 얼마나 효과적으로 관리할 수 있을지에 따라 그의 2기가 평가될 것이다. 트럼프 지지층은 그가 경제 분야에서 강력한 리더십을 발휘해 가계 부담을 줄이고, 경제적 기회를 확대해 줄 것으로 기대하고 있으며, 특히 중산층과 노동계층은 세금 감면과 고용 확대 정책에 높은 기대를 걸고 있다. 지금까지 보여준 트럼프의 단호하고 직접적인 스타일은 보수층에게 신뢰를 주었고, 특히 국제 문제나 안보 위기 상황에서 강력한 리더십을 보여줄 것이라는 기대를 받고 있다. 이러한 상황들은 현재 미국 자체가 얼마나 불안정한 상태에 놓여있는지를 간접적으로 보여주는 지표일 수 있으며, 계속해서 언급하는 부분이지만, 미국의 정치적 상황은 우리나라의 그것과 매우 비슷한 모습을 보이고 있어, 더욱더 트럼프의 리더십과 우리나라의 상황들이 겹쳐 보이는 것이 사실이다.

미국의 정치적, 사회적 미래에 대한 전망

현재 미국의 정치적 양극화는 단기적으로 완화되기 어려운 상태이며, 주요 정당 간 정책 차이와 이념적 대립은 기존 지지층을 더욱 공고히 하는 방식으로 작용할 가능성이 높다. 이런 식으로 의회가 분열된 상태라면, 입법 과정은 더욱 어려워지고, 정부의 효율성에 대한 국민적 불신이 더욱 커질 수 있다. 이것은 트럼프가 아니라 해리스가 당선되었다 하더라도 마찬가지의 상황에 놓였을 것이라 판단되는데, 이에 따라 트럼프 2기 행정부는 정부 조직을 통제하기 위해 연방 정부 공무원을 정무직으로 전환하는 등의 개편을 추진할 것으로 예상되며 특히 FBI와 법무부 등을 대통령 직접 통제하에 두려는 시도가 있을 것으로 보인다.

경제 정책에서도 법인세 대폭 인하 등 친기업 정책이 추진될 것으로 예상되지만, 이러한 정책들은 경제 성장을 촉진할 수 있는 반면, 동시에 사회적 불평등을 심화시킬 수 있는 요인이 될 수 있다.

2024년 대선에서 트럼프는 전통적인 지지 기반을 넘어 다양한 인구 집단에서 지지를 얻었다. 특히 라틴계와 흑인 유권자들 사이에서도 지지율이 상승했는데, 이는 미국의 정치 지형이 변화하고 있음을 시사한다. 그렇지만 그것과는 별개로 인종, 성별, LGBTQ+ 권리 등 문화적 이슈는 여전히 미국 사회의 주요 갈등 요인으로 작용할 가능성이 크며, 특히 보수적 정책과 진보적 가치를 둘러싼 충돌이 격화되는데다 이민과 다문화적 배경을 가진 인구가 증가하고 있어, 이것은 미국이 직면한 문제들의 실타래가 계속해서 커지고 있다는 것을 반증한다. 따라서 경제적, 문화적, 정치적 분야에서 포용성을 확대하는 방향으로 유연하게 움직여야 할 필요성이 있다. 무엇보다도 소수 인종과 성소수자 커뮤니티의 영향력이 강화되면서, 미국의 사회적 정체성이 더 복합적이고 포괄적인 방향으로 변화할 수 있다는 것을 유념해야 하는데, 이러한 부분이 트럼프 정부에서는 희생될 가능성도 충분히 있다.

미국의 정치적, 사회적 미래는 트럼프 2기 행정부의 정책 추진과 이에 대한 사회 각계각층의 반응에 따라 크게 좌우될 것으로 보인다. 먼저 정치적 양극화 해소와 사회 통합이 주요 과제로 남아있지만, 실현 가능성이 낮아 우려되는 부분이며, 동시에, 새로운 기회와 가능성을 열어줄 변화하는 인구 구조와 세대 교체는 트럼프 2기를 기대하게 만드는 부분이기도 하다. 따라서 정치권, 기업, 시민 사회가 협력하여 보다 통합적이고 포용적인 사회를 만드는 것이 미국이 직면한 가장 큰 과제가 될 것이며, 이러한 과제를 해결하는 과정에서 미국은 전 세계의 변화와 혁신을 이끄는 중심축에 서게 될 것으로 보인다.

PART.6

USA

결론
분열의 시대에서 희망을 찾다

결론; 분열의 시대에서 희망을 찾다

이번 선거가 남긴 교훈

이번 선거에서 가장 큰 변화라고 할 수 있는 부분은 전통적인 지지 기반이 흔들리는 모습을 보였다는 것이다. 특히 라틴계와 흑인 유권자들 사이에서 트럼프의 지지율이 상승한 것은 주목할 만한 변화이며, 이민자들이 현실적인 판단을 하고, 백인 블루 칼라들이 이상적인 판단을 하고 있다는 것은 매우 이례적인 상황으로 보인다. 이러한 선거 결과로 인해 미국 사회의 분열이 더욱 심화될 수 있다는 우려가 일각에서 제기되고 있으며, 이는 향후 정치 지도자들이 사회 통합을 위해 적극적으로 노력해야 함을 시사한다. 한편 이를 다른 시각에서 보자면, 경제와 문화 측면에서 상상의 미국을 회복하려는 미국 유권자들의 강한 욕구가 트럼프의 승리로 이어졌음을 보여준 것으로도 해석될 수 있다. 이러한 해석이 가능한 이유는 높은 물가와 급진적인 젠더 이슈에 대한 반발이 트럼프 지지로 이어졌고, 백인 중심주의의 강력한 미국을 꿈꾸는 국민들이 늘어나고 있기 때문이다. 이것은 미국 국민들이 현실을 부정하고 있는 모습으로 보일 수도 있겠지만, 미국이 겪어 나가고 있는 어려움의 방증일 수도 있다.

이처럼 선거에서 유권자의 목소리는 결정적이다. 미국의 유권자들은 투표를 통해 경제 안정과 개인의 생계 문제를 최우선 과제로 삼고 있음을 보여 주었고 그 결과 인플레이션, 일자리 창출, 의료비와 같은 실질적 문제들이 표심에 결정적 영향을 미쳤으며, 문화적 이슈가 그 다음으로 중요한 사안 임이 드러났다. 인종, 성별, LGBTQ+ 권리 등 문화적 이슈 역시 선거에서 강력한 영향력을 발휘했는데, 이는 단순히 정책 논의 차원을 넘어 유권자들이 자신의 정체성과 가치를 정치적으로 표출하는 방식이 되었음을 보여준다. 특히 문화적 이슈의 주체인 젊은 유권자들은 기후 변화, 사회 정의, 교육 문제 등 진보적 의제에 높은 관심을 보이며 정치 참여를 늘렸다. 트럼프의 승리로 인해 그들의 정치 참여가 퇴색되는 부분도 존재하겠지만, 상기 문제들이 앞으로 선거 전략에서 더 큰 비중을 차지할 가능성이 생긴 것으로 본다면, 이러한 현상을 가벼이 여길 수는 없을 것이라 판단된다. 이번에는 특히 이민자 출신이나 소수 민족으로 구성된 유권자들이 선거 결과에 큰 영향을 미쳤다. 오히려 그들이 무조건 민주당을 지지할 거라고 생각했던 민주당 진영에서의 패착이 이 부분을 간과한 것이 아닐까 싶을 정도였다. 이는 점점 더 다양해지는 미국 사회에서 정치적 메시지가 보다 포괄적이고 접근 가능해야 함을 보여준다.

지지층의 변화와 함께 선거를 풀어가는 방식도 크게 바뀌어 가고 있다. 어느새 유권자와 후보 간의 직접적인 소통 채널로 자리 잡은 소셜 미디어는 긍정적인 캠페인 메시지 전달 뿐 아니라 허위 정보와 정치적 분열을 증폭시키는 도구로도 사용되고 있어 우려를 낳고 있다. 한편 전통적인 뉴스 미디어 또한 여전히 선거 담론을 형성하는 주요한 역할을 했지만, 젊은 유권자들에게는 영향력이 약화되고 있음이 현실로 드러났다.

유권자들은 정책의 세부 내용보다 후보자의 리더십 스타일, 공감 능력, 위기 대처 능력에 더 민감하게 반응했으며 이는 현대 선거에서 후보의 개인적 이미지 관리가 얼마나 중요한지를 보여준다. 유권자들은 흔들리는 미국을 위해 강력한 리더십의 필요성을 느꼈고, 트럼프의 과거 스캔들보다 실질적인 현실 대안이 더 중요하게 여겨졌다는 부분 역시 이번 선거가 남긴 매우 중요한 교훈이라 할 수 있겠다.

이번 대선은 미국 정치의 현재 상태를 반영하면서도 미래를 위한 중요한 교훈을 제공했다. 현재의 미국은 양극화의 심화와 새로운 세대의 부상이 공존하는 가운데, 유권자들은 실질적 문제 해결을 간절히 원하고 있으며, 정치권은 이에 응답하라는 형태로 진행된 대선이 아니었나 하는 생각이 든다. 따라서 앞으로의 미국 정치와 사회는 이러한 교훈을 바탕으로 더욱 포용적이고 효과적인 방향으로 나아갈 기회를 가지게 될 것이라 판단된다.

미국 정치의 변화를 바라보는 세계의 시선

'자타가 공인하는 가장 강력한 나라, 미국!' 이 명제엔 이견이 없다. 하지만 미국의 급변을 지켜보는 NATO 회원국들은 트럼프의 NATO에 대한 회의적 태도를 우려하여 동맹 공고화 방안을 모색하고 있으며 영국, 프랑스, 독일 등 유럽 국가 지도자들은 트럼프와의 협력 의지를 표명하면서도 조심스러운 태도를 보이고 있다. 반면, 중동으로부터의 기습을 허용해 눈총을 사고 있는 이스라엘의 네타냐후 총리는 트럼프의 승리를 "역사상 가장 위대한 귀환"이라고 열렬히 환영했고, 튀르키예의 에르도안 대통령 또한 양국 관계 강화와 세계 위기 해결에 대한 기대를 표명했다.

하지만 이러한 각국의 환영에도 불구하고 다자주의는 약화될 조짐을 보이고 있는데 이는 트럼프의 미국 우선주의 America First가 글로벌 협력과 다자간 협정을 축소시키는 경향이 있기 때문이다. 당연히 동맹국들은 미국의 역할 축소로 인한 국제적 공백을 우려하고 있다. 따라서 NATO와 EU와의 관계가 더욱 긴장될 가능성을 우려하여 프랑스를 주축으로 유럽연합군을 창설하는 등 독립적인 안보 전략을 강화하려는 움직임을 보이고 있으며, 한국과 일본은 북한 문제와 중국 견제를 위한 협력에서 미국의 의지가 약화될 가능성을 경계하고 있다.

하지만 한편으로는 트럼프로부터 '거래'라는 틀 안에서만 인정받을 수 있다면 오히려 안보적 문제를 해결할 수 있다는 시각도 있다. 트럼프는 동맹국들에게 방위비 분담금을 늘릴 것을 요구하면서도, 군사 협력을 유지하려는 입장을 취하고 있기 때문에 애매모호한 딜이 오가는 것보다는 차라리 합리적 선 안에서 안전한 군사우방국을 확실히 만들어 낼 수 있다는 명확한 가이드라인이 생기게 되는 것이다. 물론 우리나라의 경우 미국의 강경한 대중국 정책이 지역 안보에 긍정적 영향을 미칠 수 있다고 평가하고 있기도 하지만, 방위비 문제에 대한 것은 별개로 생각해야 할 것이라 본다.

이런 트럼프의 고립주의적 정책은 러시아가 국제 무대에서 영향력을 확대할 기회를 제공할 수 있다. 지금은 당연히 냉전의 시대가 아니지만, 미국이 경찰국가로서 활동이 커지면 러시아의 행태는 분명 제약을 받을 수 있다. 만일 미국의 개입이 줄어들 경우, 러시아는 중동과 중앙아시아에서 더 큰 전략적 입지를 확보할 수 있는데, 이것은 러시아에게 훨씬 더 큰 이익을 가져다 주는 상황이 될 수 있기 때문이다.

중동의 경우에도 그 모습이 엇갈리고 있다. 트럼프는 이란 핵 합의 JCPOA 복원을 거부할 가능성이 높으며, 이는 유럽과의 외교적 마찰을 야기할 수 있다. 반대로 그의 친이스라엘 정책은 이스라엘-팔레스타인 분쟁에서 평화 협상에 도움이 되지 않을 거라고 내다보고 있다.

이렇듯 트럼프의 재선은 미국의 외교와 경제 정책에 완전한 변화를 가져올 것으로 보이며, 이는 국제 사회와 각국 정책에도 심대한 영향을 미칠 것으로 전망된다. 미국의 입장에서 가장 염려되는 부분은 미국의 역할 축소가 다른 국가들, 특히 유럽연합, 중국, 러시아와 같은 주요 세력들이 국제 무대에서 더 큰 영향력을 행사하게 될 거라는 관측이다. 물론 중국의 경우 전면전을 펼쳐야 할 것으로 보이지만 어찌 되었든, 트럼프의 접근 방식은 국제 협력의 약화를 초래할 수 있으며, 이는 기후 변화, 무역, 안보 문제 해결에 있어서 협력의 어려움을 가중시킬 수 있다. 이처럼 세계는 새로운 국제 질서 속에서 조정을 요구 받을 상황에 놓일 수밖에 없는 것이다.

변화의 물결 속에서
희망을 모색하는 국민들

2024년 대선에서 도널드 트럼프가 재선에 성공하면서, 미국은 또 한 번 변화의 길목에 서게 되었다. 이번 선거 결과는 단순히 정치적 승리를 넘어 미국 사회의 깊은 양극화, 경제적 도전 그리고 국제적 정체성에 대한 질문을 드러냈는데 다행히 이러한 변화의 물결 속에서도 미국 국민들은 희망을 모색하며 새로운 방향성을 찾고 있다.

트럼프의 재선은 사실 많은 사람들을 논란의 중심에 서게 만들었다. 미국 우선주의America First 정책은 일부 유권자들에게는 매력적으로 다가왔지만, 동시에 국제적 동맹과 다자주의를 약화시킬 것이라는 우려를 낳았다. 이제 미국은 전 세계의 미국이 아닌 것이다. 이번 선거는 경제적 불평등, 문화적 갈등 그리고 글로벌 리더십 문제와 같은 미국 내부와 외부의 도전 과제 속에서 이루어졌기에 현재까지는 아무것도 해결된 것이 없다. 많은 미국인들은 여전히 자신들의 목소리가 제대로 반영되지 않는다는 불만을 가지고 있으며 트럼프는 이들의 불만을 이용해 대담한 약속과 직설적인 메시지로 지지층을 결집시켰다. 이제는 그가 이 모든 문제들을 하나하나 해결해 가야 할 과제만이 남아있다.

'위대한 국민'답게 미국 국민들은 변화 속에서 희망을 찾고자 한다. 이에 발맞춰 트럼프의 정책은 경제적 활력을 되찾는 데 중점을 두고 있으며, 이는 코로나19 팬데믹 이후 여전히 회복 중인 경제에 새로운 활력을 불어넣을 가능성이 높다. 특히, 에너지 독립과 제조업 부흥을 목표로 하는 그의 접근법은 일자리 창출과 지역 경제 활성화를 통해 지역 사회에 긍정적인 영향을 미칠 수 있을 것이며, 어쩌면 그의 재선은 미국의 국제적 역할을 재정의하는 계기가 될 수 있을 지도 모른다. 트럼프는 다자주의 대신 양자 협정을 강조하며, 미국의 이익을 최우선으로 삼겠다고 약속했다. 이러한 접근 방식은 기존의 외교 정책에 대한 대안을 제시하며, 글로벌 무대에서 미국의 새로운 역할을 실험할 기회를 제공하고 있는 것이다. 이것이 글로벌한 협력 대신 국가 이기주의의 혹은 양자주의 형태로 발현된다면 그것은 긍정과 부정을 떠나 새로운 세계 질서가 생길 것은 확실하다.

희망을 모색하는 과정에서 가장 중요한 과제는 분열을 극복하는 것이다. 트럼프의 재선은 미국 국민들에게 공동체로서의 정체성을 재정립하고, 새로운 사회적 계약을 맺을 기회를 제공할 수도 있다. 하지만 지지층과 반대층 간의 간극을 좁히기 위해서는 정책적 협력과 대화가 필수적이며, 특히, 교육, 헬스케어, 이민 문제와 같은 핵심 분야에서 공통된 해결책을 모색함으로써, 양측이 공유할 수 있는 가치를 발견할 필요가 있다. 이는 트럼프 행정부뿐만 아니라, 미국 국민 전체가 책임지고 나서야 할 과제이다. 변화는 필연적으로 갈등을 동반하지만, 이러한 갈등 속에서도 희망은 존재한다. 미국 국민들은 이제 자신들의 미래를 다시 한 번 선택해야 하는 시점에 서 있다. 이들은 최강국 미국으로서의 경제적 안정, 사회적 통합 그리고 국제적 리더십을 향한 새로운 길을 찾아야 한다. 트럼프의 재선이 가져올 변화는 단순히 한 사람의 리더십에 의해 결정되지 않으며, 그것은 미국 국민들의 집단적 의지와 행동에 달려 있다. 변화의 물결 속에서, 희망은 단지 더 나은 내일을 기다리는 것이 아니라, 그 내일을 함께 만들어가는 과정에서 발견될 것이다.

역사는 반복되며 정치는 진화해간다. 물론 그 진화의 주체가 누구냐에 따라 긍정적일 수도, 부정적일 수도 있으나 생물인 정치의 역동성만큼은 그 누구도 부인할 수 없을 것이다. 정치는 정치인과 유권자의 끊임없는 선택의 산물이며 누구를, 무엇을, 어떻게 선택하느냐에 따라 그 결과물은 그야말로 천양지차이다. 어느 시대를 막론하고 인간의 욕망이 정치를 통해 발현되어 왔지만 작금의 시대는 나를 위하는 것을 넘어 상대를 죽이려는 야욕이 정치에 편승해 도를 넘어서고 있다. 이는 미국 뿐 아니라 전 세계적 양상이며 이러한 야욕이 고도의 기술과 맞물려 더욱 파국으로 치닫는 모양새다. 이제 더는 이를 묵과해서는 안 되며 정치인이든 유권자이든 기본으로 다시 돌아가야 할 때이다. 나가 아닌 우리, 나만이 아닌 함께의 신념이 그 어느 때보다도 절실하며 이러한 기본이 다시 회복될 때 모두를 위한 선택이 곧 나를 위한 선택이었음이 증명될 것이다.

왈츠는 아직 끝나지 않았고 이제 막 새로운 댄서가 무대 위에 올랐다.

그는 부디 평화의 춤을 추기를 기대해 본다.

부록

USA

도널드 트럼프,
대통령선거 출마 선언 연설문

발표일: 22.11.15(현지시각)

    도널드 트럼프는 미국을 다시 위대한 국가로 만들겠다는 출마 선언으로 시작하였다. 이어 자신의 재임기간(17~21년) 동안 중국, 러시아, 북한에 대한 강경 정책, 에너지 독립, 강한 국경 보안에 따른 범죄 예방 등의 성과를 강조하였다. 이어 바이든 행정부를 비판하며 인플레이션, 이민자 문제, 에너지 가격 상승 등과 같은 현상을 언급하였다. 이어 자신이 다시 대통령이 되어야하는 이유로 미국을 다시 위대하게 만들겠다는 의지를 표명한 뒤 2024년 미국 대통령 선거 출마를 공식 선언하였다.

연설문 전문 (영문|한글) 비교

Well, thank you very much, and on behalf of Melania, myself and our entire family, I want to thank you all for being here tonight. It's a very special occasion at a very special place. You and all of those watching are the heart and soul of this incredible movement and the greatest country in the history of the world. It's very simple. There has never been anything like it, this great movement of ours. Never been anything like it and perhaps there will never be anything like it again. There's never been anything to compete with what we have all done.

여러분, 감사합니다. 오늘밤 저는 제 아내(멜라니아)와 저희 가족을 대표하여 이 자리에 함께해 주신 여러분 모두에게 깊이 감사드립니다. 오늘 이 순간은 참 특별한 자리입니다. 여러분들과 이 현장을 보고 계시는 모든 분들은 이 놀라운 운동과 전 세계 역사상 가장 위대한 나라의 심장이자 영혼입니다. 아주 단순합니다. 우리가 함께 만들어 낸 이 위대한 운동은 지금까지 한 번도 없었습니다. 전례가 없는 운동이며, 어쩌면 다시는 없을지도 모릅니다. 우리가 해낸 일과 겨룰 수 있는 것은 무엇도 없습니다.

출처:https://youtu.be/8tSYwJ1_htE?si=_yLgxlCKBnAQLkP2

Ladies and gentlemen, distinguished guests and my fellow citizens. America's comeback starts right now. Two years ago when I left office, the United States stood ready for its golden age. Our nation was at the pinnacle of power, prosperity, and prestige, towering above all rivals, vanquishing all enemies and striding into the future confident and so strong. In four short years, everybody was doing great. Men, women, African Americans, Asian Americans, Hispanic Americans, everybody was thriving like never before. There was never a time like this. We turned the page on decades of globalist sellouts and one-sided trade deals, lifted millions out of poverty, and together, we built the greatest economy in the history of the world. When the virus hit our shores, I took decisive action and saved lives and the US economy, and by October of the same year, America was roaring back with the number one fastest economic recovery ever recorded. How about that?

신사 숙녀 여러분, 귀빈 여러분, 그리고 동료 시민 여러분. 미국의 귀환은 지금 이 순간부터 시작됩니다. 2년 전, 제가 백악관을 떠날 때만해도 미국은 황금 시대를 맞이할 준비가 되어 있었습니다. 미국은 힘과 번영, 위엄의 정점에 있었으며, 모든 경쟁자를 압도하고 모든 적을 물리치며 강하고 자신감 넘치는 모습으로 미래를 향해 나아가고 있었습니다. 단 4년 만에 이룬 일입니다. 모두가 잘 해내고 있었습니다. 남성, 여성, 아프리카계, 아시아계, 히스패닉계 등 모든 사람들이 전례 없이 번영하고 있었습니다. 이런 시절이 전에는 없었습니다. 우리는 수십 년 동안 계속된 글로벌리스트[1]들의 배신과 불공정한 무역 거래에서 벗어났고, 수백만 명을 빈곤에서 구해냈으며, 함께 힘을 모아 세계 역사상 가장 강력한 경제를 건설했습니다. 그리고 코로나 바이러스가 우리나라를 강타했을 때, 단호한 조치를 취해 미국 국민의 생명과 경제를 보호했습니다. 그 해 10월, 미국이 가장 빠른 경제 회복세를 기록하며 다시 힘차게 비상하던 때입니다. 어떻습니까?

All of the incoming administration and all they had to do was just sit back and watch. Inflation was nonexistent, our southern border was by far the strongest ever, and because the border was so tight, drugs were coming into our country at the lowest level in many, many years. Importantly, after decades of rising energy costs, the United States had finally attained the impossible dream of American energy independence, which soon would've turned into energy dominance.

새로 온 행정부(바이든 행정부)가 해야 할 일은 그저 편하게 앉아서 지켜보면 되는 상황이었습니다. 인플레이션도 없었고, 우리 남부 국경도 역사상 가장 강력하게 보호되고 있었습니다. 국경이 철저히 통제되고 있었기에 마약의 유입율은 수년 만에 최저 수준까지 떨어졌습니다. 특히나, 수십 년간 계속된 에너지 가격 상승에도 불구하고, 미국은 불가능해 보였던 "에너지 독립"을 마침내 이뤘습니다. 곧 "에너지 패권"을 실현할 수 있는 단계에 도달하고 있었습니다.

---

1. (역주) 도널드 트럼프의 연설 맥락에서 Globalist는 미국을 희생시키는 국제 배신자들이며 다국적 기업과 국제 금융을 대변하는 기득권층으로 묘사되며 트럼프는 자주 미국의 이익을 옹호하는 애국자(Patriots)와 대비하여 Globalist를 사용하였다.

For the first time in memory, China was reeling and back on its heels. You've never seen that before because the United States was outdoing them on every single front, and China was paying billions and billions of dollars in taxes and tariffs. The farmers know that because they got 28 billion of it. No president had ever sought or received $1 for our country from China until I came along, and we were getting hundreds of billions of dollars. Many people think that because of this, China played a very active role in the 2020 election. Just saying, just saying. Sure that didn't happen. Instead of jobs and factories leaving America for China, they were for the first time ever leaving China for America. Businesses were pouring back because of our historic tax and regulation cuts, the biggest in both categories in history, bigger even than what Ronald Reagan was able to produce and he produced a lot.

제 기억에 처음으로 중국이 흔들리며 궁지에 몰렸습니다, 전에는 없었던 일입니다. 미국이 모든 분야에서 중국을 앞지르며 중국은 수십억 달러를 세금으로, 관세로 내고 있었습니다. 농업을 하시는 분들은 잘 아실 겁니다. 그 돈 중에 280억 달러를 받으셨거든요. 제가 대통령이 되기 이전에는 그 어떤 대통령도 중국으로부터 단 1달러도 받아내려 한 적이 없었습니다. 그러나 저는 수천억 달러를 받아냈습니다. 많은 사람들이 분석하기로 어쩌면 그래서 중국이 2020년 대선에서 적극 개입을 했을 거라고도 생각합니다. 물론 그냥 하는 말입니다, 그냥 하는 말이에요. 물론 그런 일은 일어나지 않았겠죠. 일자리와 공장이 미국을 떠나 중국으로 갔던 시절과 다르게, 사상 처음으로, 중국에서 떠나 미국으로 일자리가 돌아오고 있었습니다. 사상 최대 규모의 세금 감면과 규제 완화를 했고 그 덕분에 기업들이 다시 미국으로 몰려들었습니다. 역사상 가장 큰 감세였으며, 로널드 레이건 대통령의 규모보다 더 컸습니다. 레이건 대통령도 매우 적극적인 감세 정책을 하셨지요.

China, Russia, Iran and North Korea were in check and they respected the United States, and quite honestly, they respected me. I knew them well. I knew them well. The vicious ISIS caliphate, which no president was able to conquer, was decimated by me and our great warriors in less than three weeks, and Al-Baghdadi, its founder, was hunted down and killed. North Korea had not launched a single long range missile since my summit with Chairman Kim Jong-un nearly three years before we developed a relationship, and that's a good thing, not a bad thing. It's a good thing. Very good thing actually, because look at what's happening today.

중국, 러시아, 이란, 그리고 북한은 미국의 통제 아래 있었으며, 미국을 존중했고, 더 솔직히는 저를 존중했습니다. 왜냐하면 저는 그들을 잘 알고 있었거든요, 정말 잘 알고 있었죠. 그리고 어떤 대통령도 무너뜨리지 못했던 악랄한 ISIS 칼리프국도, 제가 우리 위대한 전사들과 단 3주 만에 섬멸해냈고, 알바그다디를 끝까지 추적해서 사살했습니다. 또한, 제가 북한 김정은 위원장과 정상회담을 하고 관계를 형성한 이래 3년 동안 북한은 단 한 발의 장거리 미사일도 발사하지 않았습니다. 그러니 나쁜 일이 아니라 좋은 일이죠, 정말 좋은 일이었죠. 오늘날 벌어지고 있는 상황을 보시면 알 수 있으실 겁니다.

My opponents made me out to be a war monger and just a terrible person who would immediately go into war. They said during the 2016 campaign that if he becomes president, there will never be a war within weeks and we will have wars like you've never seen before. It will happen immediately, and yet, I've gone decades, decades without a war. The first president to do it for that long a period. The world was at peace, America was prospering, and our country was on track for an amazing future because I made big promises to the American people, and unlike other presidents, I kept my promises. I kept them.

저를 반대하던 사람들은 제가 전쟁광(war monger)이고, 대통령이 되면 곧바로 전쟁을 일으킬 거라고 모함했습니다. 2016년 대선 때죠. "트럼프가 대통령이 되면, 몇 주 안에 전쟁이 터질 것이고, 우리가 본 적 없는 엄청난 전쟁이 즉각 벌어질 것이다!"라고요. 하지만 보십시오. 저는 대통령이 되고 단 한 번도 전쟁을 일으키지 않았습니다. 그리고 그렇게 긴 기간 동안 전쟁을 하지 않은 최초의 대통령입니다. 제가 대통령일 때 세계는 평화로웠고, 미국은 번영하고 있었습니다. 우리 국가는 위대한 미래를 향해 나아가고 있었습니다. 왜냐하면 제가 미국 국민들에게 약속을 했고, 그 약속을 지켰기 때문입니다. 다른 대통령들은 약속을 하고도 지키지 않았습니다. 하지만 저는 달랐습니다. 저는 그 약속을 지켰습니다.

Thank you very much. Under our leadership, we were a great and glorious nation, something you haven't heard for quite a long period of time. We were a strong nation, and importantly, we were a free nation. But now, we are a nation in decline. We are a failing nation. For millions of Americans, the past two years under Joe Biden have been a time of pain, hardship, anxiety and despair. As we speak, inflation is the highest in over 50 years, gas prices have reached the highest levels in history, and expect them to go much higher now that the strategic national reserves, which I filled up, have been virtually drained in order to keep gasoline prices lower just prior to the election. Joe Biden has intentionally surrendered our energy independence. There is no longer even a thought of dominance and we are now begging for energy help from foreign nations, many of whom find us detestable.

(관중의 박수 후) 감사합니다. 우리의 지도력 아래, 미국은 위대하고 영광스러운 나라였습니다. 여러분, 이런 말을 들어본 지 꽤 오래되었을 겁니다. 우리는 강한 나라였고, 무엇보다 자유로운 나라였습니다. 그러나 지금, 우리는 쇠퇴하는 국가가 되었습니다. 우리는 실패한 국가가 되었습니다. 수백만 명의 미국인들에게 지난 2년간은 고통과 시련, 불안과 절망의 시간이었습니다. 인플레이션은 50년 만에 최고치를 기록하고 휘발유 가격은 역사상 가장 비싸졌지만 더 비싸질 예정입니다. 왜냐하면 제가 가득 채워둔 전략 비축유가 선거 직전 휘발유 값을 내리려고 거의 소진되었기 때문입니다. 조 바이든은 의도적으로 우리의 에너지 독립을 포기했습니다. 이제는 에너지 패권(dominance)이라는 개념조차 사라져, 우리 미국을 경멸하는 나라들에게 에너지를 구걸하는 신세가 되었습니다.

Our southern border has been erased and our country is being invaded by millions and millions of unknown people, many of whom are entering for a very bad and sinister reason, and you know what that reason is. We will be paying a big price for this invasion into our country for years to come. Hundreds of thousands of pounds of deadly drugs, including very lethal fentanyl, are flooding across the now open and totally porous southern border. The blood soaked streets of our once great cities are cesspools of violent crimes which are being watched all over the world as leadership of other countries explain that this is what America and democracy is really all about. How sad. The United States has been embarrassed, humiliated, and weakened for all to see. The disasters in Afghanistan, perhaps the most embarrassing moment in the history of our country, where we lost lives, left Americans behind and surrendered $85 billion worth of the finest military equipment anywhere in the world. And Ukraine, which would have never happened if I were your president, are something… And even the Democrats admit that. That's something I've seen them admit over and over again. But our enemies are speaking of us with scorn and laughter and derision because of those two events, but there are many more. Even just today, a missile was sent in, probably by Russia to Poland, 50 miles into Poland, and people are going absolutely wild and crazy and they're not happy. They are very, very angry. Now, we have a president who falls asleep at global conferences, was held in contempt by the British parliament over Afghanistan. Thanks to the words of wisdom he said, thank you to the wrong country for inviting him to a major summit on the environment of all things. They fly for days to get there and then he calls the country a name that was actually a country on another continent, and he is leading us to the brink of nuclear war, a concept unimaginable just too short years ago. You cannot mention the nuclear word. It's too devastating.

게다가 남쪽 국경은 사라졌고, 수백만 명의 정체불명의 사람들이 침입하고 있으며 그 중 많은 이들이 매우 나쁘고 사악한 목적을 가지고 있습니다. 여러분도 그 목적이 무엇인지 알고 계시죠. 결국 여러 해 동안 큰 대가를 치르게 될 것입니다. 지금도 수십만 파운드의 치명적인 마약, 특히 매우 위험한 펜타닐이 완전히 뚫린 남쪽 국경을 통해 홍수처럼 유입되고 있습니다. 한때 위대했던 우리의 도시들은 피로 얼룩진 거리가 되어버렸고 지금은 폭력 범죄가 들끓는 오물통이 되었습니다. 그리고 세계 곳곳에서 이 장면을 지켜보며, 각국의 지도자들이 이것이 미국과 민주주의의 실체라고 말합니다. 슬픈 일이지요. 온 세계가 지켜보는 가운데 미국이 망신 당하고, 굴욕을 겪고 나약해졌습니다. 아프가니스탄에서 벌어진 사태는 아마도 우리 역사상 가장 수치스러운 순간일 것입니다. 미국 시민의 생명을 잃었고, 미국 시민들을 남겨둔 채, 850억 달러어치의 최첨단 군사 장비를 그대로 넘겨주고 왔습니다. 그리고 우크라이나 사태—제가 여러분의 대통령이었다면 결코 벌어지지 않았을 입니다. 심지어 민주당도 인정하는 입니다. 몇 번을 인정하는 걸 봤습니다. 그러나 우리의 적들은 이 두 사건을 이유로 우리(미국)를 조롱하고, 비웃으며, 경멸하고 있습니다. 이 두 가지만이 아닙니다. 오늘만 해도 러시아가 발사한 것으로 보이는 미사일이 폴란드 영토 50마일(약 80km) 안쪽까지 침투했으며 사람들은 완전히 격분하고 매우 매우 화가 나 있습니다. 그런데 지금 우리는 어떤 대통령을 두고 있습니까?

국제 정상회의에서 졸고 있는 대통령, 아프가니스탄 사태로 인해 영국 의회에서 경멸을 받은 대통령입니다. 심지어 한 환경 관련 국제 정상회의에서는 초청국가를 잘못 부르는 실수를 했습니다. 그 분들은 며칠을 비행해서 그 자리에 오셨는데 대통령은 완전히 다른 대륙에 있는 나라의 이름으로 불렀습니다. 그리고 지금은 우리를 핵전쟁의 벼랑 끝으로 몰아가고 있습니다. 단 몇 년 전만 해도 상상조차 할 수 없었던 일이었습니다. 여러분, '핵'이라는 단어조차 입에 올려서는 안 됩니다. 그것은 너무나도 끔찍한 재앙이 될 것이기 때문입니다.

The Green New Deal and the environment which they say may affect us in 300 years is all that is talked about. And yet, nuclear weapons which would destroy the world immediately are never even discussed as a major threat. Can you imagine? They say the ocean will rise one eighth of an inch over the next 200 to 300 years, but don't worry about nuclear weapons that can take out entire countries with one shot. Something is wrong with their thinking. Under Biden and the radical Democrats, America has been mocked, derided and brought to its knees perhaps like never before. But we are here tonight to declare that it does not have to be this way, it does not have to be this way.

그리고는 그린 뉴딜(Green New Deal)과 환경에 대해서만 이야기하지요, 300년 후에 우리에게 악영향을 미칠 수도 있다면서요. 그런데, 정작 당장 세상을 파괴할 수 있는 핵무기는 주요 위협으로 조차 논의되지 않습니다. 상상이 가세요? 앞으로 200년에서 300년 사이에 해수면이 1/8인치(약 3mm) 상승할 것이라고 말하면서 한 방에 나라 전체를 날려버릴 수 있는 핵무기에 대해서는 걱정하지 말라고 합니다. 이 사람들 생각이 뭔가 잘못되었습니다. 조 바이든과 급진 좌파 민주당 아래에서 미국은 조롱당하고, 멸시 받고, 무릎 꿇었습니다. 아마도 이처럼 처참한 적은 없었을 것입니다. 그러나 오늘 밤, 우리는 더는 이럴 수 없다고, 절대 이럴 수는 없다고 선언하기 위해 이 자리에 모였습니다.

Two years ago, we were a great nation, and soon, we will be a great nation again. The decline of America is being forced upon us by Biden and the radical left lunatics running our government right into the ground. This decline is not a fate we must accept. When given the choice, boldly, clearly and directly, I believe the American people will overwhelmingly reject the left's platform of national ruin and they will embrace our platform of national greatness and glory to America, glory. Exactly one week ago, our citizens voted in the important midterm elections, and despite a ridiculously long and unnecessary period of waiting, far longer in fact than any third world country, just a short time ago, the Republicans won back control of the House of Representatives. And it was with a great Trump endorsed candidate, Congressman Elect Kevin Kylie, who is a fantastic person, a fantastic person, and I'm very happy it was his vote that did it. So we now won back, this happened just an hour ago.

2년 전, 우리는 위대한 국가였습니다. 그리고 머지않아, 우리는 다시 위대한 국가가 될 것입니다. 조 바이든과 급진 좌파 광신도들 때문에 미국은 쇠퇴하고 있으며, 우리 정부를 완전히 파멸시키고 있습니다. 그러나 이것은 우리의 운명이 아닙니다. 선택이 주어지면, 미국인들은 단호하고 분명하게, 좌파들이 나라를 망치는 정책을 거부할 것이라 믿습니다. 그리고 위대한 미국, 영광스러운 미국을 만들기 위한 우리의 정책을 받아들일 것입니다. 딱 일주일 전입니다. 중요한 중간 선거 투표가 있었습니다. 비록 우리 국민들이 터무니없이 긴 대기 시간을, 어느 제3세계 국가보다도 더 오래 기다려야 했지만, 바로 조금 전, 공화당이 하원을 탈환했습니다. 트럼프를 지지해주시는 케빈 카일리(Kevin Kiley) 하원 의원 당선자 덕분이었습니다. 그는 정말 훌륭한 인물입니다. 그리고 그의 결정적인 한 표가 역할을 했다는 사실이 무척 기쁩니다. 이제 우리는 하원을 되찾았고, 이 일이 바로 한 시간 전 일입니다.

Much criticism is being placed on the fact that the Republican party should have done better, and frankly, much of this blame is correct, but the citizens of our country have not yet realized the full extent and gravity of the pain our nation is going through and the total effect of the suffering is just starting to take hold. They don't quite feel it yet but they will very soon. I have no doubt that by 2024, it will sadly be much worse and they will see much more clearly what happened and what is happening to our country and the voting will be much different. 2024. Are you getting ready?

공화당이 더 잘 했어야 했다는 비판이 많았고, 그 중 상당 부분은 맞는 말씀입니다만, 우리 국민들께서는 아직 우리 나라가 겪고 있는 고통의 크기와 심각성을 완전히 깨닫지 못하셨는데 그 여파가 막 드러나고 있는 단계입니다. 아직은 크게 와 닿지 않을 수도 있지만, 머지않아 나타날 것입니다. 2024년이 되면 상황은 더욱 나빠질 것이고, 그때가 되면 우리나라에 무슨 일이 벌어졌는지 훨씬 더 분명히 알게 될 것이라고 확신합니다. 그러면 투표도 지금과는 아주 다를 것입니다. 2024년, 준비되셨습니까?

And I am too. I am too. I do want to point out that in the midterms, my endorsement success rate was 232 wins and only 22 losses. You don't hear that from the media. And this is an elegant night and an elegant place and I'm not going to use the term fake news media, so we're going to keep it very elegant. But you don't hear that from the media, but I think you will because people are starting to see what happened. That's some score, and in the primaries, was 98.6%, but they were still trying to blame me. And the reason for the success and that unprecedented success rate is that the Trump administration changed our nation on trade, on securing the border with the strongest, safest border ever in the history of our country, on Islamic terrorism. We had practically just about, not that I can think of, no Islamic attacks, terrorist attacks during the Trump administration, and in fact, we got along very well with the various countries, including coming up with the Abraham Accords. That's a great thing, the Abraham Accords.

저도 준비되어 있습니다. 저 역시 그렇습니다. 한 가지 제가 짚고 넘어가고 싶은 점은, 중간 선거에서 제가 지지한 후보들의 성적

입니다. 232승에 단 22패였습니다. 하지만 언론에서는 이런 사실을 다루지 않죠. 오늘 이 자리는 품격 있는 밤이고, 품격 있는 장소이니, '가짜 뉴스 미디어'라는 표현은 사용하지 않겠습니다. 아주 우아하게 가겠습니다. 하지만 언론이 이를 보도하지 않는 건 분명합니다. 그러나 결국엔 사람들이 점점 무슨 일이 벌어졌는지 깨닫고 있으니까요. 이건 대단한 성적입니다. 경선에서는 무려 98.6%의 승률이었고요. 그런데도 사람들은 저를 탓하려 했습니다. 이처럼 전례 없는 성공을 거둘 수 있었던 이유는 트럼프 행정부가 무역 정책을 바꾸었기 때문이고, 국경을 사상 최강의 안전한 상태로 만들었으며, 이슬람 테러에 대한 대응을 철저히 했기 때문입니다. 제가 기억하는 한, 트럼프 행정부 기간 동안 이슬람의 테러 공격은 없었습니다. 그리고 우리는 여러 국가들과 원만한 관계를 유지했으며, 특히 아브라함 협정(Abraham Accords)을 성사시켰습니다. 아브라함 협정은 위대한 성과였습니다.

But it's because of cutting taxes and cutting regulations at the highest level ever and on building the greatest economy. Anytime in the history of the world, there's never been an economy like we had just two years ago. Despite the outcome in the Senate, we cannot lose hope and we must all work very hard for a gentleman and a great person named Herschel Walker, a fabulous human being who loves our country and will be a great United States senator. Herschel Walker, get out and vote for Herschel and he deserves it. He was an incredible athlete. He'll be an even better senator. Get out and vote for Herschel Walker.

이 모든 것은 역대 최고 수준의 감세와 규제 완화, 그리고 역사상 가장 위대한 경제를 만들어낸 덕입니다. 우리가 불과 2년 전에 경험했던 경제 수준은 세계 역사 상 없었습니다. 상원의 선거 결과[2]에도 불구하고 우리는 희망을 잃을 수 없고, 우리는 한 사람을 위해 최선을 다해야 합니다. 그 사람이 바로 허셜 워커(Herschel Walker)입니다. 그는 훌륭한 인격을 지닌 애국자이며, 위대한 미국 상원의원이 될 인물입니다. 허셜 워커를 위해 투표해 주십시오. 그는 그럴 자격이 충분합니다. 그는 믿을 수 없을 정도로 뛰어난 운동선수였습니다. 하지만 그는 그보다 훨씬 더 훌륭한 상원의원이 될 것입니다. 나가서 투표하십시오. 허셜 워커를 위해 한 표를 행사해 주십시오.

We elected a group of incredibly talented America first leaders who will be stars of our party for many years to come. In the popular vote, another thing that's not discussed for the House, we must remember that Republicans won 5 million more votes, the largest margin in many, many years over the Democrats. 5 million more votes, that's a big thing. Breaking the Radical Democrats grip on Congress was crucial. So in other words, because of our great congressmen and all of our great congressmen and Congress

---

2.(역주) 트럼프는 2022년 11월 연설 당시, 중간 선거 결과로 공화당이 상원의 다수당을 차지하지 못한 현실을 인정하면서도, 조지아주의 투표가 아직 남아있었기 때문에 후보였던 허셜 워커를 위한 지지를 표명하였다. 그러나 결선 투표 결과 민주당의 라파엘 워녹이 승리하였고 워커는 낙선하였다. 트럼프가 공개적으로 지지를 표명하였음에도 선거에 패배하면서 트럼프의 정치적 영향력에 대한 일부 타격을 주었다.

women, we have taken over Congress. Nancy Pelosi has been fired. Isn't that nice? I told them, I said, "If you just keep a little bit lower standard, you're going to have a big victory." They said, "Let's win by 40 seats. Let's win by 50." I said, "If you win by two seats, be happy." But she's on her way to another country right now. She's been fired. But we always have known that this was not the end. It was only the beginning of our fight to rescue the American dream. And it's a word. You don't use two words. I don't want to be Joe. It's two words. American dream. That was not good what he did. There are a lot of bad things like going to Idaho and saying, "Welcome to the state of Florida." I really love it. In order to make America great and glorious again, I am tonight announcing my candidacy for President of the United States. Thank you. Thank you, all of you. Thank you. So many incredible friends and family here tonight. It's such a beautiful thing. Some people say, "How do you speak before so many people all the time." When there's love in the room, it's really easy, if you want to know the truth. Really, you ought to try it sometime. Together, we will be taking on the most corrupt forces and entrenched interests imaginable. Our country is in a horrible state. We're in grave trouble. This is not a task for a politician or a conventional candidate, this is a task for a great movement that embodies the courage, confidence, and the spirit of the American people. This is a movement. This is not for any one individual. This is a job for tens of millions of proud people working together from all across the land and from all walks of life. Young and old, black and white, Hispanic and Asian, many of whom we have brought together for the very, very first time.

우리는 미국 우선주의(America First) 원칙을 지닌 믿을 수 없을 정도로 유능한 지도자들을 선출했으며 이들은 앞으로 오랫동안 우리 당을 이끌어갈 빛나는 스타가 될 것입니다. 거의 언급되지 않는 사실이지만, 이번 하원 선거에서 공화당은 민주당보다 무려 500만 표를 더 얻었습니다. 이는 수십 년 만에 가장 큰 격차이며, 매우 중요한 의미가 있습니다. 급진적 민주당이 의회를 장악하는 것을 멈추는 것이 중요했습니다. 우리 훌륭한 공화당 의원들 덕분에 의회를 되찾았습니다. 낸시 펠로시는 이제 해고[3]되었습니다. 좋지 않나요? 저는 "조금만 낮춘 기준을 유지하시죠, 큰 승리를 거둘 겁니다."라고 말했습니다. 그들은 "40석 차이로 이기자. 50석 차이로 승리하자."고 했죠. 저는 말했습니다. "두 석 차이로 이겨도 만족하세요." 어쨌든 그녀(낸시 펠로시)는 이제 다른 나라로 향하고 있고 그녀는 해고되었습니다. 그러나 우리는 이것이 끝이 아니라는 사실을 알고 있습니다. 이것은 단지 시작일 뿐입니다. 미국의 꿈(American Dream)을 되찾기 위한 우리의 싸움은 이제 시작입니다. 그런데, '미국의 꿈'은 두 단어가 아니라 하나의 개념입니다. 저는 조 바이든처럼 헷갈리고 싶지 않습니다. 그는 참 많은 실수를 했죠, 아이다호에서 연설하며 "플로리다 주에 오신 것을 환영합니다."라고 말한 것처럼요. 저는 미국을 다시 위대하고 영광스럽게 만들기 위해, 오늘 밤 미국 대통

---

3. (역주) 2022년 중간선거에서 공화당이 하원 다수당을 차지한 결과 낸시 펠로시가 하원의장직에서 물러나게 된 것을 의미한다.

령 선거에 출마할 것을 공식적으로 선언합니다. 감사합니다. 정말 감사합니다.

오늘 이 자리에 함께해 주신 수많은 소중한 친구들과 가족들에게 감사드립니다. 참 아름다운 순간입니다. 사람들이 가끔 묻습니다. "어떻게 이렇게 많은 사람들 앞에서 연설하시나요?" 제가 말씀드리겠습니다. 방 안에 사랑이 가득하면, 정말 쉽습니다. 한 번 해보시면 아실 겁니다.

이제 우리는 부패한 세력들과 깊이 뿌리 박힌 기득권을 상대로 싸워 나갈 것입니다. 지금 우리나라는 심각한 위기에 처해 있습니다. 이것은 단순한 정치인이나 기존의 후보가 해결할 문제가 아닙니다. 이는 미국 국민들의 용기, 자신감, 그리고 정신을 담은 위대한 운동(movement)입니다. 이것은 단순히 한 사람을 위한 것이 아닙니다. 이 운동은 전국 각지에서 모든 계층의 수천만 명의 자랑스러운 미국인들이 함께하는 역사적 사명입니다. 젊은이와 노인, 흑인과 백인, 히스패닉과 아시아계까지—이 많은 사람들이 처음으로 한자리에 모였습니다. 우리는 함께합니다.

If you look at the numbers, if you look at what's happened with Hispanic, with African American, with Asian, and just look at what's happening, this is a party that has become much bigger, much stronger, much more powerful, can do much more good for our country. This is a job for grandmothers and construction workers, firefighters, builders, teachers, doctors, and farmers who cannot stay quiet any longer. You can't stay quiet any longer. You're angry about what's happening to our country. Our country is being destroyed before your very eyes. It's a job for every aspiring young person and every hard working parent, for every entrepreneur and underappreciated police officer who is ready to shout for safety in America. The police are being treated so badly. These are great people. They can straighten out the crime. They're the ones that know how to do it. We have to give them back their respect and their dignity.

여러분께서 숫자로 살펴보면, 히스패닉, 아프리카계 미국인, 아시아계 유권자들이 어떻게 변화했는지를 살펴본다면 지금 무슨 일이 일어나고 있는지를 보신다면, 우리 정당은 이전보다 훨씬 더 커졌고, 훨씬 더 강해졌으며, 훨씬 더 우리나라를 위해 많은 일을 할 수 있는 정당이 되었습니다. 이것은 더 이상 묵과할 수 없으셨던 할머님들, 건설 노동자, 소방관, 건축업자, 교사, 의사, 농부들을 위한 일입니다. 여러분, 더 이상 묵과해서는 안 됩니다. 여러분은 우리나라에서 벌어지고 있는 일들에 대해 분노하고 있습니다. 우리의 나라가 눈앞에서 파괴되고 있습니다. 이 일은 야망을 가진 젊은이들, 열심히 일하는 부모들, 기업가들, 그리고 인정받지 못하는 경찰관들을 위한 일이기도 합니다. 경찰들이 너무나 부당한 대우를 받고 있습니다. 미국의 경찰들은 훌륭한 사람들입니다. 범죄를 바로잡습니다. 어떻게 해야하는지 아는 분들입니다. 우리는 경찰에게 존중과 존엄성을 다시 돌려드려야 합니다.

This will not be my campaign, this will be our campaign all together because the only force strong enough to defeat the massive corruption we are up against is you the American people. It's true. The American people, the greatest people on earth. We love them all and we love both sides. We're going to bring people together. We're going to unify people. And it was happening in the previous administration, previous to the previous, and what was bringing them together was success. Prior to COVID coming in, the people that were calling me, you wouldn't believe it. People that were so far left, I figured they'd never speak to me and I would never speak to them. But our success was so incredible like never before. And then COVID started coming in from China. We call it the China virus. Some people call it other things. But it was devastating and we built it back and did an incredible job. But when people say Republicans or Democrats or liberals or conservatives, I say, "We could all get together." And we were doing that.

이 일은 저의 선거 운동이 아니라, 우리 모두의 운동입니다. 우리가 맞서 싸우고 있는 거대한 부패를 무너뜨릴 수 있는 유일한 힘은 바로 여러분, 미국 국민들이기 때문입니다. 그렇습니다. 미국 국민들, 이 세상에서 가장 위대한 국민들이지요. 우리는 모든 국민을 사랑하고 우리는 양쪽 모두를 사랑합니다. 우리는 사람들을 하나로 만들 것입니다. 우리는 국민을 통합할 것입니다. 바이든 행정부 이전,(즉 트럼프 행정부)에서는 이러한 통합이 이루어지고 있었습니다. 그리고 국민을 하나로 만드는 걸 성공했습니다.

코로나 이전, 저에게 연락을 해온 사람들이 있었습니다. 여러분은 믿기 어려울 겁니다. 정치적으로 저와 너무나 거리가 먼, 절대 저와 대화할 일이 없을 거라 생각했던 사람들이 저에게 연락을 했습니다. 그리고 저 역시 그들과 대화할 거라 생각하지 않았습니다. 다만 우리의 성공이 너무나도 놀라웠고, 전례 없는 수준이었습니다. 그리고 그때, 코로나가 중국에서 퍼지기 시작했습니다. 우리는 그것을 '중국 바이러스'라고 부릅니다. 어떤 사람들은 다른 이름으로 부르지만, 어쨌든 참 치명적인 일을 겪고 우리는 다시 일어섰고, 훌륭한 성과를 이루어냈습니다. 그래서 제가 "공화당이든 민주당이든, 진보든 보수든, 우리는 함께할 수 있습니다."라고 말하는 겁니다.

That was happening just prior because the success was greater than this country has ever had. We were leapfrogging China and leapfrogging everybody else and everybody wanted a piece of it. But just as I promised in 2016, I am your voice. I am your voice[4]. The Washington establishment wants to silence us, but we will not let them do that. What we have built together over the past six years is the greatest movement in history because it is not about politics. It's about our love for this great country, America. And we're not going to let it fail. I am running because I believe the world has not yet seen the true glory of what this nation can be. We have not reached that pinnacle, believe it or not. In fact, we can go very far. We're going to have to go far. First, we have to get out of this ditch. And once we're out, you'll see things that nobody imagined for any country. It's called the United States of America and it's an incredible place. We are Americans and we do not have to endure what has taken place in Washington D.C.

4.(역주) 트럼프가 2016년 대선에서 사용한 핵심 구호 중 하나로, 그는 2016년 당시 자신이 기성 정치 및 기득권층이 아니라 미국 국민의 목소리를 대표한다고 주장하였다.

바로 얼마 전까지 일어나고 있었습니다. 왜냐하면 우리가 거둔 성공이 이 나라가 역사상 경험한 그 어떤 성공보다도 위대했기 때문입니다. 우리는 중국을 뛰어넘었고, 다른 모든 나라를 앞질렀으며, 모두가 그 성공의 일부가 되고 싶어 했습니다.

2016년에 제가 약속했던 것처럼, 저는 여러분의 목소리입니다. 제가 여러분의 목소리입니다. 워싱턴의 기득권 세력이 우리를 침묵시키려 하지만, 절대로 당하지 않을 것입니다. 지난 6년 동안 우리가 함께 만들어온 것은 역사상 가장 위대한 운동입니다. 단순한 정치가 아닙니다. 우리가 이 위대한 나라, 미국을 사랑하는 마음에서 비롯된 것입니다. 그리고 우리는 이 나라가 망하도록 놔두지 않을 것입니다. 제가 출마하는 이유는, 이 나라가 지닐 수 있는 진정한 영광을, 아직 이 세상이 보지 못했다고 믿기 때문입니다. 우리는 아직 꼭대기에 오른 것이 아닙니다. 믿기 어려우신가요. 우리는 훨씬 더 높이 오를 수 있습니다. 아니, 반드시 더 올라야만 합니다. 우선, 지금 빠져 있는 구덩이에서 벗어나야 하지요. 그리고 빠져나온 후에는, 어느 나라도 상상조차 할 수 없는 엄청난 일을 보게 될 것입니다. 그것이 바로 미국이며, 위대한 곳입니다. 우리는 미국인입니다. 그리고 우리는 지금 워싱턴 D.C.에서 벌어지는 일들을 견뎌야 할 이유가 없습니다.

This is our country, our government, and the Carters of power, they're our Carters. They're not their Carters. These are our Carters. And we are coming to take those Carters back. So from now until election day in 2024, which will come very quickly, we'll go look at how time flies, look how fast it's all going. I will fight like no one has ever fought before. We will defeat the radical left Democrats that are trying to destroy our country from within, and likewise protect us all. We want to protect us. We have to be protected from all of those nations out there that are looking to destroy us from beyond our shores. There are lots of nations that hate us gravely. And that's the problem when they look at us in disarray like we are right now, when we go to them begging for oil and we have more liquid gold under our feet than they have or any other nation has, and we don't use it because we're going to them, it's crazy what's happening. We can't let it continue.

이 나라는 우리 나라이고, 정부도 우리 것입니다. 권력의 중심도 우리 것이지, 그들의 것이 아닙니다. 우리가 되찾으러 갈 것입니다. 이제부터 2024년 대선까지, 시간이 얼마나 빠르게 흐르는지 보십시오. 순식간에 선거일이 될 것입니다. 저는 그 누구보다도 강력하게 싸울 것이며 나라를 안에서부터 파괴하려는 급진적 민주당을 반드시 물리치고, 우리 모두를 보호할 것입니다. 우리가 우리를 지켜야 합니다. 바다 건너에서 우리를 무너뜨리려는 수많은 나라들이 있습니다. 그들은 우리를 심각하게 증오하고 우리가 혼란스러워 하는 모습을 보며 우리 나라를 조롱하고 있습니다. 지금 우리는 다른 나라에 석유를 구걸하고 있습니다. 우리의 발 밑에는 그들이 가진 것보다도 더 많은 '액체 황금[5]'이 있는데도 다른 나라에 가니까 우리의 것을 쓰지 않는 말도 안 되는 일이 벌어지고 있습니다. 이 상황을 계속 놔둘 수 없습니다.

5.(역주) 석유를 의미함.

Joe Biden is the face of left wing failure and Washington corruption. He had a big G20 dinner tonight. Everybody flew over to wherever they flew over, and guess what? He never showed up. They're still looking for him. What's going on? G20, I used to love that, the leaders. I used to make deals for our country like you wouldn't believe. It was one, give me the next one, give me the next one. And we got them to stop taking advantage of our country. Every nation took advantage of our country. We renegotiated deals with Mexico and Canada, USMCA. We got rid of the worst trade deal ever made, NAFTA, the worst trade deal ever made. That's why the farmers love Trump because we did a great job, but manufacturers also. And we restructured our terrible deal with terrible deal with Japan, and I did it with Prime Minister Abe, a great man who unfortunately, it's so sad, he was a great friend of mine, but a great man, loved his country so much.

조 바이든은 좌파의 실패와 워싱턴 부패를 상징하는 인물입니다. 오늘 밤 그는 G20 정상회의 만찬이 예정되어 있었죠. 모든 정상들이 먼 거리를 날아왔는데, 바이든은 나타나지 않았습니다. 아직도 그를 찾고 있다는데 대체 무슨 일이 벌어지고 있는 걸까요? G20, 제가 정말 좋아했던 회의입니다. 각국 정상들과 함께 우리 나라를 위해 엄청난 협상을 했죠. 하나 해결하고, 다음 것도 해결하고 또 해결하는 그런 식으로 다른 나라들이 미국을 이용하지 못하도록 했습니다. 모든 나라가 우리나라를 통해 이득을 봐왔습니다. 그래서 우리는 멕시코와 캐나다와의 협정을 재협상했고 USMCA(미국·멕시코·캐나다 협정)를 체결했습니다. 그리고 역사상 최악의 무역협정이었던 NAFTA(북미자유무역협정)를 폐기했죠. 이래서 농민들이 저를 좋아하시는 이유입니다. 우리는 농업 분야에서 훌륭한 성과를 거뒀고 제조업에서도 역시 마찬가지였습니다. 또 저는 일본 아베 총리와 함께, 형편 없던 무역협정을 재구성했습니다. 슬프게도 안타까운 일이 있었지만, 그는 (아베 총리) 저의 좋은 친구였고, 정말 훌륭한 인물이었으며 자신의 나라를 진심으로 사랑했던 인물입니다.

But we restructured and made it a really terrific deal, and with South Korea, so many other countries. And the best of all was what we did to China, we made an incredible deal. But after COVID, I don't even bother talking about it because the devastation that caused for the entire world was too much to bear. I will ensure that Joe Biden does not receive four more years. In 2020, our country could not take that. And I say that not in laughter, I say that in tears. Our country could not take four more years. It can only take so much. It's all very fragile to start off with. It can only take so much. In 2020, I received the largest number of votes of any sitting president in history by a lot. And we will do it again, but with even more votes this time.

우리는 이걸 재구성하여 훌륭한 협정을 만들었고, 한국을 비롯한 여러 나라들과도 마찬가지였습니다. 그 중에서도 중국과는 정말 놀라운 협정을 맺었습니다. 하지만 코로나19 이후로 저는 그 이야기를 꺼내지도 않습니다. 왜냐하면 팬데믹이 온 세상에 너무 감당하기 힘든 큰 피해를 가져왔기 때문입니다. 저는 조 바이든이 4년을 연임하지 못하도록 할 것입니다. 2020년에도 우리나라는 그걸 견딜 수 없었습니다. 그리고 이건 웃으며 하는 말이 아니라, 울면서 하는 말입니다. 우리나라는 4년을 더 버틸 수 없습니다.

처음부터 상황이 매우 불안정했으며, 감당할 수 있는 한계에 달했습니다. 2020년 선거에서 저는 현직 대통령으로서 역사상 가장 많은 표를 받았습니다. 그리고 이번에는 그 때보다 훨씬 더 많은 표를 받아 승리할 것입니다.

Many have noted that huge gains we have made with Latino voters, and I believe we will set even greater records with this crucial vote in 2024. The Hispanic voter, the Latino voter, has been unbelievable. Great people, very entrepreneurial people, and they want security. And everyone thought when I did the wall, I built the wall, and they thought, "Oh, that would hurt me with the Hispanic vote." No, it helped me because they understood. They wanted safety, they wanted security, and they understood the border better than anybody else. So they were amazed. And we started that trend and now we're continuing with that trend. You look at what we've done in Florida, what everybody's doing now in Florida and Texas, along the border in Texas, I won every single community. Governor of Texas called, great gentleman, just got reelected, and he said to me, "I'd like to talk to you for a second." Well, he said, "You've done something that nobody else has done. You've won every single area along the borders. It's the longest since reconstruction." I said, "Reconstruction? I guess you call that the civil War. That's what I call it. That's what I call it." Governor Abbott, very good man. And he is working hard, but it's horrible because what's happening is they're just sending hundreds of thousands of people right through his state, right through Arizona, right through all of the states. What's happening is they're coming up all of the states and we can't have it anymore.

많은 사람들이 우리가 라틴계 유권자들 사이에서 큰 지지를 받고 있다는 것을 주목하고 있습니다. 저는 2024년 선거에서 더 놀라운 기록을 세울 것이라고 믿습니다. 이 히스패닉 유권자, 라틴계 유권자들은 정말 대단했습니다. 위대한 분들이고, 무척 기업가들이고 무엇보다도 안전을 원하십니다. 처음 제가 국경에 벽을 세울 때, 모든 사람들이 그것이 히스패닉 유권자의 심기를 거스를 것이라고 말했습니다. 아뇨, 오히려 도움이 되었지요 왜냐면 그 분들은 이해했으니까요. 그 분들은 누구보다도 잘 이해하셨습니다. 그들은 안전과 보안을 원했고, 국경 문제를 그 누구보다도 잘 알고 계셨으니까요. 그리고 우리가 시작한 이러한 흐름이 지금도 계속 이어지고 있습니다. 플로리다에서 우리가 해낸 일들, 그리고 텍사스 국경 지역에서 일어난 변화를 보십시오. 저는 텍사스의 모든 지역에서 승리했습니다. 얼마 전, 텍사스 주지사가, 훌륭한 분이고 얼마전 재선에도 성공했습니다만, 그 분이 제게 전화를 했습니다. "대통령님, 잠시 통화할 수 있을까요?" 그러고는 "당신은 이제껏 누구도 하지 못 한 일을 하셨습니다. 국경 지역 모든 지역에서 승리하셨어요. 이건 재건 시대(Reconstruction) 이래 가장 큰 성과입니다." 저는 대답했어요 "재건 시대(Reconstruction)요? '시민 전쟁(Civil War)'을 말하신 거겠지요?"라고요. 저는 그렇게 부릅니다. 텍사스 주지사인 그렉 애보트(Greg Abbott)는 정말 훌륭한 분입니다. 열심히 활동하고 계시지만, 현재 벌어지고 있는 일은 끔찍합니다. 수십만 명의 사람들이 텍사스주를 거쳐서 아리조나를 지나 다른 모든 주로 들어오고 있습니다. 이들은 국경을 넘어 계속해서 올라오고 있으며, 더 이상 이걸 방치할 수 없습니다.

This campaign will be about issues, vision, and success. And we will not stop, we will not quit until we've achieved the highest goals and made our country greater than it has ever been before. And we can do that. We can do it. Our victory will be built upon big ideas, bold ambitions, and daring dreams for America's future. We need daring dreams. It is not enough merely to complain or oppose.

We don't want to be critics, we don't want to be complainers. I never wanted to be a critic. I never respected critics. They tell people what's wrong, but they can't do it themselves. We will win because we will fight with every measure of our strength and with every ounce of our energy to lift up the working men and working women of America and to restore the fabric of this nation. The radical left Democrats have embraced an extreme ideology of government domination and control. Our approach is the opposite, one based on freedom, values, individual responsibility, and just plain common sense. It's common sense. In two years, the Biden administration has destroyed the US economy, just destroyed it. With victory, we will again build the greatest economy ever. It will take place quickly. We will build the greatest economy ever. And if you remember, I did it twice. I did it before COVID and then handed off something where the stock market was higher than just prior to COVID coming in. And we did it twice and we will do it again, but this time we'll do it bigger, stronger, better than anybody can even imagine.

이번 선거 캠페인은 핵심 의제(issues), 비전, 그리고 성공에 초점을 맞출 것입니다. 우리는 멈추지 않을 것입니다. 포기하지 않을 것입니다. 우리는 반드시 최고의 목표를 달성하고, 미국을 그 어느 때보다 위대한 나라로 만들 것입니다. 그리고 우리는 그 목표를 이룰 수 있습니다. 반드시 해낼 것입니다. 우리의 승리는 위대한 비전, 대담한 목표, 그리고 미국의 미래를 위한 담대한 꿈 위에 세워질 것입니다. 우리에겐 담대한 꿈이 필요합니다. 단순히 불평하거나 반대하는 것으로는 충분하지 않습니다. 비평가가 되려는 것도 아니고 불평하려는 것도 아닙니다. 저는 결코 비평가가 되고 싶지 않고 비평을 존중하지도 않습니다. 왜냐하면 그들은 문제점을 지적하지만, 정작 아무 것도 해결하지 못하거든요. 우리는 반드시 승리할 것입니다. 왜냐하면 우리는 미국의 노동자들과 중산층을 일으켜 세우고, 이 나라의 기반을 다시 회복하기 위해 모든 힘과 에너지를 다해 싸울 것이기 때문입니다. 급진적 좌파 민주당은 정부가 모든 것을 지배하고 통제하는 극단적인 이념을 받아들였습니다. 그러나 우리의 접근 방식은 오히려 반대입니다. 자유, 가치, 개인의 책임, 그리고 상식에 기반한 정책을 추구할 것입니다. 상식적인 정책이죠. 바이든 행정부는 단 2년 만에 미국 경제를 완전히 파괴했습니다. 그러나 우리가 승리하면, 우리는 다시 한 번 역사상 가장 위대한 경제를 재건할 것입니다. 그것은 빠르게 이루어질 것입니다. 그리고 기억해주십시오. 저는 이미 두 번 해냈습니다. 첫 번째는 코로나 이전, 우리가 가장 강력한 경제를 만들었을 때입니다. 두 번째는 코로나 이후입니다, 저는 경제를 회복시키고, 주식 시장을 코로나 이전보다 더 높은 수준으로 만들었습니다. 그리고 우리는 다시 한 번 해낼 것입니다. 하지만 이번에는 더 크고, 더 강하고, 더 나은 경제를 만들 것입니다. 그 누구도 상상할 수 없을 정도로요.

And one of the beautiful things of the pause, if there is such a thing as a beautiful thing, but one of the important factors of the pause is that we see how bad they've done so we will be able to do it properly and it will be much easier. Everybody will agree with us because everybody sees what a bad job has been done during this two year period, and it will be a four year period. Everybody sees that it will be much easier for us to do what has to be done. We will immediately tackle inflation and bring down to a level that it was. We were at zero. But actually, the best number is 1%. Do you know that? You don't want it really zero. But we were at zero. We actually got it to exactly 1%. The perfect number. One thing every accountant agrees. Don't have it zero, have it at 1%. They even say one to two. But I said, "Let's do one." And we had it at 1% and we had it there for a long period of time and the value of the dollar, we had it so that this country could make a lot of money. And I fought other countries where they devalued their dollar or they devalued their currency, whether it was the pound or whether it was the won or the yen. And I used to fight like cats and dogs with the leaders of other countries because they were stealing from us when they did that.

'멈춤(pause)'이라는 게 아름다운 순간이 될 수 있는지는 모르겠지만, 한 가지 확실한 점은 그들이 얼마나 형편없는 결과를 만들었는지 우리가 볼 수 있었고 그래서 우리가 다시 정책을 추진할 때는 훨씬 더 쉽고, 제대로 할 수 있다는 점입니다. 모두가 동의할 것입니다. 지난 2년간 얼마나 형편없는 결과가 나왔는지를 모두가 보았고 앞으로 4년간 더 이럴 거라는 것을 말이지요. 우리가 해야 할 일을 하기가 훨씬 쉬워졌다는 걸 모두가 볼 겁니다. 우리는 인플레이션을 곧바로 잡아 낮출 겁니다. 우리의 숫자는 0이었고 가장 많아봐야 1%였습니다.(인플레이션을 의미) 여러분, 알고 계셨습니까? 인플레이션이 완전 0%가 되는 것은 오히려 바람직하지 않습니다. 하지만 우리는 1%에 딱 맞춘 적이 있습니다. 완벽한 숫자이지요. 회계사라면 누구나 동의할 것입니다. "완전한 0%보다는 1%가 가장 이상적이다." 어떤 사람들은 1~2%가 적당하다고도 말하지만, 저는 "1로 유지하자."고 했죠. 우리는 오랫동안 1%를 유지했으며, 달러의 가치 또한 매우 안정적으로 관리했습니다. 우리는 국가가 수익을 낼 수 있도록 만들었습니다. 반면, 다른 나라들은 고의적으로 환율을 조작하며 자국 통화를 평가절하했는데, 영국의 파운드화, 한국의 원화, 일본의 엔화 등이 그렇습니다. 저는 이러한 환율 조작을 막기 위해 다른 나라 지도자들과 치열하게 싸웠습니다. 왜냐하면 그들은 그렇게 하면서 미국으로부터 부당하게 이익을 가져가고 있었기 때문입니다.

They had artificial devaluations of their currency. It's a very important thing. I haven't even heard it mentioned in two years. That's a very important thing. It's very hard for us to compete when they do that artificially. And they had to pay a big price when they did it. And they never really did it for very long. I said, "We're not going to do business with you anymore as a country." And they believed me and they let it go back up. Instead of putting America last, as the Biden administration has done very, very openly and bravely, because I can't imagine saying, "Let's put America last," I think it takes courage, we will again put America first. Every policy. Thank you very much. We do love our country. That's why we're here. I didn't need this. I had a very nice, easy life. This is something I didn't need, and a lot of you people don't need either. But we love our country, we have to take care of our country, we have to save our country. Every policy must be geared toward that, which supports the American worker, the American family, and businesses both large and small, and allows our country to compete with other nations on a very level playing field, which we never had until I came along and the Trump administration came along, and now we're losing it. They're moving back into China, they're moving back into these other countries. It's horrible. That means low taxes, low regulations, and fair trade, much of which I've already completed, but now will even greatly enhance. Other countries should pay for the privilege of coming into the American marketplace. They have to pay to come into our country and make all of that money, take it away from us. And thanks to the Trump administration, still the best and the biggest country in the world is what we have. We have the best and the biggest. If you remember for many years, you can look in your projection books, China was going to take over from us as the largest economy of the world in 2018 or 2019. I said, I don't like that timing. And I was with President Xi, who's now president for life. I call him King. He said, "No, no, I'm not the king." I said, "Yes, you are the king. You're president for life, it's the same thing." But I said, "President, President, you can't do these things." Remember they had a China ;25. That means China was going to take over virtually the whole world economy by '25. I said, "That's not a nice sign. I don't want that sign." They took it down. They took down the whole slogan. Probably will be coming back at some point in the near future, but I found it very insulting. I said, I find that very insulting.

그 나라들은 인위적으로 자국 통화를 평가절하했습니다. 이건 굉장히 중요한 문제입니다. 그런데 지난 2년 동안, 이 문제를 언급하는 걸 들어본 적이 없습니다. 이건 정말 중요한 사안입니다. 우리가 공정하게 경쟁하는 것이 매우 어려운 이유가 바로 이것 때문입니다. 그들이 자국 통화를 인위적으로 절하하면, 우리는 불리한 조건에서 싸워야 합니다. 그래서 저는 그들에게 강하게 경고했습니다. "만약 당신들이 계속 이런 식으로 환율을 조작한다면, 우리는 더 이상 당신들과 거래하지 않겠다."

제가 그럴 걸 아니라 결국 그들은 통화 가치를 다시 올렸습니다. 그런데 바이든 행정부는 정반대로 행동하고 있습니다. 어떻게 "미국을 마지막으로(America Last)"라는 정책을 저렇게 대담하고 공개적으로 추진하고 있는지 저는 이해할 수 없습니다. 용기가 필요합니다, 우리는 다시 '미국이 먼저다(America First)'로 돌아갈 것입니다. 우리 정책의 모든 방향은 '미국 노동자, 미국 가정, 그리고 크고 작은 미국 기업을 보호하는 것'이어야 합니다. 미국은 다른 나라들과 공정한 경쟁을 해야 합니다. 트럼프 행정부가 들어선 이후 처음으로 미국이 갖춘 공정한 경쟁 환경을 지금은 다시 잃고 있습니다. 기업들이 다시 중국으로, 그리고 다른 나라들로 돌아가고 있습니다. 이건 정말 끔찍한 일입니다. 우리는 낮은 세금, 낮은 규제, 그리고 공정한 무역 정책을 유지해야 합니다. 저는 이미 많은 부분을 성사시켰지만, 앞으로는 이를 더욱 강화할 것입니다. 다른 나라들이 미국 시장에 들어와 돈을 벌고 싶다면, 그에 대한 대가를 치러야 합니다. 우리는 그들에게 미국에서 사업할 특권을 주고 있는 것인데, 왜 그들이 아무런 대가 없이 이를 누려야 합니까? 트럼프 행정부 덕분에, 미국은 여전히 세계에서 가장 크고, 가장 강한 나라입니다. 여러분도 기억하실 겁니다. 수년 동안 경제 전문가들은 '중국이 2018년 또는 2019년까지 세계 최대 경제 대국이 될 것'이라고 전망했습니다. 하지만 저는 그런 전망이 싫었습니다. 그리고 시진핑 주석과 직접 만나 이야기했습니다. 지금 그는 종신 주석(President for Life)입니다. 제가 그를 "왕(King)"이라고 부르니까 그가 "아니요, 저는 왕이 아닙니다." 하지만 저는 말했죠. "왕이 맞아요. 평생 대통령이잖아요. 그럼 왕이나 마찬가지이죠." 그리곤 말했어요. "대통령이면 이런 식으로는 하시면 안 되죠." 여러분 기억하시나요? 중국은 'China 2025'라는 전략을 내세웠습니다. 바로 2025년까지 중국이 사실상 세계 경제를 장악하겠다는 선언이었습니다. 저는 그걸 보면서 "이건 나쁜 징조야. 이건 안 좋은데"라고 했죠. 결국, 그들은 '중국 2025'라는 슬로건을 취소했고요. 물론, 아마도 다시 등장할 가능성이 크지만, 저는 그것이 굉장히 모욕적이라고 생각했습니다. 그래서 제가 그들에게 그렇게 말했고요.

On day one. We will end Joe Biden's war on American energy. And you will see when that happens, you'll see energy costs come down. And because energy is so big and so important, you will see inflation dropping, dropping, dropping, dropping. You will see it come down. It's the thing of beauty. And you wouldn't think it's that complicated. Now, what has been complicated a little bit is what's happened to so many other things. I believe originally started by this energy disaster. We were a dollar 87 a gallon for gasoline, and now it's hitting 5.67 and even $8 and it's going to go really bad. The socialist disaster known as the Green New Deal, which is destroying our country, and the many crippling regulations that it has spawned, will be immediately terminated so that our country can again breathe and grow and thrive like it should. It's very, very much hurting our country. Germany tried it. Germany tried it. They were up for about a year. Remember I sent to remember Angela? Do you remember Angela? Nobody's remembering her now. Angela Merkel. I sent her a white flag of surrender. She said, "But why? But why do you send this to me, Donald?" I said. "Angela, I sent it to you because this is a flag of surrender. You are getting 78% of your energy from Russia. And when that happens, history has proven that it's not good for Germany. Just take a look over the last 150 years, it hasn't been good." What I didn't know would take place so fast. And Germany closed. As you know, all of its coal powered plants and its nuclear plants. They closed everything. And now they're building coal plants and they're building them fast. And China's building a coal plant every week. Every week they open up another. And then they talk about all of the things that they do environmentally. They're watching us die with a green new deal with our windmills and with our solar that doesn't have the power to fire up our great factories and our great plants. They are watching us die. And they're laughing as it happens. Remember, economic security is national security, and that's what it is. We need economic security.

첫날부터 우리는 미국 에너지에 대한 조 바이든의 전쟁을 끝낼 것입니다. 그러면 바로 에너지 비용이 떨어지는 걸 보실 겁니다. 에너지는 매우 중요하고, 그것이 곧 물가 상승으로 직결되기 때문에, 에너지 비용이 내려가면 인플레이션도 같이 떨어질 겁니다. 그럼 정말 멋진 일이 될 것입니다. 사실 그렇게 복잡한 문제도 아닙니다. 그런데도 지금의 혼란은 결국 에너지 정책의 실패 때문입니다. 본래 가솔린(휘발유)이 1 갤런당 1.87달러였습니다. 그런데 지금은 5.67달러에서 8달러까지 치솟았고, 앞으로 더 오를 겁니다. 이게 다 조 바이든이 추진한 사회주의적 재앙, 그린 뉴딜(Green New Deal)과 수많은 규제 때문에 미국이 파괴되고 있습니다. 이 정책들은 즉시 폐지될 것이며, 그러면 미국은 다시 자유롭게 성장하고 번영할 것입니다. 이 정책들이 미국을 매우 손상시키는 일입니다.

독일도 같은 실수를 했습니다. 독일도 그린 뉴딜을 시도했고 불과 1년 만에 실패했습니다. 기억하시나요? 제가 독일의 앙겔라(메르켈 총리)에게 백기(항복 깃발)를 보냈더니 그녀가 물었습니다. "도널드, 왜 나에게 백기를 보냈나요?" 그래서 제가 말했습니다. "앙겔라, 당신은 러시아로부터 에너지의 78%를 공급받고 있습니다. 이것은 독일에게 치명적인 실수가 될 것입니다. 역사를 보면, 지난 150년 동안 독일이 이런 결정을 할 때마다 결과가 좋지 않았습니다. 그냥 역사를 보세요." 저는 독일이 이렇게 빠르게 무너질 줄은 몰랐습니다. 그들은 석탄 발전소와 원자력 발전소를 모두 폐쇄했습니다. 그런데 지금은 다시 석탄 발전소를 급하게 짓고 있습니다. 그리고 중국은 매주 새로운 석탄 발전소를 건설하고 있고요. 그래놓고 자기들이 환경을 위해 뭔가 하고 있다고 이야기합니다. 우리는 그린 뉴딜, 풍력발전, 태양광 발전을 하느라 우리의 대규모 공장과 발전소들이 제대로 작동하지 못하는데, 그들은 그 모습을 보며 우리가 죽어가는 것을 지켜보고 있습니다. 그리고 웃고 있습니다. 기억하세요, 경제적 안보는 국가 안보입니다. 우리는 경제적 안보가 필요합니다.

That is why we will launch an all out campaign to eliminate America's dependence on China. We will bring our supply chains, which are a disaster right now, you can't get anything. And good luck getting a Turkey for Thanksgiving. Number one, you won't get it. And if you do, you're going to pay three to four times more than you paid last year. But we will bring our supply chains and manufacturing base back home as we were strongly doing during the Trump administration. And we will systematically bring back wealth, health, and success to the American Middle class and to America itself. Please, please sit down. I feel so guilty having you stand. Now you've been standing for the whole event. I feel very guilty. I don't want that to happen. To every worker and family struggling to survive in the Biden economy with inflation destroying your family and your life, this campaign will be for you. Help is on the way. Joe Biden has abolished America's borders. We are going to restore and secure America's borders just like we had them before, best ever. We built the wall and now we will add to it. Now we built the wall, we completed the wall. And then we said, "Let's do more." And we did a lot more. And as we were doing it, we had an election that came up. And when they came in, they had three more weeks to complete the additions to the wall, which would've been great. And they said, "No, no, we are not going to do that." And that's when I realized that they actually want to have this disaster known as open borders. Hard to believe, isn't it? But one of the reasons we had so much success at the border was because of the fact that, two things, we got Mexico to give us free of charge 28,000 soldiers that helps. And the president of Mexico is a great gentleman, by the way, socialist, but that's okay. You can't have everything. But he's a great man and a great friend of mine. But 28,000 soldiers while we were building the wall. And then when the wall was finished, that's how we set all these records. We have records that nobody can even compete with right now. It's a disaster. I believe it's 10 million people coming in, not three or 4 million people. They're pouring into our country. We have no idea who they are and where they come from. We have no idea what's happening to our country. We're being poisoned. Within moments of my inauguration, Catch and Release will be gone forever. Remain in Mexico. Remain in Mexico, which was so important. Everybody came in here, they remained here and they never left. And you couldn't get them. You couldn't find them. I had a policy Remain in Mexico. And if you think it was easy for me to get the president of Mexico to agree to that, it wasn't. But we got it and they terminated it. Can you believe? So now they come in here and they stay and we have no idea where they are. They get lost. And it's very dangerous for our country. And again, I'll say we're going to pay a big price someday for what they're doing. We will begin the process of safely removing the illegal alien criminals that have been unlawfully allowed into our country. We have no choice. We have no choice. And in restoring border security, we will stop the flow of deadly drugs and horrible human trafficking, which both have been set upon us like never before.

그렇기 때문에 우리는 미국의 중국 의존도를 제거하기 위한 전면적인 캠페인을 시작할 것입니다. 현재 재앙과 같은 우리의 공급망을 되찾아올 것입니다. 지금은 무엇도 구할 수 없습니다. 추수감사절에 칠면조를 구하기를 행운을 빕니다. 첫째, 구할 수 없을 것입니다. 그리고 만약 구한다면, 작년보다 세 배에서 네 배 더 많은 가격을 지불해야 할 것입니다. 하지만 우리는 공급망과 제조 기반을 국내로 되돌려 올 것입니다. 우리는 트럼프 행정부 시절에 그렇게 강력하게 했었습니다. 또한 체계적으로 미국 중산층과 미국 자체에 부, 건강, 성공을 되돌려 줄 것입니다. (지지자들을 향해) 제발, 앉으세요. 여러분이 계속 서 있는 것을 보고 있으니 죄책감이 듭니다. 여러분은 이 행사 내내 서 계셨어요. 그러지 않으셨으면해요.

바이든 경제 아래에서 생존을 위해 고군분투하는 모든 노동자와 가족, 인플레이션이 여러분의 가족과 삶을 파괴하고 있는 여러분. 이 캠페인은 여러분을 위한 것입니다. 도움이 곧 올 것입니다. 조 바이든은 미국의 국경을 폐지했습니다. 우리는 이전처럼 미국의 국경을 복원하고 확보할 것입니다. 우리는 벽을 세웠고, 벽을 완성했고 계속할 예정이었습니다. 그러던 중에 선거가 있었습니다. 그들(바이든 행정부)이 왔을 때, 벽을 완성하기까지 3주가 남아있었어요. (완성했더라면) 그것은 멋졌을 것입니다. 그런데도 그들은 "아니요, 우리는 하지 않을 것"이라고 말했죠. 그 때 저는 그들(바이든 행정부)이 국경을 개방하고 재앙을 원하는구나 깨달았습니다. 믿기 어렵죠.

저희가 국경에서 큰 성공을 거둘 수 있었던 이유 중 하나는 두 가지 덕분입니다. 첫째는 멕시코가 28,000명의 군인을 무료로 제공해 주었습니다. 멕시코 대통령은 참으로 훌륭한 신사입니다. 사회주의자지만, 그래도 괜찮습니다. 모든 것을 가질 수는 없잖아요. 그는 위대한 사람이자 저의 훌륭한 친구입니다. 벽을 짓는 동안 28,000명의 군인이 있었고 그 덕분에 벽이 완성될 때 아무도 경쟁할 수 없는 기록을 세웠습니다. 재앙입니다, 제가 알기로는 1000만 명이 미국에 들어오고 있습니다, 3백만이나 4백만 명이 아니라요. 이 사람들이 누구인지, 어디에서 왔는지 전혀 모르는 이 사람들이 우리 나라로 쇄도하고 있습니다. 우리 나라에 무슨 일이 일어나는지 모른채 독에 잠식되고 있습니다. 제가 취임하자마자 '잡아 놓고도 풀어주는'일은 결코 없을 것입니다. 멕시코에 머물게 할 겁니다. 이게 중요합니다. 사람들이 미국에 들어와서는 여기 남아서 떠나질 않아요. 그래놓고 잡지도 못합니다. 저는 멕시코에 잔류하는 정책을 만들었습니다. 이렇게 하기가 쉬울 것 같나요? 멕시코 대통령에게 이 정책에 동의하도록 만들가요? 아니었습니다. 그러나 해냈지요. 그런데 이걸 그들이(바이든 행정부) 종료시켰다니 믿어지시나요? 무작정 미국에 들어와서 체류하는데 어디 있는지도 모릅니다. 잃어버렸데요. 이건 우리 나라에 무척 위험한 일입니다. 그리고 다시 말하지만 언젠가 우리가 엄청 큰 대가를 치르게 만들 겁니다. 우리는 불법적으로 우리나라에 들어온 불법 외국인 범죄자들을 안전하게 추방하는 과정을 시작할 것입니다. 우리에겐 다른 선택의 여지가 없습니다. 국경 보안을 복원함으로써, 사상 최악의 치명적인 마약 유통과 끔찍한 인신매매의 흐름을 차단할 것입니다.

The human trafficking, you think of it as an ancient thing. It's not ancient. Because of the internet human trafficking is worse than it's ever been in history. And we stopped them at the southern border, which is the number one port all over the world, the southern border. So much comes through the southern border, number one port. And we stopped them. And now it's at levels that are many, many, many times what it was just two years ago. Biden and the radical left, had left loose on this total breakdown of law and order. It was a total breakdown of law and order. I will restore public safety and American cities and other communities that need our help. And if they don't want our help, we're going to insist that they take our help this time. Because you know the Democrat governors, these are all Democrat cities. The governors and mayors are supposed to ask for the help and they would never ask for the help.

And yet people are being shot and killed at random like nobody's ever seen before. And we sent in the National Guard in Minneapolis and in other places in Seattle, we went and we were getting ready to go and they took over part of the city and the governors, the Democrats don't want to ever ask to do anything because they don't want to shake things up. In the meantime, the cities are rotting and they are indeed cesspools of blood. So we are going to go and help them, even if they don't want the help. We will give our police back their authority, resources, power, legal protection, and we will give them back their respect. They're great people. And I will immediately launch a no holds barred national campaign to dismantle the gangs and clean out the nests of organized street crime.

인신매매라고 하면 아주 옛날 이야기 같으시겠지만, 아닙니다. 인터넷 때문에 인신매매가 역사상 가장 심각한 수준에 이르렀습니다. 그 중 세계에서 가장 큰 통로 중 하나가 남부 국경인데 우리가 그들을 막았습니다. 우리는 남부 국경을 뚫고 많은 것들이 들어오는 것을 막았습니다. 그러나 지금은 2년 전과 달리 다시 증가하고 있습니다. 조 바이든과 급진 좌파 세력이 법과 질서의 완전한 붕괴를 초래했습니다. 완전한 법과 질서의 붕괴입니다. 저는 공공 안전을 회복하고 우리의 도움이 필요한 미국의 도시와 지역 사회를 지원할 것입니다. 우리의 도움을 원하지 않더라도, 이번에는 도움을 받도록 할 것입니다. 민주당 주지사들의 도시이고, 민주당의 주지사와 시장들은 도움을 요청해야 하지만 절대로 도움을 요청하지 않더라고요. 그 사이에 사람들이 무작위로 총에 맞아 죽고 있습니다. 우리는 미니애폴리스와 시애틀 등 다른 지역에 국가 경비대를 파견했고, 가서 도우려했는데요 민주당 주지사들은 상황을 바꾸고 싶어 하지 않아서 도움을 요청하지 않았습니다. 그 사이에 도시들은 썩어가고 피의 오물통이 되고 있었고요. 그래서 우리는 그들이 원하지 않더라도 도움을 주기로 했습니다. 우리는 경찰에게 그들의 권한, 자원, 권력, 법적 보호를 다시 주고 존경을 회복시켜 줄 것입니다. 경찰들은 훌륭한 사람들입니다. 그리고 조직화된 범죄 소굴을 거리에서 씻어내는 대대적인 캠페인을 전국에서 시작할 것입니다.

The worst criminals. The worst gangs are MS-13. And under the Barack Hussein Obama administration, they were unable to take them out because their countries where they came from wouldn't take them. And I learned about that. And my first day I actually say, but I learned about it. And I said," Which country is that?" And it was Honduras and Guatemala. It was El Salvador, some others. And I said, "How much do we pay them?" "Sir, you pay them 750 million dollar a year." That's a lot of money. I said, all right, stop payment. We're not paying them anymore. Because they wouldn't accept them. They would put planes on the runway. So when our plane would come out with these gang members from MS-13, the plane couldn't land because other planes were on the runway. The buses weren't allowed to get through their borders because they had stronger borders than we did by far. They had borders. We don't have borders. They had borders. Other countries that we defend have borders. We defend other countries borders, but we don't defend our own. But these countries, and I got to know all of the presidents and prime ministers, I got to know them all. And I said, "All right, stop payment of the 750 million dollars a year." They won't take them. And you could not get anybody back in because they sent them out. They didn't just come out. They sent them out. They don't want the bad ones. They want to keep their good ones. They don't want the bad ones. These are gang members that will kill. And they like using knives because a knife is more painful. Then again, you've read the stories. MS-13, these are savages. They say, "Please don't use that name, they are people." No, they're not. These are savages. And so we went along and I said, "Stop payment of the 750 million dollars." And I get a call the next morning from the presidents of every country that we're talking about. "Sir, there seems to be a misunderstanding. What's the problem? Is there anything we can do?" Yeah, you're not taking your MS-13 gang members back that you sent to us in the caravans. I love the name. I came up with it. I love the name, the caravans. Thousands and thousands of people. And in those caravans, you have some rough, rough people. I said, "You're not taking them back." "Well, we didn't know that this was a problem, sir. Is there anything we could do?" I said, "Yeah, take him back." "We would be glad to take them back, Sir." They took them back. I still didn't give them the 750, but that's okay.

가장 나쁜 범죄 집단은 MS-13[6]입니다. 바락 후세인 오바마 행정부 시절인데 이 갱단의 출신 국가들이 이들을 받아들이지 않아서 이들을 제거하지 못했다는 걸 알게 되었습니다. 제가 그 나라들이 어디냐고 물었더니 온두라스, 과테말라, 엘살바도르 등등의 나라들이었습니다. 그리고 제가 '우리 미국에 이 나라들에게 얼마를(원조 금액을 의미) 지불하고 있나요?' 물었지요. 그랬더니 '연간 7억 5천만 달러'라 하더군요. 엄청 많은 돈이죠. 그래서 제가 말했습니다, '그 지불을 중단하세요. 더 이상 돈을 내지 않을 겁니다.'라고요. 이 나라들이 이 사람들을 수용하지 않았으니까요. MS-13 갱 멤버들을 태운 비행기가 착륙할 수 없게끔 활주로를 막고, 국경을 막아서 버스가 통과할 수 없게 막았습니다. 이 나라들이 우리나라보다 훨씬 강력한 국경을 가지고 있었어요. 그들은 국경을 가지고 있는데 우리는 국경이 없습니다. 그들은 국경이 있고요. 우리가 지켜주는 다른 국가들이 오히려 국경이 있습니다. 우리는 다른 나라의 국경을 지켜주고 정작 우리나라는 지키지 않습니다. 하지만 저는 이 모든 나라들의 대통령과 총리들을 만나서 말했습니다, '연간 7억 5천만 달러는 중단하겠습니다.' 왜냐하면 그들이(MS-13 갱단)을 받아들이지 않았으니까요. 그들(MS-13 갱단)을 내보냈기 때문에 누구도 다시 받아들일 수 없었던 겁니다. 단순히 온 게 아니라 내보냈던 겁니다. 나쁜 사람들이라 원하지 않습니다. 좋은 사람들은 데리고 있고요. 나쁜 사람들을 원하지 않아요. (왜냐하면) 사람을 죽일 갱 멤버들이거든요. 칼을 써야 더 고통스럽기 때문에 그걸 쓰기를 좋아하는 사람들이거든요. 여러분은 소식을 보셨을 겁니다. MS-13, 이들은 야만인입니다. 그들은 말하죠 "그 이름으로 부르지 마세요. 이들도 사람입니다." 아뇨. 이들은 사람이 아니고 야만인입니다. 다시 돌아오면 제가 7억 5천만 달러의 원조금을 멈추라고 했더니 다음날 그 나라들의 대통령들이 저에게 전화가 왔습니다. 그리고 "뭔가 착오가 있으셨던 것 같습니다. 무슨 문제가 있으셨는지 저희가 해결할 수 있는 게 없을까요?"라 하더군요. 그래서 제가 "예, 당신들이 내보낸 MS-13 갱단원들을 다시 데려가지 않으셨어요." 캐러밴은 제가 좋아하는 이름입니다, 제가 생각해 낸 이름이기도 한데, "캐러밴에 있는 수천 명의 사람들, 그 캐러밴에 있는 엄청 거친 사람들이요." 저는 말했습니다, "당신들이 그들을 안 받으셨잖아요." 그러자 그 나라들이 "아, 그게 문제였군요. 몰랐습니다, 어떻게 할까요?" 그래서 저는 말했습니다, "다시 데려가세요." "네, 기꺼이 다시 데려가겠습니다." 그래서 다시 데려갔습니다. 저는 아직 7억 5천만 달러를 주지 않았어요. 하지만, 괜찮습니다.

---

6. (역주) MS-13, 또는 마라 살바투루차라고도 불리는 이 갱단은 1980년대 엘살바도르 등의 중미 출신 이민자들 사이에서 결성되어 강력한 폭력 행위와 마약 거래, 인신매매 등으로 악명이 높아 많은 지역사회 문제가 되고 있다. 이 연설에서 도널드 트럼프는 MS-13 구성원들을 본국으로 송환하는 데 있어 중미 국가들이 협력하지 않자 750백만 달러의 원조를 중단했지만 오히려 문제를 해결했다고 말한다. 이 당시 트럼프는 중미 국가에 송환을 요구하는 과정에서 강력한 협박과 외교적 압박을 가했다는 비판을 받았다.

And by the way, now Biden wants to give them four billion dollars. They were happy with 750 and now they want to give them four billion dollars. Somebody someday is going to explain that one to me. It actually makes you rage with anger when you hear that they wanted 750 so badly and now they're getting four billion dollars. We will wage war upon the cartels and stop the fentanyl and deadly drugs from killing 200,000 Americans per year. And I will ask Congress for legislation ensuring that drug dealers and human traffickers, these are terrible, terrible, horrible people who are responsible for death, carnage, and crime all over our country. Every drug dealer during his or her life on average will kill 500 people with the drugs they sell. Not to mention the destruction of families, but we're going to be asking everyone who sells drugs, gets caught selling drugs to receive the death penalty for their heinous acts. Because it's the only way.

We don't need anymore blue ribbon committees. I don't like to say this and I don't even know if the American public is ready for it. And a lot of my people say, "Please don't say that, sir. That's not nice." They kill 500 people each on average. And if you don't do this, in China when I was with President XI I said, "President, do you have a drug problem?" "No, no, no, no, we don't." He looked at me like I didn't know what I was doing. He said, "No, we don't have a drug." "How come you don't have a drug problem?" He said, "Quick trial." "What is a quick trial?" I sort of knew what is a quick trial? That's where if you get caught dealing drugs, you have an immediate and quick trial and by the end of the day you're executed. That's a terrible thing. But they have no drug problem. The only drug problem they have is they make the fentanyl that comes into our country. And I had him stopping it. And then when I was gone, nobody ever mentioned it to him again. We were stopping it. That was way down that number. But they sent it in. But they don't have a drug problem. Other countries like Singapore has no drug problem, no drug. You ask them, they don't even know what you're talking about when they say drug problem, they don't even know what you're talking about. They have no drug problem. Now why should they sell there and risk their lives every time they sell, when they can come to the United States and nobody even cares. They can do whatever they want to do and become rich. It's a disgrace. So if you want to get rid of that and also bring down your level of crime, probably 75 or 80%, that's the only answer.
No more blue ribbon. I refuse to create them anymore. There was just a joke. It was New York people wanting to be on a committee for publicity reasons. No, no more blue ribbon committees. That's the only way you're going to solve the problem. And I hope

politicians are listening because they should do it quickly. Joe Biden has also proven that he is committed to indoctrinating our children. Even using the Department of Justice against parents who object. It's a terrible thing that's… It's so sad what's happening. When I'm in the White House or our schools will cease pushing critical race theory as they were. Radical civics and gender insanity. Or if they do that, they will lose all federal funding. But we'll get them to start. And I will be the president who finally fixes education in America.

참고로, 바이든이 이 나라들에게 40억 달러를 준다고 합니다. 7억 5천만 달러로 만족했던 나라들인데 이제 40억 달러를 준다니, 누가 좀 설명해줬으면 좋겠습니다. 7억 5천만 달러에 간절했던 사람들이 40억 달러를 받는다는 소식에 분노가 치미네요. 우리는 카르텔에 전쟁을 선포하고 연간 20만 명의 미국인을 죽이는 펜타닐과 치명적인 마약의 유통을 차단할 것입니다. 저는 마약상, 인신매매범, 그리고 이들의 악랄한 행위에는 사형을 선고하는 법안을 의회에 요청할 것입니다. 이들은 우리 나라 곳곳에서 죽음, 대학살, 범죄를 초래하는 끔찍한 사람들입니다. 모든 마약상은 평생 동안 평균적으로 500명을 죽입니다, 가족들이 망가지는 건 말할 것도 없고요. 저는 마약을 팔거나 팔다 걸린 모든 사람이 사형을 선고 받게 할 것입니다. 그게 유일한 방법이기 때문입니다.

블루리본 위원회[7]는 필요없습니다. 이렇게 말하고 싶지 않아요, 미 대중이 준비가 안 되었을지도 모르고요. 사람들이 '그렇게 말씀하시면 안 좋으실 겁니다' 그러지만 마약상이 평균 500명을 죽인다니까요. 제가 중국에 있을 때 시진핑 주석에게 물었습니다. "주석님 나라에는 마약 문제가 없으십니까?" "전혀 없습니다." 제가 뭘 모르는 사람인 것 마냥 바라보며 말하더군요 "우리는 마약이 없습니다." 제가 "어떻게 마약 문제가 없으시죠?" 묻자 그는 "신속한 재판 덕이죠"라고 말했고 제가 "신속 재판이 뭔가요?"라 물었고요. 저도 어느 정도 알고는 있었습니다. 신속 재판은 마약 거래 혐의로 적발되면 빠르게 재판을 받고 재판 받은 그 날 바로 처형되는 제도입니다.

물론 그 재판은 끔찍하죠. 하지만 덕분에 마약 문제가 없어요. 그 나라의 문제는 우리나라로 들어오는 펜타닐을 그 나라에서 만드는 거겠죠. 하지만 전 그걸 막았고 수치도 많이 줄어들었고요. 싱가포르와 같은 나라들도 마약 문제가 없습니다. 이 사람들은 마약 문제에 대해서 물어보면 그게 뭔지조차 모르는 것처럼 반응합니다. 이 사람들은 마약 문제가 없습니다. 굳이 목숨을 걸고 거기서 마약을 팔 이유가 있나요, 그냥 아무도 신경 안 쓰는 미국에 오면 되는데요. 그냥 하고 싶은대로 하면서 부자가 될 텐 데요. 참담한 일이지요. 그러니 이 범죄를 75~80% 수준으로 줄이려면 유일한 해답인 그겁니다. 더는 블루 리본을 만들지 않을 겁니다. 방금은 농담입니다만. 뉴욕 사람들이나 홍보할 목적으로 위원회에 참여하고 싶겠죠, 저는 이런 블루리본 위원회는 만들지 않을 겁니다. 이게 문제를 해결하는 유일한 방법입니다. 지금 정치인들이 듣고 있을 텐데 빨리 행동해주길 바랍니다. 또, 조 바이든은 또 우리 아이들을 세뇌시키려는 의도를 보였습니다. 심지어 법무부를 사용해서 교육정책에 반대하는 부모들을 탄압하고 있습니다. 정말 끔찍하고, 이 상황이 얼마나 슬픈지 모르겠습니다. 제가 백악관에 있을 때, 우리 학교들은 그들이 하던 대로 비판적 인종 이론, 급진적 시민 교육, 성별 문제 등의 미친 짓을 가르치도록 밀어붙이지 않을 겁니다. 만약 그렇게 하는 학교들은 모든 연방 자금을 잃게 될 거고요. 제가 대통령이 되면 미국 교육을 개선할 사람이 될 것입니다.

---

7. (역주) 블루리본 위원회(Blue Ribbon Committee)는 정부나 공공기관에게 특정한 사안을 두고 심도 있는 분석과 공정한 의견을 제안하기 위해 설립되는 위원회로 높은 수준의 전문성을 지닌 저명인사들로 구성되는 게 일반적이다. 때때로 이러한 위원회가 실질적인 변화는 이끌어내지 못하고 '형식적인' 활동만 한다는 비판을 받기도 한다.

We were doing great. We were starting to really get it right. We will not let men, as an example, participate in women's sports. Is that okay? No men. No men. My people tell me, "Sir, that's politically incorrect to say." I said, "That's okay. I'll say it anyway, if you don't mind." We've had tremendous, tremendous problems and it's very unfair to women. Just very, very unfair. We will defend the rights of parents and we will defend the family as the center of American life. But who would think standing up here 10 years ago, 15 years ago, that a politician, and I don't like to think of myself as a politician, but I guess that's what I am. I hate that thought. But that a politician would be up saying, "We will defend parental rights." Of course, you're going to defend it. Who would think that we even have to mention this? Who would think it even should be a subject to be talked about? We have to defend parental rights. Can you believe this? As Commander in Chief, I will get Biden's radical left ideology out of our military. And I did. I did. And in the first day, they put it back, they signed an executive order and they put it back. It was gone. We will abolish every Biden COVID mandate and rehire every patriot who was fired from our military

With an apology and full back pay. Thank you. And they deserve an apology and they deserve full back pay and they'll get it. And unlike Biden, possibly getting us into World War III, which can seriously happen, I will keep America out of foolish and unnecessary foreign wars just as I did for four straight years. We will again have peace through strength. That's all it is.

우리는 잘하고 있었어요. 정말로 올바른 길을 찾고있었습니다. 예를 들어, 남자가 여자 스포츠에 참여하는 것을 허용하지 않아야 죠. 괜찮나요? 남자는 안 됩니다. 사람들이 저에게 말해요, "그렇게 말씀하시면 정치적으로 맞지 않아요." 저는 말했죠, "괜찮아요. 상관없으시면 그냥 할게요." 우리는 엄청난 문제를 겪고 있습니다. 그리고 여성들에게 매우 불공평하죠. 정말로 매우 불공평하죠. 저는 부모의 권리를 지키고, 가족을 미국 생활의 중심으로 지키겠습니다. 하지만 누가 생각이나 했겠어요, 10년 전, 15년 전에, 정치인이 여기서, 저 스스로도 정치인이라고 생각하고 싶지는 않지만, 아마 그게 제 모습인가 봐요, 정치인이 여기 서서 "부모의 권리를 지키겠습니다."라고 말하는 게 상상이나 가시나요? 물론 지킬 겁니다. 하지만 이것을 언급해야 한다는 사실이 믿기지가 않네요. 이것이 논의 거리가 되는 주제라고도 생각 못 했을 겁니다. 우리는 부모의 권리를 지켜야합니다. 믿을 수 있나요? 최고 사령관으로서, 저는 바이든의 급진적 좌파 이데올로기를 우리 군에서 제거할 것입니다. 그리고 실제 제가 그렇게 했지요. 하지만 첫날부터, 그들은(바이든 행정부) 행정 명령을 내리려 다시 도입했어요. 우리는 바이든의 모든 코로나 관련 명령을 폐지하고, 우리 군에서 해고된 모든 애국자를 사과와 함께 전액 급여를 지급하며 다시 고용할 것입니다. 감사합니다. 그들은 사과를 받을 자격이 있고, 전액 급여를 받을 자격이 있으며, 그들은 그것을 받을 것입니다. 그리고 저는 바이든과 달리, 우리를 3차 세계대전으로 몰아넣을 수도 있는 상황을 만들지 않을 것입니다, 그것은 실제로 일어날 수 있었어요, 저는 어리석고 불필요한 남의 나라 전쟁에 끼어들지 않을 것입니다, 정확히 제가 지난 네 해 동안 했던 것처럼요. 우리는 다시 힘을 통한 평화를 가질 것입니다. 그게 전부입니다.

As events oversees have shown to protect our people from the unthinkable thread of nuclear weapons and hypersonic missiles, the United States must also build a state of the art next generation missile defense shield. We need it. The power of these missiles and the power of a word that I refuse to say nuclear, we have to have it. We need a defense shield and we have to do it. And we actually have the technology and we're going to build it. Just as I rebuilt our military, I will get this done. I rebuilt our entire military, which nobody talks about.

외국의 사례들을 보면 아시겠지만, 미국도 최신 기술의 차세대 미사일 방어막을 구축해야 합니다. 우리 국민을 핵무기와 초음속 미사일이라는 상상할 수 없는 위협으로부터 보호하기 위해 필요합니다. 이러한 미사일의 위력이 필요하고, 말하고 싶진 않지만 '핵'이라 부르는 이 힘이 필요합니다. 우리는 방어막이 필요하며, 수행을 위한 실제 기술을 갖추고 있으며, 이를 구축할 것입니다. 저는 우리 군을 재건했었고, 다시 이 일을 할 것이빈다. 제가 우리 전체 군을 재건했었는데 아무도 이야기하지 않습니다.

When I got there, we had jet fighters that were 48 years old. We had bombers that were 60 years old. We had bombers where their grandfathers flew them when they were new. And now the grandchild is flying the bomber, but not anymore. But as I have said before, the gravest threats to our civilization are not from abroad, but from within. None is greater than the weaponization of the justice system, the FBI, and the DOJ. We must conduct a top to bottom overhaul to clean out the festering rot and corruption of Washington DC. Thank you.

제가 그 자리에 있을 때(대통령 시절), 우리는 48년 된 전투기를 가지고 있었고 60년 된 폭격기를 가지고 있었습니다. 우리의 할아버지 세대 때 새 것이던 낡은 폭격기를 손자 세대가 조종하고 있었습니다. 하지만, 이제는 바뀌었습니다. 제가 이전에도 말했지만, 우리 문명에 대한 가장 큰 위협은 외부가 아니라 내부에서 발생합니다. 사법 시스템, FBI, 그리고 법무부가 무기가 되고 있습니다. 우리는 워싱턴 D.C.의 곪아터진 부패를 청소하기 위해 철저한 전면 개혁을 수행할 것입니다. 감사합니다.

And I'm a victim. I will tell you I'm a victim. Think of it. The FBI offered $1 million to Christopher Steel who wrote the fake dossier, if he will lie and say that the fake dossier was true. And he refused to do it. So it had to be really fake. And then they hired somebody Timchenko for $200,000 a year to focus on Trump and to get Trump and other things, including the raid of a very beautiful house that sits right here, the raid of Mar-a-Lago. Think of it and I say, Why didn't you raid Bush's place? Why didn't you raid Clinton? 32,000 emails, why didn't you raid Clinton's place? Why didn't you do Obama who took a lot of things with him?

그리고 저는 피해자입니다. 저는 피해자라고 말씀드리겠습니다. 생각해보세요. FBI는 가짜 문서를 작성한 크리스토퍼 스틸에게 만약 그가 가짜 문서가 진짜라고 거짓말을 하면 백만달러를 준다고 제안했습니다. 그런데 그는 거부했죠. 그러니 정말로 가짜였던 것입니다. 그리고 나서 팀 첸코를 연봉 20만 달러에 고용해서 저와 관련된 일들을 집중 수사하게 했습니다. 여기에 있는 매우 아름다운 말-아-라고[8]를 급습했고요. 생각해보세요, 왜 부시의 집을 급습하지 않았나요? 왜 클린턴을 급습하지 않았나요? 3만 2천 개의 이메일이 있는데 왜 클린턴은 급습하지 않았나요? 왜 많은 것을 가지고 간 오바마에 대해서는 아무 일도 하지 않나요?

We will dismantle the deep state and restore government by the people. To further drain the swamp, I will push for a constitutional amendment to impose term limits on members of Congress. It's time. It's time. And I will ask for a permanent ban on taxpayer funding of campaigns, a lifetime ban on lobbying by former members of Congress and cabinet member. Now I see what they make. They leave the White House or they leave Congress and they're paid millions and millions and millions of dollars a year. No, you have to have a ban. We want to ban on members of Congress getting rich by trading stocks with insider information. And many of our great members agree with that. They actually agree with that. And of course, we will do whatever it takes to bring back honesty, confidence, and trust in our elections. To eliminate cheating I will immediately demand voter ID. Same day voting and only paper ballots, only paper ballots. France just had an election. 36 million people voted. It was all done by 10 o'clock in the evening. No complaints. You had a winner, you had a loser. The loser went home. The winner, he's a friend of mine. Nice guy. But he was happy. But there was no complaints. And if there is a complaint, you check it out and you can fix it very easily. You can find out what's going on. No. Paper ballots, same day voting, voter ID. So simple. And we want all votes counted by election night. They spent all of the money for machines and all of this stuff and they end up two weeks later, three weeks later. By that time, everyone forgot there was even an election. It's horrible. And this doesn't happen, I said it before, it doesn't happen in third world countries. They do better than we do. It's horrible what's happening with our election and election process and I'll get that job done. That's a very personal job for me. I take that very personally. But this is just the beginning of our national greatness agenda. And that's what we call it, a national greatness agenda. Because our country can be greater than it ever was. Our country was great. Our

---

8. (역주) Mar-a-Lago는 플로리다 주 팜 비치에 위치한 대규모 리조트이자 사교 클럽으로, 도널드 트럼프의 개인 소유이기도 하다. 이곳은 트럼프가 대통령 재임 기간 동안 빈번히 방문했으며, "겨울의 백악관"이라고도 불리었다. Mar-a-Lago는 공식적인 정부 행사와 회담 장소로 사용되기도 했으며, 트럼프 대통령의 개인적인 휴가지로서도 유명하다.

country's not great anymore. Our country a laughingstock right now. But our country can be greater than it ever was before by a lot.

우리는 심층국가 (deep state)[9]를 해체하고 국민에 의한 정부를 복원할 것입니다. 늪에서 물을 빼내기 위해서, 저는 의회 구성원의 임기를 제한하는 헌법 개정을 추진할 것입니다. 이제 때가 되었습니다. 때가 되었습니다. 그리고 저는 세금으로 자금을 조달하는 캠페인을 영구 금지시키고, 의회나 내각 구성원에 대한 로비를 금지시킬 것입니다. 그들이 벌어들이는 돈을 보면 백악관이나 의회를 떠난 후에 연간 수백만, 수천만 달러를 벌고 있습니다. 금지시켜야 합니다. 우리는 의회 구성원이 내부 정보를 가지고 주식 거래로 부자가 되는 것을 금지해야 합니다. 우리의 위대한 많은 구성원[10]들이 이에 동의합니다. 그들은 실제로 동의합니다. 그리고 물론, 우리는 우리의 선거에 정직함, 신뢰, 그리고 신뢰를 되찾기 위해 무엇이든 할 것입니다. 부정을 제거하기 위해 저는 즉시 유권자 신분증을 요구할 것입니다. 같은 날 투표와 종이 투표만, 종이 투표만 할 것입니다. 프랑스가 최근 총 3천 6백만 명이 투표한 선거를 치렀습니다. 모든 것이 저녁 10시까지 완료되었고 아무도 불만이 없고 승자가 있고 패자가 있고 패자는 집에 갔습니다. 승자[11]는, 제 친구이고 좋은 사람입니다만, 그는 행복했고 아무 불만 없었습니다. 만약 불만이 있더라도 조사하고 매우 쉽게 고칠 수 있습니다. 무슨 일이 있었는지 알아낼 수 있으니까요. 종이로 투표하고, 같은 날 투표하고, 유권자 신분증을 요구하고. 너무 간단합니다. 그리고 모든 투표가 선거한 날 밤에 개표되기를 바랍니다. 기계나 이런 것들에 돈을 그렇게 써 놓고는 2주, 3주 후에나 끝납니다. 그때쯤 되면 사람들이 선거가 있었던 것조차 잊어버립니다. 끔찍합니다. 이런 일은 제가 이전에 말했지만 제3세계 국가에서도 없는 일입니다. 그 나라가 우리보다 낫습니다. 우리 선거와 선거 과정이 하고 있는 일은 끔찍합니다. 그리고 저는 그 일을 해낼 것입니다. 저에게 매우 개인적인 일입니다. 저는 그것을 매우 개인적으로 받아들입니다. 하지만 이것은 우리의 국가 위대함 의제(national greatness agenda)의 시작일 뿐입니다. 그리고 그것이 우리가 부르는 이름입니다, 국가 위대함 의제. 왜냐하면 우리 나라는 그 어느 때보다도 더 위대해질 수 있습니다. 우리 나라는 위대했습니다. 우리 나라는 더 이상 위대하지 않습니다. 우리 나라는 지금 웃음거리입니다. 하지만 우리 나라는 그 어느 때보다도 훨씬 더 위대해질 수 있습니다.

There will be more, much more to come in the months ahead. There are so many things we can do. Many of them are not even hard to implement. The journey ahead of us will not be easy. Anyone who truly seeks to take on this rigged and corrupt system will be faced with a storm of fire that only a few could understand. Right. I happen to have some children in the front row. I think they understand. In fact my one boy, stand up, Eric. I think he got more subpoenas than any man in the history of our country. So unfair. Al Capone, you all heard of the great gangster? Al Capone got far less. Billy the

---

9.(역주) 심층 국가(Deep State)는 정부에 실질적인 영향력을 행사하는 비공식적이고 비밀스러운 네트워크를 의미한다. 주로 그림자 정부나 비밀 조직처럼 정부의 공식 정책이나 정치적 결정에 개입한다는 의미이다.

10.(역주) 공화당 소속 의원들

11.(역주) 22년 4월 프랑스의 대통령 선거 결과 에마뉘엘 마크롱이 58.55%의 득표율로 결선 투표에서 마린 르펜(41.45%)을 상대로 승리를 거두어 재선에 성공했다. 미국의 경우 주에 따라 투표 방식이 다를 수 있어 일부 주에서는 신분증을 제시하지 않고도 투표가 가능하다. 또 미국에서는 우편 투표 또는 조기 투표가 많은 경우 개표가 늦어지는 경우가 많다.

Kid got almost none. Jesse James, no. Eric Trump got more subpoenas. He's a PhD in subpoenas. They come from Congress. They… And I appreciate the job you do and the abuse that you've taken. I really do. And it hasn't been a joy ride for our great first lady either. It hasn't been a joy ride. Stand up. Stand up. I go home and she says, they do love her, I go home and she says, You look angry and upset. I say, just leave me alone. I got… Hasn't been the easiest thing. But she's been a great first lady and people love her. We will be resisted by the combined forces of the establishment, the media, the special interest, the globalists, the Marxist, radicals, the woke corporations, the weaponized power of the federal government, the colossal political machines, the tidal wave of dark money and the most dangerous domestic censorship system ever created by man or woman. The most dangerous system we've ever had. We will be attacked. We will be slandered. We will be persecuted just as I have been. I mean I have been, but many people in this room have been. But we will not be intimidated. We will persevere. We will stand tall in the storm. We will march forward into the torrent and we in the end will win. Our country will win. We will win.

앞으로 몇 달간 더 많은 일들이 있을 것입니다. 우리가 할 수 있는 일들이 매우 많으며 그 중 많은 것들이 실행하기 어렵지 않습니다. 앞으로의 여정은 쉽지 않을 것입니다. 이 조작되고 부패한 시스템에 맞서려는 사람은 누구나 몇몇만이 이해할 수 있는 불의 폭풍에 직면하게 될 것입니다. 맞습니다. 제 앞에는 자녀들이 있고 아이들도 이해하고 있다고 생각합니다. 사실, 제 아들 에릭, 일어서서 보거라. 제 생각에 제 아들이 우리나라 역사상 어떤 남자보다 더 많은 소환장을 받았을 겁니다. 너무 불공평합니다. 여러분 모두 위대한 갱스터인 알 카포네[12]를 들어보셨죠? 알 카포네가 훨씬 덜 소환장을 받았습니다. 빌리 더 키드[13]는 거의 받지 않았고, 제시 제임스[14]도 마찬가지입니다. 에릭 트럼프[15]는 소환장에 대해 박사학위를 가지고 있습니다. 그 소환장들은 의회에서 나옵니다. 그들… 그리고 여러분이 수행한 일과 겪은 학대에 감사를 표합니다. 정말로요. 그리고 우리 위대한 퍼스트 레이디에게도 즐거운 여정이 아니었습니다. 즐거운 여정이 아니었어요. 일어서세요. 일어서세요.

제가 집에 돌아가면 아내가 말해요. 제가 화가 나 있는 것처럼 보인대요. 저는 말해요, 그냥 쉬게 해줘. 오늘 쉽지 않았어. 라고요. 아내는 훌륭한 퍼스트 레이디였고 사람들은 그녀를 사랑합니다. 우리는 기득권 세력, 언론, 특별 이익 집단, 세계주의자들, 마르크

---

12. (역주) 알 카포네(Al Capone): 1899년에서 1947년까지 살았던 알 카포네는 1920년대 시카고에서 가장 유명한 갱스터 및 조직 범죄의 보스로 미국 범죄 역사상 가장 악명 높은 인물 중 하나.

13. (역주) 빌리 더 키드(Billy the Kid): 본명은 헨리 맥카티(Henry McCarty)이며 미국 서부의 전설적인 총잡이였다. 주로 가축 도둑질과 살인으로 악명을 떨쳤으며 많은 영화와 책의 소재가 되었다.

14. (역주) 제시 제임스(Jesse James): 제임스-영거 갱의 리더로서, 은행과 기차에서 강도와 살인을 주도했던 인물이다. 미국 민속에서 범죄와 무법의 상징적인 인물로 여겨졌다.

15. (역주) 에릭 트럼프(Eric Trump)는 도널드 트럼프 대통령의 셋째 아들이다. 1984년생으로 에릭 트럼프 재단을 통해 소아암 연구와 병원에 대한 지원을 해왔다. 정치적으로 활발히 활동하여 관여한 결과 2020년대 뉴욕 검찰의 조사를 받으며 여러 차례 소환장을 받았다. 주로 트럼프 조직의 재정적 거래와 관련된 것이었으며, 에릭 트럼프는 트럼프 조직의 고위 경영진으로서 해당 문제들에 연루되었다.

스주의자들, 급진주의자들, 각성한 기업들, 연방정부의 무기화된 권력, 거대한 정치 기계들, 어두운 자금의 쓰나미, 그리고 인간이 만들어낸 가장 위험한 국내 검열 시스템 등의 결합된 힘으로부터 저항을 겪을 것입니다. 이것은 우리가 겪은 가장 위험한 시스템입니다. 우리는 공격받을 것입니다. 우리는 비방당할 것입니다. 우리는 박해받을 것입니다. 제가 그랬듯이요. 제 말은, 저뿐만 아니라 이 방에 있는 많은 사람들도 그랬습니다. 하지만 우리는 두려워하지 않을 것입니다. 우리는 인내할 것입니다. 우리는 폭풍 속에서도 당당히 설 것입니다. 우리는 거센 물결 속으로 나아갈 것이고, 결국 우리는 승리할 것입니다. 우리 나라가 승리할 것입니다. 우리가 승리할 것입니다.

My fellow Americans, we will join together and reverse this staggering American decline. And it is staggering indeed. And we will again restore the spirit of our nation. And then we must build and raise up a legacy that will stand without equal in the entire history of the world. With your help, we will create communities where our children will grow up safe and strong and a nation where they will grow up free, prosperous, and well. We will reestablish the principles of hard work and merit and end the scourge of homelessness that is plaguing our beleaguered, Democrat run cities.

We will heal our divisions and bring our people back together through incredible success. We will defend life, liberty, and the pursuit of happiness. We will expand the frontiers of human knowledge and extend the horizons of human achievement. And we will plant our beautiful American flag very soon on the surface of Mars, which I got started. But we need everyone involved. We need everyone's help. We need to look out for one another. We need to be friends, and we need every patriot on board because this is not just a campaign, this is a quest to save our country. Talking about saving our country.

Thank you. Thank you very much. Thank you very much. I am asking for your vote. I am asking for your support, and I am asking for your friendship and your prayers. This very incredible but dangerous journey. If our movement remains united and confident, then we will shatter the forces of tyranny and we will unleash that glories of liberty for ourselves and for our children, and for generations yet to come. America's golden age is just ahead and together we will make America powerful again. We will make America wealthy again. We will make America strong again. We will make America proud again. We will make America safe again. We will make America glorious again and we will make America great again. Thank you very much. God bless you all. Thank you.

저의 동료 미 국민 여러분. 우리는 함께 모여 미국의 쇠퇴를 되돌릴 것입니다. 미국의 쇠퇴는 실로 충격적입니다. 우리는 이 나라의 정신을 다시 회복할 것입니다. 그리고 우리는 세계 역사상 무엇과도 비교할 수 없는 유산을 건설하고 키워 나가야 합니다. 여러분의 도움으로 우리는 우리 아이들이 안전하고 강하게 자랄 수 있는 공동체와 자유롭고 번영하며 건강하게 자랄 수 있는 국가를 만들 것입니다. 우리는 열심히 일하고 공로를 인정하는 원칙을 재정립하고, 고난을 겪고 있는 민주당이 운영하는 도시들을 괴롭히는 노숙자 문제를 종식시킬 것입니다.

우리는 우리의 분열을 치유하고 놀라운 성공을 통해 우리 국민을 다시 하나로 모을 것입니다. 우리는 생명, 자유, 그리고 행복 추구를 옹호할 것입니다. 우리는 인류 지식의 경계를 확장하고 인간 성취의 지평을 넓힐 것입니다. 그리고 우리는 매우 곧 화성 표면에 아름다운 미국 국기를 심을 것입니다, 이는 제가 시작한 일입니다. 하지만 우리는 모두의 참여가 필요합니다. 모두의 도움이 필요합니다. 우리는 서로를 돌봐야 합니다. 우리는 친구가 되어야 하며, 모든 애국자의 참여가 필요합니다. 왜냐하면 이것은 단순한 캠페인이 아니라 우리 나라를 구하는 사명에 대한 것이고, 나라를 구하는 일에 대한 것이기 때문입니다.

감사합니다. 정말로 감사합니다. 감사합니다. 여러분의 투표를 부탁드립니다. 여러분의 지지를 부탁드리며, 여러분의 우정과 기도를 부탁드립니다. 놀라우면서도 위험한 여정입니다. 우리 운동이 하나가 되어 자신감 있게, 폭압의 세력을 깨뜨리고 우리와 우리 아이들, 그리고 후손들을 위해 자유의 영광을 발휘할 것입니다. 미국의 황금기(golden age)는 바로 앞에 있으며, 함께 우리는 미국을 다시 강력하게 만들 것입니다. 우리는 미국을 다시 부유하게 만들 것입니다. 우리는 미국을 다시 강하게 만들 것입니다. 우리는 미국을 다시 자랑스럽게 만들 것입니다. 우리는 미국을 다시 안전하게 만들 것입니다. 우리는 미국을 다시 영광스럽게 만들 것이며, 우리는 미국을 다시 위대하게 만들 것입니다. 정말로 감사합니다. 여러분 모두에게 하나님의 축복이 있기를 바랍니다. 감사합니다.

카멀라 해리스,
대통령선거 출마 선언 연설문

발표일: 24.08.22(현지시각)

    카멀라 해리스는 시카고에서 열린 민주당 전당대회에서 대통령 후보로서 공식 지명을 수락하는 연설을 했다. 연설을 통해 자신의 성장 배경을 되돌아보고 국내외 주요 정책 목표를 설명했으며 도널드 트럼프가 다시 대통령이 되는 위험에 대해 경고하였다. 또한 자신의 비전을 공유하고 당의 단합과 지지를 호소하였다.

Good evening, everyone … (Cheers and chants from the crowd of "Kamala!" and "U-S-A!") … Oh my goodness. … Thank you. We gotta get to some business. … Thank you. OK, let's get to business. Let's get to business. Alright. So, let me start by thanking my most incredible husband, Doug. For being an incredible partner to me, an incredible father to Cole and Ella, and happy anniversary, Dougie. I love you so very much.
To our president, Joe Biden. When I think about the path that we have traveled together, Joe, I am filled with gratitude. Your record is extraordinary, as history will show, and your character is inspiring. And Doug and I love you and Jill, and are forever thankful to you both. And to Coach Tim Walz. You are going to be an incredible vice president. And to the delegates and everyone who has put your faith in our campaign, your support is humbling.

여러분, 좋은 저녁입니다. (군중 환호) 정말 감사합니다. 이제 본론으로 들어가야겠습니다. 감사합니다. 자, 본론으로 들어가죠, 본론으로 들어가죠. 좋아요. 그럼, 먼저 제 최고의 남편 더그에게 감사의 말을 전하고 싶습니다. 남편은 저의 놀라운 파트너이자 콜과 엘라에게 훌륭한 아버지입니다. 그리고 결혼 기념일 축하해요. 당신을 정말 많이 사랑해요. 그리고 우리의 대통령, 조 바이든. 우리가 함께 걸어온 여정을 생각하면 감사함으로 가득합니다. 역사가 증명하지요. 당신의 기록은 뛰어나고, 당신의 인품에 영감을 받았습니다. 남편과 저는 당신과 질을(대통령 부부) 사랑하며, 두 분에게 항상 감사하고 있습니다. 그리고 부통령이 될 팀 월

출처: https://time.com/7014159/watch-kamala-harris-dnc-speech

츠 코치, 당신은 훌륭한 부통령이 될 것입니다. 그리고 대의원과 우리 캠페인을 믿어준 모든 분들, 여러분의 지지를 겸손하게 받아들입니다.

So, America, the path that led me here in recent weeks was, no doubt, unexpected. But I'm no stranger to unlikely journeys. So, my mother, our mother, Shyamala Harris, had one of her own. And I miss her every day, and especially right now. And I know she's looking down smiling. I know that.

미 국민 여러분, 최근 몇 주 동안 저를 여기로 이끈 길은 분명 예상치 못한 것이었습니다. 하지만 저는 낯선 여정에 익숙합니다. 저희 어머니, 샤이말라 해리스도 그러셨지요. 저는 매일 어머니를 그리워하고, 특히 지금 그리워요. 어머니께서 하늘에서 미소지으며 절 보고 계시는 걸 압니다.

So, my mother was 19 when she crossed the world alone, traveling from India to California with an unshakable dream to be the scientist who would cure breast cancer. When she finished school, she was supposed to return home to a traditional arranged marriage. But as fate would have it, she met my father, Donald Harris, a student from Jamaica. They fell in love and got married, and that act of self-determination made my sister, Maya, and me. Growing up, we moved a lot. I will always remember that big Mayflower truck, packed with all our belongings, ready to go — to Illinois, to Wisconsin, and wherever our parents' jobs took us. My early memories of our parents together are very joyful ones. A home filled with laughter and music: Aretha, Coltrane and Miles. At the park, my mother would say, "Stay close." But my father would say, as he smiled, "Run, Kamala, run. Don't be afraid. Don't let anything stop you." From my earliest years, he taught me to be fearless.

제 어머니는 19살 때 홀로 인도에서 캘리포니아로 건너왔습니다. 어머니는 유방암을 치료할 과학자가 되겠다는 확고한 꿈을 가지고 계셨죠. 학교를 졸업하면 집으로 돌아가 전통적인 방식으로 중매 결혼을 하기로 되어있었지만 운명이 그랬듯, 어머니는 자메이카에서 온 학생이었던 제 아버지 도널드 해리스를 만났어요. 그들은 사랑에 빠져 결혼했고 이 결정으로 저와 제 자매 마야가 태어났습니다. 자라면서 저희는 자주 이사를 다녔고, 커다란 Mayflower[1] 트럭에 짐을 가득 싸서 다녔던 기억이 나요. 일리노이, 위스콘신 어디든 부모님이 직장이 있는 곳으로 갔죠. 부모님이 함께 있던 초기의 추억은 매우 즐거운 것들이었습니다. 집은 웃음과 음악으로 가득 찼고, 공원에서 어머니는 곁에 붙어 있으라고 하셨지만 아버지는 웃으며 "달려, 카멀라, 달려. 두려워하지 마. 아무것도 널 막을 수 없어."라고 말씀하셨습니다. 아버지는 제가 어릴 때부터 두려움 없이 살아가도록 가르쳐 주셨습니다.

---

1. (역주) Mayflower는 미국의 유명한 이사 트럭 회사이다.

But the harmony between my parents did not last. When I was in elementary school, they split up, and it was mostly my mother who raised us. Before she could finally afford to buy a home, she rented a small apartment in the East Bay.

In the Bay — in the Bay — you either live in the hills or the flatlands. We lived in the flats. A beautiful, working-class neighborhood of firefighters, nurses and construction workers. All who tended their lawns with pride. My mother, she worked long hours. And like many working parents, she leaned on a trusted circle to help raise us. Mrs. Shelton, who ran the day care below us and became a second mother. Uncle Sherman, Aunt Mary, Uncle Freddie, Auntie Chris — none of them family by blood, and all of them family by love. Family who taught us how to make gumbo, how to play chess — and sometimes even let us win. Family who loved us, believed in us, and told us we could be anything and do anything. They instilled in us the values they personified — community, faith and the importance of treating others as you would want to be treated. With kindness, respect and compassion. My mother was a brilliant, five-foot-tall brown woman with an accent. And as the eldest child — as the eldest child — I saw how the world would sometimes treat her. But my mother never lost her cool. She was tough, courageous, a trailblazer in the fight for women's health, and she taught Maya and me a lesson that Michelle mentioned the other night. She taught us to never complain about injustice, but do something about it. Do something about it. That was my mother. And she taught us — and she always — she also taught us, and she also taught us — and never do anything half-assed. And that is a direct quote. A direct quote.

하지만 제 부모님의 화목한 관계는 오래가지 못했습니다. 제가 초등학교에 다닐 때 부모님이 헤어지셨고, 주로 어머니께서 저희를 키우셨습니다. 어머니가 마침내 집을 살 수 있게 되기 전까지, 동부 해안 지역에 있는 작은 아파트에서 살았습니다. 여기서는 언덕이나 평지에 살 수 있었고 저는 평지에 살았는데, 소방관, 간호사, 건설 노동자들이 자랑스럽게 잔디를 가꾸는 아름다운 노동 계층의 동네였어요. 어머니는 긴 시간 일하셨고, 많은 일하는 부모들이 그렇듯이 주변 사람들의 도움을 받아 저희를 키우셨습니다. 우리 집 아래 데이케어를 운영하던 쉘튼 여사는 제 두 번째 어머니이셨고요, 셔먼 삼촌, 메리 이모, 프레디 삼촌, 크리스 이모 등 혈연은 아니지만 모두 사랑으로 이루어진 가족이었습니다. 가족들은 저희에게 검보(gumbo)[2] 만드는 법, 체스 두는 법을 가르쳐 주었고, 가끔은 저희가 이기게 해주기도 했습니다. 저희를 사랑해주며, 무엇이든 될 수 있고 할 수 있다고 말해주었습니다. 그들은 공동체, 믿음, 그리고 남을 대할 때 자신이 대우받고 싶은 대로 대한다는 중요한 가치들을 저희에게 심어주었습니다. 친절, 존중, 그리고 동정심을 가지고 말이죠. 어머니는 키가 작고 갈색 피부에 강한 억양을 가진 뛰어난 여성이었습니다. 저는 장녀였기 때문에 이 세상이 때로 어머니를 어떻게 취급하는지 보았습니다. 하지만 어머니는 결코 동요하지 않았습니다. 어머니는 강하고 용감했으며, 여성 건강을 위한 싸움에서 선구자셨습니다. 그리고 어머니는 제 여동생(마야)과 저에게 미셸[3]이 그

---

2. (역주) 루이지애나에서 유래한 스튜 요리. 고기나 채소를 넣고 오래도록 끓이는 음식이다.

날 밤 언급한 교훈을 가르쳐 주셨습니다. 이 세상의 부조리에 대해 불평하지 말고 바꾸기 위해 할 수 있는 걸 하라고요. 그런 분이 제 어머니였습니다. 그리고 어머니는 또한 저희에게 가르쳤습니다. 결코 일을 대충하지 말라고요. (never do anything half-assed) 어머니 표현[4] 그대로 썼어요.

I grew up immersed in the ideals of the civil rights movement. My parents had met at a civil rights gathering and they made sure that we learned about civil rights leaders, including the lawyers like Thurgood Marshall and Constance Baker Motley, those who battled in the courtroom to make real the promise of America. So, at a young age, I decided I wanted to do that work. I wanted to be a lawyer. And when it came time to choose the type of law I would pursue, I reflected on a pivotal moment in my life.
You see, when I was in high school, I started to notice something about my best friend, Wanda. She was sad at school, and there were times she didn't want to go home. So one day I asked if everything was all right, and she confided in me that she was being sexually abused by her stepfather. And I immediately told her she had to come stay with us, and she did. This is one of the reasons I became a prosecutor: to protect people like Wanda, because I believe everyone has a right to safety, to dignity and to justice.

저는 시민의 권리를 옹호하는 운동의 영향 아래에서 성장했습니다. 제 부모님도 시민 운동 모임에서 만나셨고, 저희에게 서굿 마셜과 콘스턴스 베이커 모틀리 같은 변호사들을 포함한 시민 운동가들에 대해 가르쳤습니다. 그들은 법정에서 싸워 미국의 약속을 현실로 만들었습니다. 그래서 어릴 때부터 저는 그 일을 하고 싶었습니다. 변호사가 되고 싶었습니다. 고등학교 때, 제 친구 완다가 학교에서 슬퍼하는 것을 보고 그녀가 집에 가고 싶어 하지 않는다는 것을 알게 되었습니다. 그래서 제가 어느 날 완다에게 무슨 일이 있는지 물어봤는데 새아버지로부터 성적인 학대를 받고 있다고 털어놓았습니다. 그래서 그 즉시 완다를 저희 집에 데려왔고요. 이것이 제가 검사가 된 이유 중 하나입니다. 완다 같은 사람들을 보호하기 위해서요. 저는 모든 사람이 안전과 존엄, 정의를 누릴 권리가 있다고 믿습니다.

As a prosecutor, when I had a case, I charged it not in the name of the victim, but in the name of the people, for a simple reason. In our system of justice, a harm against any one of us is a harm against all of us. And I would often explain this to console survivors of crime, to remind them: No one should be made to fight alone. We are all in this together. And every day, in the courtroom, I stood proudly before a judge and I

3. (역주) 미셸 오바마를 의미하는 것으로 예상되며, 미셸 오바마도 비슷한 맥락의 메시지를 전달해왔던 것처럼 어머니 역시 자기 자매들에게 가르친 교훈과의 연결성을 공유하는 의도이다.

4. (역주) 성의 없이 게으르다는 의미. 상당히 유머러스하고 비공식적인 표현이므로 어머니가 하던 말을 그대로 따라한 것이라는 설명을 덧붙였다.

said five words: Kamala Harris, for the people. And to be clear — and to be clear, my entire career, I've only had one client: the people. And, so, on behalf of the people, on behalf of every American, regardless of party, race, gender or the language your grandmother speaks. On behalf of my mother, and everyone who has ever set out on their own unlikely journey. On behalf of Americans like the people I grew up with — people who work hard, chase their dreams and look out for one another. On behalf of everyone whose story could only be written in the greatest nation on Earth, I accept your nomination to be president of the United States of America. And with this election, and — and with this election, our nation — our nation, with this election, has a precious, fleeting opportunity to move past the bitterness, cynicism and divisive battles of the past, a chance to chart a new way forward. Not as members of any one party or faction, but as Americans.

검사 시절에, 저는 사건을 다룰 때, 피해자를 위해서가 아니라, 국민을 위하여 기소했습니다. 이는 우리 사법 시스템에서 한 사람이 겪은 피해는 우리 모두에게 가해진 피해와 같기 때문입니다. 이를 범죄 생존자들에게 설명하며, 아무도 혼자 싸우게 해서는 안 된다고 상기시켰습니다. 우리 모두 함께 있습니다. 저는 법정에서 매일 판사 앞에 서서 다섯 단어를 말했습니다. "카멀라 해리스, 국민을 위하여 봉사합니다"라고요. 제 경력 내내 오직 한 명의 고객만이 있었고 그것이 바로 국민이었습니다. 저는 모든 미국인을 대표하여, 모든 미국인의 이름으로, 이번 선거를 통해 우리는 과거의 쓴맛과 냉소, 분열적인 싸움을 넘어 새로운 길을 모색할 소중하고 짧은 기회를 갖게 되었습니다. 우리는 어느 특정 정당이나 파벌의 일원으로서가 아니라, 미국인으로서 나아가려합니다.

And let me say, I know there are people of various political views watching tonight. And I want you to know, I promise to be a president for all Americans. You can always trust me to put country above party and self. To hold sacred America's fundamental principles, from the rule of law, to free and fair elections, to the peaceful transfer of power. I will be a president who unites us around our highest aspirations. A president who leads and listens; who is realistic, practical and has common sense; and always fights for the American people. From the courthouse to the White House, that has been my life's work.

저는 오늘 밤 다양한 정치적 견해를 가진 사람들이 시청하고 있다는 것을 알고 있습니다. 저는 모든 미국인을 위한 대통령이 되겠다는 약속을 드립니다. 여러분은 언제나 나라를 당파와 개인 이익 위에 두는 저를 신뢰할 수 있습니다. 법의 지배에서 자유롭고 공정한 선거에 이르기까지, 평화로운 권력 이양까지 미국의 기본적인 원칙을 소중히 지키겠습니다. 저는 우리의 가장 높은 이상을 향해 우리를 하나로 모으는 대통령이 될 것입니다. 현실적이고 실용적이며 상식을 가진, 이끌고 듣는 대통령이 될 것입니다. 그리고 항상 미국 국민을 위해 싸울 것입니다. 법정에서 백악관에 이르기까지, 그게 제가 평생 하던 일이었습니다.

As a young courtroom prosecutor in Oakland, Calif., I stood up for women and children against predators who abused them. As attorney general of California, I took on the big banks, delivered $20 billion for middle-class families who faced foreclosure and helped pass a homeowner bill of rights, one of the first of its kind in the nation. I stood up for veterans and students being scammed by big, for-profit colleges. For workers who were being cheated out of their wages, the wages they were due. For seniors facing elder abuse. I fought against the cartels who traffic in guns and drugs and human beings. Who threaten the security of our border and the safety of our communities. And I will tell you, these fights were not easy, and neither were the elections that put me in those offices. We were underestimated at practically every turn. But we never gave up. Because the future is always worth fighting for. And that's the fight we are in right now — a fight for America's future.

캘리포니아 오클랜드의 젊은 검사 시절, 저는 학대 받는 여성과 아동을 보호하기 위해 힘썼습니다. 캘리포니아 주 법무장관이 되었을 때는 큰 은행들과 맞서 싸워 집을 잃을 위기에 처한 중산층 가정을 위해 200억 달러를 확보했으며, 주택 소유자 권리 법안을 통과시켜 미국 최초로 관련 법을 제정했습니다. 또한 이윤을 추구하여 사기를 치는 대형 대학들에 맞서 학생들과 군인들을 지켰고, 임금을 제대로 받지 못하는 노동자들, 학대 받는 노인들을 위해 싸웠습니다. 무기, 마약, 인신 매매를 하는 카르텔과의 전투에서도 앞장섰으며, 이러한 싸움은 쉽지 않았습니다. 이러한 싸움과 저를 그 자리에 올린 선거 모두 쉽지 않았지만, 우리는 계속해서 도전을 이겨냈습니다. 그리고 결코 포기하지 않았습니다. 왜냐하면 미래는 항상 싸울 가치가 있기 때문입니다. 그리고 바로 지금, 우리가 처한 싸움이 미국의 미래를 위한 싸움입니다.

Fellow Americans, this election is not only the most important of our lives, it is one of the most important in the life of our nation. In many ways, Donald Trump is an unserious man. But the consequences — but the consequences of putting Donald Trump back in the White House are extremely serious. Consider — consider not only the chaos and calamity when he was in office, but also the gravity of what has happened since he lost the last election. Donald Trump tried to throw away your votes. When he failed, he sent an armed mob to the U.S. Capitol, where they assaulted law enforcement officers. When politicians in his own party begged him to call off the mob and send help, he did the opposite — he fanned the flames. And now, for an entirely different set of crimes, he was found guilty of fraud by a jury of everyday Americans, and separately — and separately found liable for committing sexual abuse. And consider, consider what he intends to do if we give him power again. Consider his explicit intent to set free violent extremists who assaulted those law enforcement officers at the Capitol.

미국의 동료 시민 여러분, 이번 선거는 우리 인생에서뿐만 아니라 우리 나라의 역사에서도 가장 중요한 선거 중 하나입니다. 여러면에서 도널드 트럼프는 무책임한 사람이며, 다시 백악관에 오게 되면 매우 심각한 결과일 것입니다. 트럼프가 재임할 동안 생겨날 혼란과 재난은 물론, 지난 선거 패배한 이래 발생했던 일들의 심각성을 생각해보십시오. 트럼프는 국민의 투표를 무시하려 했으며, 실패하자 무장 폭도를 미 의회로 보내 경찰을 공격하게 했습니다. 공화당 소속 정치인들이 폭도를 해산할 것을 요구했는데도, 돕기는커녕 불 난 집에 부채질을 했습니다. 그리고 이제는 전혀 다른 범죄로, 일반 미국인으로 구성된 배심원단에 의해 사기죄로 유죄 판결을 받았고, 성적 학대를 저지른 일로 책임을 졌던 사실이 밝혀지고 있습니다. 트럼프가 다시 권력을 잡을 경우를 생각해보십시오. 그는 자기를 지지하는 폭력적인 극단주의자들을 석방하려는 명백한 의도를 가지고 있습니다, 이 사람들은 미 의사당에서 법 집행관들을 공격했습니다.

His explicit intent to jail journalists, political opponents and anyone he sees as the enemy. His explicit intent to deploy our active duty military against our own citizens. Consider, consider the power he will have, especially after the U.S. Supreme Court just ruled that he would be immune from criminal prosecution. Just imagine Donald Trump with no guardrails, and how he would use the immense powers of the presidency of the United States. Not to improve your life, not to strengthen our national security, but to serve the only client he has ever had: himself.

그는 언론인이건 정치적 반대자들이건 자신이 적으로 여기는 누구라도 감옥에 가두려는 명백한 의도를 가지고 있습니다. 또한 자국민에 대해 군인을 투입하겠다는 명확한 의도도 있습니다. 그가 형사 기소로부터 면책될 것이라고 미국 대법원이 판결한 후에 그가 갖게 될 권력을 생각해 보세요. 제한이 없는 도널드 트럼프가 미국 대통령의 엄청난 권력을 어떻게 사용할지 상상해 보세요. 여러분의 삶을 개선하기 위해서가 아니라, 우리 국가의 안보를 강화하기 위해서도 아니라, 그가 지금까지 섬겨 온 유일한 고객인, 자기 자신만을 위해 그 권력을 사용할 것입니다.

And we know, and we know what a second Trump term would look like. It's all laid out in Project 2025, written by his closest advisers. And its sum total is to pull our country back to the past. But America, we are not going back. We are not going back. We are not going back. We are not going back to when Donald Trump tried to cut Social Security and Medicare. We are not going back to when he tried to get rid of the Affordable Care Act, when insurance companies could deny people with pre-existing conditions. We are not going to let him eliminate the Department of Education that funds our public schools. We are not going to let him end programs like Head Start that provide preschool and child care for our children. America, we are not going back.

우리는 알고 있습니다. 도널드 트럼프의 두 번째 임기가 어떤 모습일지요. 그의 최측근들이 작성한 프로젝트 2025에 이미 명확히 나와 있습니다. 핵심은 우리나라를 과거로 되돌리는 것입니다. 하지만 미 국민 여러분, 우리는 결코 되돌아가지 않을 것입니다. 우리는 되돌아가지 않을 것입니다. 우리는 도널드 트럼프가 사회보장제도와 메디케어를 삭감하려 했던 시절로 돌아가지 않을 것입니다. 우리는 그가 오바마케어(Affordable Care Act)를 폐지하고, 보험 회사가 기저 질환이 있는 사람들의 가입을 거부할 수 있었던 시절로 돌아가지 않을 것입니다. 우리는 공립학교에 자금을 지원하는 교육부를 폐지하려는 시도를 용납하지 않을 것입니다. 우리는 헤드 스타트 (Head Start)[5]같은 유아 교육 및 보육 프로그램을 없애려는 것을 막을 것입니다. 미국은 결코 과거로 돌아가지 않을 것입니다.

And we are charting — and we are charting a new way forward. Forward to a future with a strong and growing middle class because we know a strong middle class has always been critical to America's success, and building that middle class will be a defining goal of my presidency. And I'll tell you, this is personal for me. The middle class is where I come from. My mother kept a strict budget. We lived within our means. Yet, we wanted for little and she expected us to make the most of the opportunities that were available to us, and to be grateful for them. Because, as she taught us, opportunity is not available to everyone. That's why we will create what I call an opportunity economy, an opportunity economy where everyone has the chance to compete and a chance to succeed. Whether you live in a rural area, small town, or big city. And as president, I will bring together labor and workers and small-business owners and entrepreneurs and American companies to create jobs, to grow our economy and to lower the cost of everyday needs like health care and housing and groceries. We will provide access to capital for small-business owners and entrepreneurs and founders. And we will end America's housing shortage, and protect Social Security and Medicare.

우리는 개척하고 있습니다- 새로운 길을 향해 미래를 개척하고 있습니다. 강하고 성장하는 중산층과 함께 미래로 나아갈 것입니다. 중산층의 번영은 항상 미국의 성공의 핵심이었으며, 이를 구축하는 것이 제 대통령직의 주요 목표가 될 것입니다. 그리고 이것이 저에게 매우 개인적인 일이라는 것을 말씀드립니다. 저는 중산층 가정에서 자랐습니다. 어머니는 빠듯한 살림을 사셨고 우리는 형편에 맞춰 살았습니다. 그러나 우리는 부족함 없이 살았고, 어머니는 주어진 기회를 최대한 활용하며 감사할 줄 아는 사람이 되라고 가르치셨습니다. 왜냐하면 기회는 모든 사람에게 공평하게 주어지지 않기 때문입니다. 그래서 저는 '기회의 경제(Opportunity Economy)'를 만들 것입니다. 이 경제 모델에서는 누구나 경쟁하고 누구나 성공할 기회를 가질 수 있습니다. 시골이든, 작은 마을이든, 대도시든 상관없이 말입니다. 대통령으로서 저는 노동자, 소기업주, 기업가, 미국 기업들을 하나로 모아 일자리를 창출하고 경제를 성장시키며, 의료비, 주거비, 식료품비 같은 일상생활비를 낮출 것입니다. 우리는 소상공인, 기업가, 창업자들이 자본에 접근할 수 있도록 지원할 것입니다. 또한, 미국의 주택 부족 문제를 해결하고, 사회보장제도와 메디케어를 보호할 것입니다.

5.(역주) Head Start는 미국 정부가 저소득층 가정의 유아(보통 3~5세)를 대상으로 제공하는 대표적인 복지 프로그램이다. 1965년 미국 대통령 린든 B. 존슨(Lyndon B. Johnson)의 "Great Society(위대한 사회)" 정책의 일환으로 도입되었으며, 현재도 미국 전역에서 운영되고 있다.

Now compare that to Donald Trump. Because I think everyone here knows, he doesn't actually fight for the middle class. Not — he doesn't actually fight for the middle class. Instead, he fights for himself and his billionaire friends. And he will give them another round of tax breaks that will add up to $5 trillion to the national debt. And all the while, he intends to enact what, in effect, is a national sales tax, call it a Trump tax, that would raise prices on middle-class families by almost $4,000 a year. Well, instead of a Trump tax hike, we will pass a middle-class tax cut that will benefit more than 100 million Americans.

이제 도널드 트럼프와 비교해봅시다. 여기 있는 모든 분들이 아시다시피, 그는 실제로 중산층을 위해 싸우지 않습니다. 그는 자신과 억만장자 친구들을 위해 싸울 뿐입니다. 그리고 그들에게 또 한 차례의 감세 혜택을 제공하여 국가 부채를 5조 달러나 증가시킬 것입니다. 그러면서도 그는 사실상 전국 판매세(national sales tax) 를 도입하려고 합니다. 저는 이것을 트럼프세(Trump Tax) 라고 부르겠습니다. 이것 때문에 중산층 가정은 매년 거의 4,000달러의 추가 비용을 부담하게 될 것입니다. 하지만 우리는 트럼프처럼 세금을 인상하는 대신 중산층 감세 정책을 통과시켜 1억 명 이상의 미국인들에게 혜택을 줄 것입니다.

Friends, I believe America cannot truly be prosperous unless Americans are fully able to make their own decisions about their own lives, especially on matters of heart and home. But tonight, in America, too many women are not able to make those decisions. And let's be clear about how we got here: Donald Trump handpicked members of the U.S. Supreme Court to take away reproductive freedom. And now, he brags about it.

친구 여러분, 저는 미국이 진정한 번영을 이루기 위해서는 모든 미국인이 자신의 삶에 대한 결정을 자유롭게 내릴 수 있어야 한다고 믿습니다. 특히 가정과 개인적인 선택의 문제에서는 더욱 그렇습니다. 하지만 오늘 밤, 미국에서는 너무나 많은 여성들이 자신의 삶을 결정할 권리를 가지지 못하고 있습니다. 그리고 우리가 왜 이런 상황에 처하게 되었는지 분명히 짚고 넘어가야 합니다. 도널드 트럼프는 미국 대법원의 보수 성향 판사들을 직접 지명하여 여성의 생식 자유를 박탈했습니다. 그리고 지금 그는 그것을 자랑스럽게 이야기하고 있습니다.

In his words, "I did it, and I'm proud to have done it."

그의 말 그대로입니다. "내가 그랬고, 나는 그게 자랑스럽다."

Well, I will tell you, over the past two years, I've traveled across our country, and women have told me their stories. Husbands and fathers have shared theirs. Stories of women miscarrying in a parking lot, developing sepsis, losing the ability to ever again have children, all because doctors are afraid they may go to jail for caring for their patients.

Couples just trying to grow their family, cut off in the middle of I.V.F. treatments.

지난 2년 동안 저는 미국 전역을 다니며 수많은 여성들의 이야기를 들었습니다. 남편들과 아버지들도 자신들의 이야기를 들려주셨습니다. 주차장에서 유산을 겪고, 적절한 치료를 받지 못해 패혈증에 걸리거나, 다시는 아이를 가질 수 없게 된 여성들의 이야기를 들었습니다. 그 이유는 단 하나입니다. 의사들이 환자를 치료하면 감옥에 갈지도 모른다는 두려움을 느끼기 때문이었습니다. 자녀를 낳으려는 부부들의 체외수정(IVF) 시술이 중단되는 현실을 맞닥뜨려야 했습니다.

Children who have survived sexual assault, potentially being forced to carry a pregnancy to term. This is what's happening in our country because of Donald Trump. And understand, he is not done. As a part of his agenda, he and his allies would limit access to birth control, ban medication abortion and enact a nationwide abortion ban, with or without Congress. And get this. Get this. He plans to create a national anti-abortion coordinator, and force states to report on women's miscarriages and abortions. Simply put, they are out of their minds. And one must ask — one must ask, why exactly is it that they don't trust women? Well, we trust women. We trust women. And when Congress passes a bill to restore reproductive freedom, as president of the United States, I will proudly sign it into law.

성폭력을 당하고도 강제로 임신을 유지해야하는 아이들이 있을 수 있습니다. 이런 것이 도널드 트럼프 때문에 우리나라에서 벌어지는 현실입니다. 그리고 여기서 멈추지 않고 그가 내놓은 공약 중에는 피임 접근을 제한하고, 약물 낙태를 금지하며, 의회의 동의 여부와 상관없이 전국적인 낙태를 금지하는 의제를 추진하려 하고 있습니다. 이걸 보세요. 보세요. 그는 전국적으로 반(反)낙태 조정관(coordinator)을 만들어서 주(state)가 여성들의 유산과 낙태를 보고하도록 강제하는 계획을 세우고 있습니다. 제 정신이 아닙니다. 그러나 우리는 반드시 물어봐야 할 질문이 있습니다. "당신들은 도대체 왜 여성을 신뢰하지 않나요?" 하지만 우리들은 여성들을 신뢰합니다. 우리는 여성들을 신뢰합니다. 저는 미국 대통령이 되면, 우리 의회가 '생식의 자유(reproductive freedom)[6]'를 복원하는 법안을 통과시킬 때 기꺼이 그것에 서명하여 법으로 만들 것입니다.

In this election, many other fundamental freedoms are at stake. The freedom to live safe from gun violence in our schools, communities and places of worship. The freedom to love who you love openly and with pride. The freedom to breathe clean air, and drink clean water and live free from the pollution that fuels the climate crisis. And the freedom that unlocks all the others: the freedom to vote. With this election, we finally have the opportunity to pass the John Lewis Voting Rights Act and the Freedom to Vote Act.

---

6. (역주) 주로 낙태권이나 피임 접근성을 확대하는 법안을 의미한다.

이번 선거에서는 이 외에도 다양한 기본적인 자유가 걸려 있습니다. 학교, 지역사회, 예배 장소에서 총기 폭력으로부터 안전할 자유, 사랑하는 사람을 자랑스럽게 사랑할 자유, 깨끗한 공기를 마시고, 깨끗한 물을 마시며, 기후 위기를 악화시키는 오염에서 벗어나 살 자유. 그리고 모든 자유를 보장하는 가장 중요한 자유가 있습니다: 바로 투표할 자유입니다. 이번 선거를 통해 우리는 마침내 존 루이스 투표권 법안(John Lewis Voting Rights Act)[7]과 자유롭게 투표할 법안(Freedom to Vote Act)[8]을 통과시킬 기회를 얻게 됩니다.

And let me be clear — and let me be clear, after decades in law enforcement, I know the importance of safety and security, especially at our border. Last year, Joe and I brought together Democrats and conservative Republicans to write the strongest border bill in decades. The border patrol endorsed it. But Donald Trump believes a border deal would hurt his campaign, so he ordered his allies in Congress to kill the deal. Well, I refuse to play politics with our security, and here is my pledge to you. As president, I will bring back the bipartisan border security bill that he killed, and I will sign it into law. I know — I know we can live up to our proud heritage as a nation of immigrants and reform our broken immigration system. We can create an earned pathway to citizenship and secure our border.

분명히 말씀드리겠습니다. 저는 수십 년간 사법 집행 기관에서 일했고, 안전과 보안, 특히 국경 안보의 중요성을 누구보다 잘 알고 있습니다. 지난해 조 바이든 대통령과 저는 민주당과 보수적인 공화당 의원들을 한자리에 모아 수십 년 만에 가장 강력한 국경 법안을 마련했습니다. 국경순찰대(Border Patrol)도 이 법안을 지지했습니다. 하지만 도널드 트럼프는 국경 문제 해결이 자신의 선거 캠페인에 불리할 것이라고 판단했고, 자신의 지지자들에게 이 법안을 무산시키라고 지시했습니다. 저는 국가 안보를 정치적 도구로 이용하는 것을 거부합니다. 그래서 여기서 분명히 약속드리겠습니다. 제가 대통령이 되면, 도널드 트럼프가 폐기한 초당적 국경안보 법안을 다시 추진하고, 그것을 법으로 제정할 것입니다. 저는 우리가 이민자의 나라라는 자랑스러운 유산을 지키면서도, 망가진 이민 시스템을 개혁할 수 있다고 믿습니다. 우리는 공정한 시민권 취득 절차를 마련하고, 동시에 국경을 안전하게 지킬 수 있을 것입니다.

---

7. (역주) 미국의 시민 운동가이자 하원의원이었던 존 루이스(John Lewis)의 이름을 딴 법안으로, 1965년 제정된 투표권법(Voting Rights Act, VRA)을 강화하려는 목적을 가지고 있다. 2020년 대선 이래 공화당에서 유권자 신분증 법 강화, 조기 투표 및 우편 투표 제한 등의 조치를 시행하자 민주당은 이러한 조치가 흑인, 라틴계, 저소득층, 젊은 유권자 등의 투표를 어렵게 만들려는 의도적인 시도라고 주장하며 반대하였다.

8. (역주) 이 법안은 2021년 민주당이 추진했던 For the People Act(보다 광범위한 선거 개혁 법안)의 축소된 버전으로, 연방 차원의 선거법 개혁을 포함하고 투표 절차 표준화 및 유권자 접근성 확대를 목표로 하고 있다.

And America, we must also be steadfast in advancing our security and values abroad. As vice president, I have confronted threats to our security, negotiated with foreign leaders, strengthened our alliances and engaged with our brave troops overseas. As commander in chief, I will ensure America always has the strongest, most lethal fighting force in the world. And I will fulfill our sacred obligation to care for our troops and their families, and I will always honor and never disparage their service and their sacrifice.

그리고 미 국민 여러분, 우리는 우리의 안보와 가치를 굳건히 해외에서도 지켜나가야 합니다. 부통령으로서 저는 안보 위협에 대응하고, 외국 정상들과 협상하며, 동맹을 강화하고, 해외에 배치된 용감한 미군과 협력해 왔습니다. 저는 대통령으로서 미국이 세계에서 가장 강력하고 치명적인 군대를 유지하도록 보장할 것입니다.

I will make sure that we lead the world into the future on space and artificial intelligence. That America, not China, wins the competition for the 21st century and that we strengthen, not abdicate, our global leadership. Trump, on the other hand, threatened to abandon NATO. He encouraged Putin to invade our allies. Said Russia could "do whatever the hell they want."

우리는 우주와 인공지능 분야에서 세계를 이끌고, 21세기 경쟁에서 미국이 중국을 앞서도록 만들 것입니다. 반면, 트럼프는 나토(NATO)를 버리겠다고 위협했고, 푸틴이 미국의 동맹국을 침공하도록 부추기며 "러시아가 하고 싶은 대로 하면 된다"고 말했습니다.

Five days before Russia attacked Ukraine, I met with President Zelensky to warn him about Russia's plan to invade. I helped mobilize a global response — over 50 countries — to defend against Putin's aggression. And as president, I will stand strong with Ukraine and our NATO allies. With respect to the war in Gaza, President Biden and I are working around the clock, because now is the time to get a hostage deal and a cease-fire deal done. And let me be clear. And let me be clear. I will always stand up for Israel's right to defend itself, and I will always ensure Israel has the ability to defend itself, because the people of Israel must never again face the horror that a terrorist organization called Hamas caused on Oct. 7, including unspeakable sexual violence and the massacre of young people at a music festival. At the same time, what has happened in Gaza over the past 10 months is devastating. So many innocent lives lost. Desperate, hungry people fleeing for safety, over and over again. The scale of suffering is heartbreaking.

러시아가 우크라이나를 침공하기 5일 전, 저는 젤렌스키 대통령과 만나 러시아의 침공 계획을 경고했습니다. 저는 50개 이상의 국가를 결집시켜 푸틴의 침략에 대응하는 글로벌 지원을 이끌었습니다. 대통령이 되면, 저는 우크라이나와 나토(NATO) 동맹국들과 굳건히 함께할 것입니다. 가자 전쟁과 관련해, 바이든 대통령과 저는 휴전과 인질 협상을 성사시키기 위해 밤낮없이 노력하고 있습니다. 그리고 분명히 말씀드리겠습니다. 저는 이스라엘의 자위권을 항상 지지할 것입니다. 또한, 이스라엘이 스스로를 방어할 수 있는 능력을 보장할 것입니다. 10월 7일, 하마스(Hamas)같은 테러 조직이 자행한 끔찍한 성폭력과 음악 축제에서의 대학살을 다시는 이스라엘 국민이 겪어서는 안 됩니다. 지난 10개월 동안 가자지구에서 벌어진 일들은 참혹합니다. 수많은 무고한 생명이 희생되었고, 절박하고 굶주린 사람들이 반복해서 안전한 곳을 찾아 도망쳐야 했습니다. 그 고통의 규모는 이루 말할 수 없이 가슴 아픕니다.

President Biden and I are working to end this war, such that Israel is secure, the hostages are released, the suffering in Gaza ends and the Palestinian people can realize their right to dignity, security, freedom and self-determination. And know this: I will never hesitate to take whatever action is necessary to defend our forces and our interests against Iran and Iran-backed terrorists. I will not cozy up to tyrants and dictators like Kim Jong-un, who are rooting for Trump. Who are rooting for Trump. Because, you know, they know — they know he is easy to manipulate with flattery and favors. They know Trump won't hold autocrats accountable because he wants to be an autocrat himself. And as president, I will never waver in defense of America's security and ideals, because in the enduring struggle between democracy and tyranny, I know where I stand and I know where the United States belongs.

바이든 대통령과 저는 이 전쟁을 끝내기 위해 노력하고 있으며, 우리의 목표는 이스라엘의 안보를 보장하고, 인질들이 석방되며, 가자지구의 고통이 끝나고, 팔레스타인 사람들이 존엄성과 안전, 자유, 그리고 자결권을 실현할 수 있도록 하는 것입니다. 분명히 말씀드리겠습니다. 저는 이란과 이란이 지원하는 테러 조직으로부터 우리 군과 국익을 지키기 위해 필요한 조치를 취하는 데 결코 주저하지 않을 것입니다. 저는 김정은과 같은 독재자들에게 아첨하며 친근하게 다가가지 않을 것입니다. 그들이 트럼프를 지지하는 이유는 트럼프가 자신들에게 유리한 지도자가 될 것이기 때문입니다.

So, fellow Americans. Fellow Americans. I — I love our country with all my heart. Everywhere I go — everywhere I go, in everyone I meet, I see a nation that is ready to move forward. Ready for the next step in the incredible journey that is America. I see an America where we hold fast to the fearless belief that built our nation and inspired the world. That here, in this country, anything is possible. That nothing is out of reach. An America where we care for one another, look out for one another and recognize that we have so much more in common than what separates us. That none of us — none of us has to fail for all of us to succeed. And that in unity, there is strength. You know, our opponents in this race are out there every day denigrating America, talking about how terrible everything is. Well, my mother had another lesson she used to teach: Never let anyone tell you who you are. You show them who you are.

동료 미국 시민 여러분, 동포 여러분. 저는 우리 나라를 온 마음을 다해 사랑합니다. 어디를 가든 — 어디를 가더라도 만나는 모든 사람들에게서, 저는 앞으로 나아갈 준비가 된 나라를 봅니다. 미국이라는 이 놀라운 여정에서 다음 단계로 나아갈 준비가 된 나라를 말입니다. 저는 이 나라를 세우고 전 세계에 영감을 주었던, 두려움 없는 신념을 굳게 지켜 나가는 미국을 봅니다. 이 곳, 이 나라에서는 모든 것이 가능하다는 것을. 손에 닿지 않는 것은 없다는 신념이요. 저는 서로를 돌보고, 서로를 배려하며, 우리의 차이점보다 오히려 더 많은 공통점을 가진 미국을 봅니다. 그리고 우리 중 누구도 실패해야만 모두가 성공하는 것이 아니라는 것을 말입니다. 단결 속에 힘이 있다는 것을요. 여러분도 알다시피, 이 선거에서 우리의 상대방들은 매일같이 미국을 폄하하고, 모든 것이 얼마나 끔찍한지 이야기하고 있습니다. 하지만 저희 어머니께서는 이렇게 가르쳐 주셨습니다. 다른 사람이 너를 규정하도록 두지 마라. 네가 누구인지 직접 보여줘라. 라고요.

America, let us show each other and the world who we are and what we stand for: Freedom, opportunity, compassion, dignity, fairness and endless possibilities. We are the heirs to the greatest democracy in the history of the world. And on behalf of our children and our grandchildren and all those who sacrificed so dearly for our freedom and liberty, we must be worthy of this moment. It is now our turn to do what generations before us have done, guided by optimism and faith, to fight for this country we love, to fight for the ideals we cherish and to uphold the awesome responsibility that comes with the greatest privilege on Earth: the privilege and pride of being an American. So let's get out there, let's fight for it. Let's get out there, let's vote for it, and together, let us write the next great chapter in the most extraordinary story ever told.

Thank you. God bless you, and may God bless the United States of America. Thank you.

미 국민 여러분. 우리는 서로에게, 그리고 전 세계에게 우리가 누구이며 무엇을 위해 서 있는지를 보여줍시다. 그것은 자유, 기회, 연민, 존엄, 공정함, 그리고 무한한 가능성입니다. 우리는 인류 역사상 가장 위대한 민주주의의 후계자들입니다. 그리고 우리의 아이들, 우리의 손주들, 그리고 자유와 권리를 위해 값비싼 희생을 치른 모든 이들을 대신하여, 이 순간에 걸맞은 사람이 되어야 합니다. 이제 우리 차례입니다. 우리 앞선 세대들이 그랬던 것처럼, 희망과 신념을 품고 우리가 사랑하는 이 나라를 위해 싸울 차례입니다. 우리가 소중히 여기는 이상(理想)을 위해 싸울 차례입니다. 그리고 지구상에서 가장 큰 특권이자 책임을 지킬 차례입니다. 그것은 바로, 미국인이라는 특권과 자부심입니다. 그러니 나아갑시다. 싸웁시다. 나아갑시다. 투표합시다. 그리고 함께, 이 위대한 이야기의 다음 장을 써 내려갑시다. 감사합니다. 하나님께서 여러분을 축복하시고, 미국을 축복하시길 바랍니다.

감사합니다.